Why Does He Do That?

有一种伤害，以爱为名
如何理解、应对施虐者的心理和行为

［美］兰迪·班克罗夫特◎著
梅子　郑春蕾◎译

当代世界出版社

图书在版编目（CIP）数据

有一种伤害，以爱为名 /（美）班克罗夫特著；梅子，郑春蕾译 . —北京：当代世界出版社，2015.2
ISBN 978-7-5090-1001-3

Ⅰ. ①有… Ⅱ. ①班… ②梅… ③郑… Ⅲ. ①女性 – 家庭问题 – 暴力行为 – 自我保护 – 通俗读物 Ⅳ. ① C913.11–49

中国版本图书馆 CIP 数据核字（2014）第 254734 号

Why Does He Do That? by Lundy Bancroft
Copyright © 2002 by Lundy Bancroft
Simplified Chinese edition copyright © 2015 by Orient Brainpower Media Co., Ltd.
All rights reserved including the right of reproduction in whole or in part in any form.
This edition published by arrangement with G.P. Putnam's Sons, a member of Penguin Group (USA) Inc.

北京市版权局著作权合同登记号：图字01-2014-7877号

有一种伤害，以爱为名

作　　者：	[美]兰迪·班克罗夫特
译　　者：	梅　子　郑春蕾
出版发行：	当代世界出版社
地　　址：	北京市复兴路 4 号（100860）
网　　址：	http://www.worldpress.org.cn
编务电话：	（010）83908456
发行电话：	（010）83908455
	（010）83908409
	（010）83908377
	（010）83908423（邮购）
	（010）83908410（传真）
经　　销：	新华书店
印　　刷：	三河市祥达印刷包装有限公司
开　　本：	710mm × 1000mm　1/16
印　　张：	20
字　　数：	290 千字
版　　次：	2015 年 2 月第 1 版
印　　次：	2015 年 2 月第 1 次
书　　号：	ISBN 978-7-5090-1001-3
定　　价：	45.00 元

如发现印装质量问题，请与承印厂联系调换。
版权所有，翻印必究，未经许可，不得转载！

Why Dose He
DoThat?

术语解释

我在本书中，多数时候会选择性地将愤怒、控制欲强的人用"有施虐倾向的人"和"施虐者"来表示。使用这样的术语，一是为了提高可读性，因为我相信不是每一个有情绪或者行为控制问题的人都是虐待狂；二是我需要选择一个简单的词应用在会重复出现上述行为的人身上，通常他们不尊重别人、控制欲极强、喜欢羞辱别人或者贬低自己的伴侣，不论他的行为是否包含更明显的言语上的羞辱、肢体上的冲突或是性虐待。所有这些都会对受虐者的生活产生严重的影响，让受虐者对自己的生活感到困惑、压抑、焦虑，甚至是恐惧。所以即使你的伴侣并不是一个施虐者，你也会发现书中所描述的很多行为，可以帮助你认清你们在交往过程中出现的问题，以及可以采取什么样的措施使你们的关系走向更加让人满意、相互支持和更加亲密的方向。如果你不确定伴侣的行为是不是能被称为"虐待"，可以参照本书第 5 章，这部分内容会有助于你的分辨。

同时，还要记住，即使伴侣的行为并不符合"虐待"的定义，也可能会对你产生一系列的影响。任何来自对方的强迫或者不尊敬都是严重的问题。控制欲很强的人会陷入一种行为"范畴",有些只表现出一点书中描述的那些"小伎俩",有些则几乎符合所有的特征。有的人希望通过正面接触而努力改变,有的人则根本不会听取对方提出的意见,反觉得理直气壮,然后,又因为她的反抗而变得充满报复情绪。(实际上,我们在第 5 章看到的案例就是通过观察在你开始要求他对你更好一些时,他如何反应来判断他的控制欲到底有多严重。如果他接受了你的委屈并采取实际行动来改变自己,那么情况会有所好转。)控制欲极强的人所表现出来的愤怒程度各有不同,但是,不幸的是无论程度大小都无法告知我们这种行为在心理方面产生的破坏性,以及他改变的愿望到底有多强烈。

此外,我选择用"他"指代施虐的人,而用"她"来指代受虐的一方。主要是为了方便起见,当然这也准确描述了在大部分关系中受虐方的性别比例。然而,控制和虐待在同性朋友中也会存在,所以,本书中大部分所述也适用于同性关系中的施虐者。

前言

Why Dose He
DoThat?

我和易怒、控制欲超强的人打交道已经有 15 年的历史了，在这个过程中，我的角色是咨询者、评估者和调查者，所经手的两千多个案例，让我积累了大量的经验和知识。我清楚地了解虐待和控制的危险信号，事实上，这些信号是我们在早期阶段可以注意到的。我也知道一个控制欲极强的人真正想要说的是什么，也就是那些隐藏在他的话语后面真正的含义。我还见过各种用来判断当言语和情绪侵犯最终演变为暴力的情景。我甚至找到了将那些假装改变的有虐待倾向的人，从真心想要改变自己的人中甄别出来的方法。我也掌握一些施虐者对自己的虐待倾向知之甚少这一惊人情况——我的客户和那些没有虐待倾向的人，在情感经历方面其实差别很小——包括他们的想法。答案藏在他们的内心深处。

不过，我很欣慰自己不是那个最需要的人。能够从这些关于施虐者的知识和他们的想法中受益最大的是女性。她们能用我已经了解到的知识，帮助自己发现是否受到控制或者在交往过程中是否被贬损，如果虐待真的发生了，就要找到不受虐待的方法，还要知道下一次如何避免与有虐待倾向的人——或者和控制欲极强的人——交往。本书的目的就是让你能够懂得保护自己不受易怒且控制欲极强的人，施加身体和心理的伤害。

为写这本书，我罗列了一个有 21 个问题的清单。这些都是女性最常向我提出的问题——关于她们的虐待狂伴侣的。这些问题有：

"他真心觉得对不起吗？"

"为什么很多朋友都站在他那边？"

"将来，他真的会打我吗？"

……

诸如此类的问题还有很多。然后，我针对这些她们关心的问题给出了解释。为了确保女性读者在看到这本书时，能获得自己迫切需要的帮助，这 21 个问题将在书中重点剖析；你需要先很快地浏览一下全书的主要内容，然后再有选择地阅读自己最需要的那部分内容。

我的另一个目的是向每一个正在与施虐者进行抗争的被虐者提供帮助——不管她给这段关系的交往对象贴上什么样的标签，"控制"和"虐待"一定少不了，你可能觉得这些词不太适合你的特殊情况。这里的"施虐者"特指那些使用控制、贬低或者威胁语言的人。有些情况下，可能是肢体伤害，而另一些时候则是使用羞辱性言语，但是绝对不会威胁恐吓她们。在书中的某些部分，我所描述的施虐者，心情会时好时坏，这使得其他人永远无法知道他们的"真实面目"，因此也无法明确辨识（"贴标签"）。你的伴侣可能很傲慢或者喜欢玩一些心理游戏，或者不断表现得自私自利，但是他更好的一些方面会让你觉得他和"施虐者"这个词简直风马牛不相及。请别被我的用词所困扰，我只是简单选了"施虐者"这个词作为"长期使他们的伴侣受到虐待和贬损的男性"的简称。如果你发现有更好、更合适用来定义他的词，完全可以使用不同的称呼。但是不管你的伴侣用的是什么样的虐待方法，重要的是确保你能在本书中找到这些困扰你的问题的答案。

那段与愤怒和控制欲极强的人共事的经历

我从 1987 年开始，对有施虐倾向的男性进行单独或者群体辅导，那时是在为一个叫做 Emerge 的组织（美国第一个为虐待女性的男性提供特别辅导的机构）工作。在接下来大约 5 年的时间里，我所接待的客户几乎都是自愿来接受辅导的。他们大多是因为她的强烈要求，她们主要以离开相威胁，或者已经离开了他。在很多案例中，她甚至向法院申请了限制令，从法律上禁止他靠近自己。他寻求咨询帮助的主要目的是为了挽救这段关系。男人们为自己的虐待行为觉得内疚或者不舒服是很正常的情况，但是他们总是有很多借口和理由，所以懊悔之情不足以使他们坚持完成我的课程。在那些年里，我辅导的客户更多的是使用言语和情绪虐待而非肢体暴力，尽管她们多数都受到过肢体威胁或至少偶尔受到羞辱。

到了 20 世纪 90 年代，法律体系开始比以往更加关注家庭暴力，那些受到法律条令管制的男士们，刚开始是少数几个，后来就泉水般涌到了我们机构的门口。这些人和之前的当事人相比，有更加强烈的使用肢体暴力的倾向或者习惯。有时候还会动用武器或者进行强烈的殴打，导致受害者不得不住院进行治疗。通过观察，发现这些施虐者在其他方面和那些语言上有虐待行为的人没什么明显的不同：态度和借口几乎是雷同的。更重要的是，这些人的伴侣所描述的生活状况也和那些受到心理虐待的女性大体相同，这表明，不同的虐待情况对女性生活所产生的影响是类似的。

如果他已经开始了一段新的关系，我们也会和他现在的伴侣进行交谈。新伴侣是我们开始关注的一部分，因为这些施虐者可能会将这种习惯延续下去。在访谈的过程中，我们感触最深的就是交往过程中的控制和权力。沟通结果也告诉我们，有虐待倾向的男性讲的故事总是对自己的行为否认、弱化和扭曲，以至于如果不仔细倾听女性一方的叙述，根本无法对他们之间的虐待关系准确认识。

为有虐待倾向的人提供咨询服务绝对不轻松，他们很不愿意面对自己给伴侣、孩子造成的伤害。他们会死守着自己的各种借口，责备受害者。你在本书中将看到，他们会运用各种虐待方式获得特权，他们已经形成了思维定式，这让改变他们的想法——尊重对方变得极其困难。

有时候，我会问：如果一个有虐待倾向的男性如此顽固，我为什么还要致力于此？原因很多。首先，如果这个群体里有 1/10 的人能够真正地改变，那么我所投入的时间和精力也算是有所值，因为他的伴侣和孩子的生活质量会发生明显的变化。第二，我坚信应该让施虐者为自己的行为负责。如果他参加了施虐者辅导项目，至少能够意识到要为自己的行为承担责任，而我也希望（并看到这样的迹象）文化价值观在一段时间后，能够改变人们长期虐待自己伴侣并贬低女性的习惯。第三，可能也是最重要的一点，就是我希望受虐者能够成为我服务的主要对象，我会每隔几周和她们联系一下。我的目标是给她以情感上的支持，帮助她了解咨询内容和她所在社区现有的法律帮助（通常是免费的），并帮助她解开那个施虐者造成的心结以获得心情的平静。我会让他难以对她施加控制，也许我还能够警告她们对他们的卑劣手段保持警惕。同样，我还会关注最需要我帮助的孩子，不论我的施虐者客户是不是决定要严肃面对自己的问题。（在第 14 章，我介绍了针对施虐者的咨询项目的内部运行情况，并解释了受虐者如何能确定某些项目运行正常。）

近些年，我还参与了多个法庭委托的受虐待儿童调查员和监护评估人的工作，也了解了施虐者对家庭所产生的各种影响。在第 10 章里我会向读者介绍这方面经历带给我的感受，这些也证明了孩子与一个施虐者（通常是父亲或者继父）相处，会对他产生什么样的影响——一些施虐者甚至在民事庭采取监护措施期间继续他们控制欲极强而又充满威胁的行为。

如何阅读本书

如果我们身边有一个愤怒且控制欲很强的伴侣，那么对他最主要的印象就是：他总会告诉你该做什么，并努力让你对自身的价值产生疑问并贬低自己的看法和信念。我不希望书中记录的经历让不健康的行为重新出现在你的生活中。首先，在阅读本书的时候，你要在心中记住这样一条：仔细听我说，同时也要进行独立思考。如果我讲述的关于施虐者的任何一部分和你的经验不相符，先把它放在一边，关注符合你的经验的部分。你可能会不时地放下书，对自己说："这些怎样才能应用到我的生活中呢？在这些控制欲很强或者有虐待倾向的人的想法或者行为中，哪些和我的经历相似呢？"如果你读了几个小节，觉得没有共鸣——可能是因为你没有孩子或者你的伴侣从不进行实际的恐吓——直接跳过这些章节，看那些对你有帮助的部分就可以了。

有的人会发现单独看这本书非常困难，因为它唤醒了一些足以让人窒息的记忆和感受。因此，我要鼓励你去向那些你觉得信得过的朋友、家人寻求帮助。阅读本书就好像是一个让你头脑更加清醒的过程，这种清醒可能会让你一时更加痛苦或者压抑。

和关心你的人讨论你所受到的虐待肯定会很不舒服——我完全能够理解。你可能会觉得有这样的伴侣是一件让人羞耻的事情，他非常不友好、非常粗鲁，而你也可能会害怕，他会因为你离不开他，而对你很苛刻。或者你的情形完全相反：周围的人很喜欢你的伴侣，你担心在你描述伴侣有多卑鄙或者有虐待倾向时，他们不会相信你。请记住，不要在乎这些，关键是要把自己从"我们之间的关系到底怎么了"的压抑和困惑中解脱出来。找一个你能够信任的人——哪怕你从没有考虑过向这个人敞开心扉——释放自己的压力。这可能是你走出受控制和虐待生活最重要的一步。

如果你的伴侣控制或者贬低行为是长期的，毫无疑问，你需要花大量时间仔细揣摩这个人，你会琢磨如何才能取悦他，如何能够把他留在身边，或者如何才能让他改变。结果就是，你根本没有时间考虑自己——除了考虑在他的眼中，你有什么错误。具有讽刺意味的是，写这本书的主要原因之一就是让你少些时间想他，多些时间想自己。我希望通过尽可能多地解答问题，消除虐待行为带来的困惑，让你能逃离伴侣设置的"陷阱"，这样，你才能让自己和你的孩子（如果你是个母亲）回到以你为中心的生活中来。一个愤怒并控制欲极强的人就像一个真空吸尘器一样，把你的心智和生活全都榨干了，而且让你无法回到原来的生活中。所以，第一步就是要学会如何辨别伴侣的所作所为，以及他这样做的原因，这些将在后面进行详细介绍。但是，无论如何，请不要让他总处在你的生活中心。你应该有自己的生活，你有这个权利。

目录

Why Dose He DoThat?

第 I 部分　什么是虐待

第 1 章　谜一样的施虐者　003

第 2 章　拨开施虐者的烟雾和幻象　018

第 3 章　施虐者的真实心态　041

第 4 章　施虐者的 10 种类型　063

第 II 部分　那些有施虐倾向的人

第 5 章　虐待是如何开始的　089

第 6 章　日常生活中的施虐行为　111

第 7 章　性代表着权力和主宰　134

第 8 章　不良嗜好成瘾的施虐者　149

第 9 章　想说再见不容易　163

第 III 部分　各种角色中具有施虐倾向的人

第 10 章　作为家长的施虐者　183

第 11 章　施虐者和他们的后援团　214

第 12 章　法律体系下的有施虐倾向的男性　232

第 IV 部分　改变中的施虐者

第 13 章　他们从哪里学到了这些　251

第 14 章　改变的过程　262

第 15 章　创造一个没有虐待的世界　288

Why Dose He Do That?

第 I 部分　什么是虐待

第 1 章　谜一样的施虐者

先让我们一起来听听这些女士的心里话：

他完全是两个不同的人。我觉得我是同变身怪医和海德先生一起生活。

他真的不是要伤害我。他只是失去了控制。

大家都觉得他很棒。我不知道和他分开对我来说意味着什么。

他清醒的时候完全没问题，但是当他喝醉的时候就要当心了。

我觉得无论我怎么做他都不满意。

有几次他的确吓到我了，但是他从没有碰过孩子一个指头。他是个好父亲。

他用让人恶心的字眼称呼我，可一个小时后他又想和我做爱。我真不明白。

有时候他把我的脑子搞得一团糟。

问题是，他真的很理解我。

他为什么要这样做？

上面这些话都出自于那些正在描述她们的爱人给自己带来焦虑和内心冲突的女士。每个人都知道有些事情不对劲——非常不对劲，但是却不知道到底是哪里不对。每次她都觉得已经让伴侣了解了，终于了解了到底是什么困扰着对方。马上又有新的情况发生，而这些碎片又没法拼在一起。

这些女士们，每个人都在努力尝试了解她们像过山车一样的爱人到底怎么了。下面是克里斯汀的遭遇：

刚遇到莫瑞的时候，毫无疑问他就是我的梦中情人，完美得有点不真实。风度翩翩、风趣、聪明，最重要的一点是，他很爱我。我向他坦白了之前几年所有的经历，每件事情他都非常支持我。不管我想要什么，他都会尽力去满足我。我们在一起的第一年过得非常愉快。

不知道从什么时候开始，情况发生了变化，好像是从我们住到一起开始的。从那时起，他说需要更多的私人空间。我有点不明白，因为之前是他希望每一秒都和我待在一起。

然后，他开始变得越来越苛刻，经常抱怨。说我总是在不停地唠叨，而且总是以自己为中心。没错，可能我是说得有点多，但以前的他好像总也听不够。他还说我没有为提高生活质量努力。我知道他有雄心壮志，也许他是对的，我应该多做些事情，但是我对自己的现状很满意。还有就是我的体重问题。现在的他一直在要求我多做运动，少吃东西。说实话，这是最伤害我的。他好像越来越不想和我做爱了。

我们现在还在一起，但是我感觉他要离开我了。我好像总也满足不了他的要求。我在不断地努力着，但他却不这么认为。现在的他变得暴躁易怒，说的很多话都深深地伤害了我。几天前，他说："你就是一个懒惰胚子，像你母亲一样只想找个可以依靠的男人过一辈子。"我真不明白，我为他付出那么多，他居然还这么说我。孩子出生后，我有两年没工作，但是我已经在为重新工作做准备。

他说我变了很多，但是也不确定我还是不是之前的那个我。有时候，连续几天他都是那个我深爱的人，我满怀希望。但是，之后几天他看上去又是那个和我在一起极其不快乐的人了。当然，是我让他失望了，但我不知道哪里做错了。

很多问题一直困扰着克里斯汀。她如此深爱的男人到底怎么了？为什么她总是让他沮丧呢？她为什么不能阻止他发脾气呢？为什么他觉得她才是变了的那个人呢？

另一位女士讲的故事和克里斯汀的完全不同，只是依然让我们困惑。下面是芭芭拉讲的故事：

弗兰是那种安静、甚至有点害羞的人。他长得很秀气,我对他一见钟情。我必须要追到他,因为他很难让我放弃。我们在一起时聊得很开心,我几乎等不到下次就想再见到他。但是3周过去了,他总是推脱说不舒服、他姐姐到城里来了或者别的什么借口。有几次他甚至忘了我们的约会。

不过,最终他还是向我坦白了。他之前曾经受过伤害。他被骗了很多次,那些女人对他做了很多卑鄙的事情。他对于再次靠近女性感到恐惧。

慢慢的,他恢复过来了,但是我绝对是追求的一方。我尽量向他表明我和那些女人是不同的,我不轻浮。我从没有向其他男性展示过自己的身体,我不是那种类型的,但是弗兰不相信我。他总埋怨我向邻桌的男士抛媚眼,或者走路的时候会看看擦肩而过的男人。我觉得他非常缺乏安全感。

即便如此,我依然很想和他结婚,因为我觉得如果他知道我是他的,就会有更多的安全感,但是他十分不愿意作出承诺。当我们最终走到一起时,有那么一阵子,他确实信任我了。但是随后,嫉妒又回来了,然后就一直如此。很多年前我就要他去看心理医生,他非常生气,说自己没有任何问题。

几天前,我们去参加他朋友的生日聚会,我和他朋友的兄弟聊得很开心,只不过是聊天——我的意思是,那个人根本就不是我喜欢的类型。但是,弗兰突然说我们必须要回家了,因为他头非常疼。在开车回家的路上,我才知道真正的原因是弗兰的嫉妒。他开始冲我大喊,说我在那么多人面前羞辱他,让他感到难受,等等。他用拳头猛击着仪表盘,有那么两三次,他把我直接推向了车门。每次我对他说那不是真的,就会让他暴跳如雷,所以我住嘴了。当时,孩子们正坐在后座,都被吓傻了。

到了我这个年纪,很难会想着要离开他,而且自始至终都没想过。我只是希望他能获得一些帮助。

芭芭拉的情况和克里斯汀不一样。为什么弗兰就不能信任她呢？为什么他要把她从人群中孤立出来呢？为什么他就不能检讨自己有什么问题，然后寻求帮助呢？他将来会不会对她造成更严重的伤害？她的生活能有所好转吗？

表面上看，弗兰和莫瑞根本没有共同点：一个年轻、受人欢迎、充满活力、坚定而自信；另一个则不善交际、消极、容易受到伤害。弗兰有时候会出现肢体暴力，而莫瑞则没有。但是他们真的不同吗？是否表象之下其实有什么相同的问题在驱使他们各自的行为？我们将在后续章节中去寻找这些问题的答案。

让我们再来看看劳拉的叙述：

> 保罗是个很了不起的家伙。我们交往了6个月，现在住在一起也有好几个月了。我们订婚了，我为他的前妻感到难过。她说他曾经虐待过她，她决定要让他为此付出代价，不然她决不会罢手。现在她甚至说他非常暴力，声称他曾经扇她耳光并砸碎过她的东西。这简直太荒谬了！我和他在一起快一年了，我可以告诉你，他从没有那样过。保罗对我从来没有动过手。不仅如此，他还尝试帮助我振作起来，并且是真心对我好。我遇到保罗的时候，情况很糟糕，很抑郁而且还酗酒，但是现在我好多了，都是因为他。我讨厌那个女人这样指责保罗。我们会一起努力争取他对孩子的探视权，因为她已经失控了。

劳拉很奇怪为什么保罗的前妻会指责这样一个可爱的男人施虐。她当时非常愤怒从而忽略了她与保罗交往过程中出现的很多预警信号。

如果克里斯汀、芭芭拉和劳拉能够聚在一起讨论彼此的经历，一定会发现她们的伴侣毫无相同点可言。这三个人的性格相差十万八千里，这三对伴侣的关系也完全没有可比性。但是莫瑞、弗兰和保罗其实比表面上看起来要有更多的相同点。他们的喜怒无常、他们的各种借口，所有这些都是从相同的根源出发的。其实，他们三个人都是施虐者。

精神虐待的伤害更严重

交往中的女性受到虐待的人数达到了让人无法想象的数量。我们先不考虑言语虐待和精神虐待的情况，只是看肢体暴力的情况，统计数据也是很惊人的：在美国，每年有 200～400 万的女性受到伴侣的攻击。美国公共卫生署公布的数据显示，男性伴侣的攻击已经成为 15～44 岁的女性受到伤害的头号原因。美国医学会的报告显示，3 个美国女性中就有 1 个在生活中成为丈夫或者男友施加暴力的受害者。伴侣进行虐待的后果是造成 1/10 的女性试图自杀，这也是造成 1/4 成年女性滥用药物的主要原因之一。政府的统计数据表明，每年有 1500～2000 名女性被她们的伴侣或者前伴侣谋杀，占到女性为凶杀案受害者案例的 1/3。这些凶杀案通常都有一个暴力、威胁和跟踪的过程。

虐待女性对孩子产生的冲击也是非常大的。有专家估计，每年大约有 500 万的儿童目睹他们的母亲遭受攻击，这样的经历会给他们的心灵造成严重的创伤。经常面对暴力的孩子注意力不集中、攻击性、滥用药物、抑郁和其他方面的儿童问题比例更高。对女性的虐待已经成为大约 1/3 的有孩子夫妇离婚的诱因，1/2 的离婚案件中对于孩子的监护权会发生争议。

这一情况所起到的警示作用就是，了解肢体侵害只是女性遭受虐待的形式之一。还有上百万的女性虽然没有受到肢体虐待，但她们生活在不断的言语虐待、羞辱、性胁迫以及其他各种形式的心理虐待中，通常这样的虐待还伴随着经济上的剥削。精神虐待造成的伤害其实和拳脚相加、耳光造成的伤痕一样长久，但却并不明显。实际上，经受过虐待的女性中间，也有一多半会告诉你，伴侣的精神虐待才是最严重的伤害。

然而，认清长期虐待行为还真不是件容易的事，因为多数的施虐者看上去真的不像是施虐者，他们有很多优秀的品质，包括善解人意、待人温和，还富有幽默感，特别是在交往的早期阶段，施虐者的朋友甚至认为他是世界上最好的人了。他可能有成功的工作经历、没有任何毒品和酒精方面的问题，完全不符合人们对残忍或者有威胁性的人的印象，所以当一个女性感觉双方的关系变得不受控制时，很难想到原因在于对方是个施虐者。

施虐的表征有几种，女性总是认为这些才算是施虐：越来越频繁的贬低对方；以前的慷慨慢慢变得越来越自私自利；当他被激怒或者事情没有按照他的想法进行时，就会出现言语上的暴力；抱怨总是围绕着她，所以任何事情都是她的错。他不断增加的意见让他比她更知道什么对她才是好的。而且，在很多交往关系中，恐惧和被威胁的感觉在不断增长，可是女性依然认为她们的伴侣是正常的，是能够经常关心她们、爱护她们的人，而她也爱他。她只希望能明白为什么他会不高兴，如此她就能帮助他打破这种起起伏伏的状态。她被拖入到他混乱的内心世界中，想要发现线索，然后，把所有碎片拼接到一起，解决这个煞费苦心的谜题。

施虐者的情绪瞬息万变。今天的他和昨天的他可能是完全不同的两个人，或者前一个小时和现在也是不同的。如果他变得有侵略性或者有威胁性，他的语气会非常严厉，羞辱的话语会从他的嘴里喷出来，嘲笑的言辞好像油从油壶里流出来一样。当他处于这种情绪时，她说什么都不对，都只能让他更加愤怒。她的解释对他来说不值一提，所有的事情都是她的错。他会曲解她的话，让她最终不得不为自己辩护，所以我的很多客户的伴侣都会这样对我说："我不知道怎么才能把事情做对。"

而其他时候，他好像受到了伤害，迷失了方向，渴望爱，希望有人能够关心他们。当这一面显现出来时，他看上去好像很包容也愿意回应。他好像放下了自己所有的警惕，他坚硬的外壳也变软了。这时的他就像个受伤的孩子，难以相处、非常沮丧但是很值得去爱。看着他那垂头丧气的样子，伴侣很难想象那个施虐者还会回来。那个面目全非的怪兽和现在这个温柔的人好像完全扯不上关系。

可是，阴影还会笼罩在他身上，就好像这个阴影自己有了生命。几周的平静很快就过去了，而她发现自己依然要面对攻击。然后她就会努力地思考，想要理顺他的性格，直到她开始想是不是自己出了问题。

让情况更加恶化的是，每一个听到她诉说的人，都对他的问题根源、她该怎么做，提出不同的看法。比如，她的牧师告诉她："爱会克服一切困难。把你的心完全交给他,他就会良心发现。"她的心理医生会告诉她:"他对你的反应如此强烈,是因为他的恋母情结。你们都要注意不要触及对方的底线。"一个正在康复的朋友告诉她:"他是个愤怒上瘾者。他控制你是因为他被自己的恐惧吓坏了。你应该让他去参加'12步骤帮助项目'。"她的母亲却说:"他是个好人。我知道他偶尔会对你发脾气——他确实性格有点急躁,但是你的脾气也好不到哪里去。你们两个需要彼此谅解,这也是为了孩子好。"最后,孩子学校的老师或者她最好的朋友说的话让她的困惑达到顶点:"这个人就是个疯子,他永远不会改变。他一想的就是伤害你。在情况变得更糟之前,离开他。"

所有这些人都想帮助你,他们说的也都是同一个施虐者。但是到底应该听谁的呢?

与施虐者共同生活过的人知道,答案没那么简单。朋友们说:"他是个卑鄙的人。"只有她知道很多时候他对她都是挺好的。朋友们说:"他这样对待你,是因为你惯的,我永远不会让任何人那样对待我。"但是她知道,有时候,她立场坚定,他的反应则更加强烈、瞬间变成最有威胁的人。当她奋起反抗时,他则让她付出惨痛的代价——或迟或早。朋友们说:"离开他。"但是她知道,也没那么简单。他会承诺改变;会让亲戚朋友们为他难过,然后向她施加压力,让她再给他一次机会;他会变得非常沮丧,让她担心他是不是会出事情。然后,依据施虐类型的不同,她知道试图离开他时,他会变得很危险。她要为他带走孩子而担心,就像某些施虐者做的那样。

受虐者怎样才能在这些困惑中理智地认识到伴侣到底是一个什么样的人呢?怎样才能获得足够的洞察力了解到问题的根源,并知道该怎样选择自己的路呢?这些都是非常紧迫的问题。

5个令人困惑的问题

即使是专业人士在研究过程中也要面对相同的令人困惑的问题。15年前,当我开始指导一群施虐者时,他们对我、对和他们生活在一起的人来说都是个谜。我和同事们必须要把克里斯汀、芭芭拉和劳拉所面对的奇怪线索拼凑到一起以形成对他们的准确认识。在当事人中，有很多问题是我们一直要不断面对的，这其中包括：

他对于虐待的标准和她相差甚远

一个名叫戴尔的30多岁男子在加入我们针对施虐男性的辅导项目后，说了下面这番话：

> 我和妻子莫琳结婚11年了。开始的10年，婚姻状况良好，不存在虐待或者暴力什么的。她是好女孩。大约一年前，她开始和一个叫做埃莉诺的女人交往，那个女人可真够我受的。有些人就是见不得别人幸福。这个女孩一直单身，而且显然她很嫉妒莫琳婚姻幸福，所以她一心想要毁掉我们的婚姻。谁和埃莉诺都合不来，所以她没有交往的对象。我只能说，我妻子遇到她，是我运气不好。
>
> 然后，这个女人开始向莫琳灌输各种糟糕的东西来反对我。她告诉莫琳我不关心她，我和其他女孩乱搞，所有这些都是胡说。而她则获得了她想要的，因为现在莫琳和我已经开始了某种程度上邪恶的战斗。在过去的一年里，我们相处不好。我告诉莫琳，我不希望她再和埃莉诺交往，但是她不听我的。她背着我偷偷和埃莉诺见面。而且，在这里我没有什么要隐瞒的。我可以直接告诉你，今年有那么两到三次，我因为受不了各种指责而对她叫喊，我用力拉扯她，还打了她。我需要帮助，我不想否认这一点。我必须学会更好地面对压力，我可不想因为她而被捕。也许我能想出什么方法让莫琳忘记过去，照目前的情况看，6个月内我们肯定会离婚。

我总是会在当事人加入辅导项目后尽快访问他们的伴侣。我通过电话联系上了莫琳，并仔细听了她的叙述：

> 我们刚刚认识的时候，戴尔是个了不起的小伙子，但是从结婚开

始就有些不对劲了。他以前经常说我是完美的，现在却总是批评我，哪怕是一点点小事情也会让他心情不佳。我不知道怎样才能让他好受些。结婚刚几个月，他就推搡过我，之后，每年都会发两到三次脾气。他经常乱摔东西或者举起拳头，但是只有几次推搡我，打我耳光。有几年他没有这样做，我以为这些都结束了。但是现在又开始了，就好像波浪一样。而且，他总是贬低我，告诉我什么该做什么不该做。在他眼里我什么事情也做不对。

一年前，我认识了朋友埃莉诺。她告诉我戴尔的所作所为就是虐待，即使他从没有打我或者伤害我。开始我觉得她有点夸张，因为我认识一些女士，她们的遭遇比我要糟糕得多。而当我需要的时候，戴尔还是非常甜蜜并能够给我支持的。我们有过很多美好时光，不管你信不信。慢慢地，埃莉诺好像让我真正睁开了双眼，所以我开始对戴尔和我说话的方式表示不满，告诉他我想搬出去一段时间，这让他变得非常愤怒。我发誓，他一定遇到了什么事情。在过去的8个月时间里他扇过我两次耳光，还有一次，他把我推到一把椅子上，扭伤了我的背部。所以最终我决定搬出去了。现在，我还不想回到他的身边，看看他参加施虐者辅导小组的情况再说。

请注意他们双方陈述的矛盾之处。戴尔说开始的10年不存在虐待，而莫琳的记忆里则有贬低甚至肢体冲突。莫琳说埃莉诺帮助她、支持她，而戴尔觉得她在"腐蚀"莫琳并让她和自己作对。戴尔说他们现在还在一起，而莫琳说他们已经分手了。每个人都觉得对方才是问题所在。他们的看法为什么会有如此之大的冲突？在后面的章节中，我们会对施虐者的思想进行探讨，以回答为什么戴尔的观点中有那么多严重的曲解。

他有极强的嫉妒心，但在其他方面非常理智

有一天，在小组活动过程中，一个叫马歇尔的年轻客户，回忆了几周前他与伴侣之间发生的冲突：

我妻子和我约好了在她工作的大楼下面的门厅见面，一起去吃午饭。我在电梯附近等她。当她终于出现时，我看到她和一个英俊的家伙单独在电梯里。他看着她，她也看着他。我不知道怎么描述这样的场景，但是我感觉情况不对。我问："这是怎么回事？"而她却假装不知道我在说什么。这可真让我火大，可能当时我没控制住，说话的声音有点太大了。但我当时很生气，说："你们两个在电梯里干什么了？！别想骗我，我可不傻。"但是她还是在装傻，告诉我她根本不认识那个人，这明明就是睁着眼睛说瞎话嘛。

马歇尔的嫉妒心非常强，因为已经和他打了很久的交道，我知道他并不疯狂。他在小组中是个头脑清醒、逻辑严密的人，有稳定的工作和正常的朋友关系，也没有迹象表明他的世界很疯狂或者生活在幻觉中。但马歇尔必须知道，他的指责毫无根据。当我向他提出来时，他同意了。

但是为什么他会做出这些失去理智的指责？他们是不是喜欢这样疯狂的行为？这样的行为给他们带来了什么？

他可以成功地让朋友们站在他的一边，反对她

马丁，一个不到 30 岁的人，也加入到施虐者治疗小组，同时他还申请了私人辅导。参加小组的第一天，他就告诉我，他很困惑，不知道自己到底有没有问题，但是和他交往了很久的女朋友金妮要和他分手，因为她觉得他是个施虐者，然后他向我描述了羞辱金妮的事情，故意给她造成情感上的伤害，"以此告诉她，她在伤害我的时候，我的感受是什么样的。"他还承认有几次，故意在朋友面前羞辱金妮；当他生金妮的气时，就和其他女士调情，并通过吵架搅黄两人之间重要的事情，而这件事情对她来说非常重要。他觉得这样做理所当然，因为他觉得受到了金妮的伤害。

作为例行评估，我联系了他的私人治疗师。结果治疗师对这个案例有着强烈的不满：

治疗师：我觉得马丁参加你的施虐者小组是个天大的错误。他非常缺

乏自信；任何人对他说的任何消极的事情他都照单全收。所以你告诉他是个施虐者，只会让他进一步崩溃。出于个人目的，他的伴侣居然用"虐待"这个词对他进行攻击。金妮有很严重的控制问题，有强迫性无序问题。她需要治疗。我觉得让马丁参加你的治疗小组只会让她获得她想要的。

我：那么，他们俩你都咨询过吗？

治疗师：不，我只咨询过马丁。

我：你见过金妮几次？

治疗师：一次也没有。

我：那你应该和她通过很多次电话吧。

治疗师：没有，我没有跟她通过话。

我：你没有跟她通过话？你只是通过马丁的叙述就给金妮下了结论？

治疗师：是的，但是你要知道，我们现在讨论的是少见的、富有洞察力的人。马丁告诉了我很多细节，他是个目光敏锐而且敏感的人。

我：但是他承认曾经在精神上虐待过金妮，尽管他不是这样称呼的。一个有虐待倾向的人不是了解他伴侣的有效途径。

不幸的是，马丁从私人治疗师那里获得的认同，是他否认施虐的官方封印，当然还有他对于金妮在精神上有问题的看法。这一切他是如何做到的呢？一个施虐者怎么能够在新加入一个施虐者治疗小组时如此擅长此道，包括某些具有相当影响力的人，他们为什么要这样做？

选择性失去控制

很多年前，一个叫马克的年轻人来到我的施虐者辅导小组。当客户加入这个计划时，我会和他尽快建立行为目标。我通常以这样的问题开始："你的伴侣最常抱怨的3个或者4个问题是什么？"马克的回答是：

艾琳对我抱怨最多的是我忽视她。她说我让她觉得自己可有可无，我总会找些事情做以避免待在她身边，所以她觉得自己一无是处。其实我只是喜欢有自己独处的时间，或者放松一下看看电视，可能客观上是有点忽视她了。

根据马克的叙述，我在他的行为计划中写上了第一条"花更多时间和艾琳在一起，提升她的重要性"。

这之后，我一直没能和艾琳联系上，但是三周后，她终于给我回了电话，告诉我了一个惊人的情况：

> 几周前，马克开始参加你的治疗小组，因为我告诉他我要彻底结束我们之间的关系。我不能再忍受下去了，他的大喊大叫还有自私。他甚至不让我睡觉，我已经不想和他说一句话，必须要有一段时间让自己振作起来。我向他保证我们的关系并没有完结，只是各自冷静一下，几个月后视情况我们再回到一起。
>
> 然后，几周以后，他给我打电话说，他参加了一个施虐者治疗小组。他的咨询师希望他能够花更多的时间和我待在一起，并把这个写在了他的表格中，那个小组告诉他和我在一起是解决他的问题的一部分。尽管我没有任何准备，我还是不想干扰他的治疗进程。所以我又开始见他了。我希望这样做对他的治疗有所帮助。说实话，我很想有一点自己的空间，但是如果这真是你们的计划所推荐的……

马克成功地把施虐者治疗小组的要求变成了满足自己目标的手段。我向艾琳解释了所发生的事情，并向她道歉，因为我的辅导要求给她本来就很困难的关系更添麻烦。马克使用的操控手段，水平高得不同寻常。一个施虐者怎么能够如此精于算计而同时又失去控制呢？这个问题的答案在第2章，我们将专题讨论施虐者为自己行为开脱的各种理由。

有时候他好像真的变了，但很快又故伎重演

卡尔在不断因为家庭暴力而被捕并最终获刑几个月时只有26岁。他在小组活动时，是这样说的：

第Ⅰ部分　什么是虐待

进监狱是压倒骆驼的最后一根稻草。我终于明白必须停止因为自己的问题而指责别人，要多从自己身上找原因。监狱里的人跟我说了相同的事情：如果你不想回到过去，就必须面对真实的自己。我的脾气暴躁，而且还有一点卑鄙，我需要面对，我不想回到从前。

每次咨询结束时，卡尔都会自我评价一番，比如"我发现我真的需要改变我的态度"，还有"今晚我找到了很多关于不改变自己的借口"。一天晚上，他看着我说，"很高兴遇见了你，因为如果我不听你的话，可能又要回到过去，然后再被抓起来。是你让我变得头脑清醒了。"

我给他的女朋友佩吉打了个电话，向她询问卡尔施虐问题的历史。她听起来非常困惑而且不自在。我当时强烈怀疑卡尔在旁边听我们交谈，所以我找了个借口挂断了电话。不过，当卡尔下一周参加小组活动时，我让同事来主持那天的活动，然后溜出去给佩吉又打了一个电话，目的是让她能够更加自由地和我交谈。这次她很谨慎地说：

每周，卡尔从小组活动回来都会怒气冲冲。一到周三晚上我就害怕，因为那天是他参加活动的时间。他说小组活动完全就是垃圾，而且如果我不打电话报警，他也不用坐在那里让你们这些人羞辱，他说我知道那天晚上的争执都是我的错。他说他特别痛恨那个叫兰迪的家伙。有一天，我告诉他不要怨这怨那，他必须进行咨询，他猛地把我推到门柱上，说如果我不闭嘴他就掐死我。我应该报警的，但是他会因此而被监禁两年，因为他还在假释期。我当然也担心他出狱的时候会为此杀了我。

然后佩吉描述了一下卡尔进监狱之前，她遭受卡尔毒打的经历：黑眼圈、破碎的家具，有一次他甚至拿着尖刀抵住了她的喉咙。每次他都把对佩吉的攻击归咎于她，不管他的虐待有多么残酷，她受到的伤害有多么严重。

在和佩吉交谈之后，我回到了小组，卡尔正在进行他经常进行的自我剖析和自责。我当然没有说什么；如果他知道佩吉告诉我真相，她的处境就变得非常危险。不久之后我就向他的假释官作了报告，他不适合参加我们的活动，但是没有给出原因。

卡尔营造出一种假象：每次参加活动，他都获益良多，而他的自我评价也表明了问题的严重性。每周活动后，在他回家之前都发生了什么？一个施虐者如何才能既这样深刻认识自己的错误，同时还能做出如此破坏的行为？真正的改变是怎样的呢？

以上只是众多咨询问题中的一小部分，这些问题，受虐者都会遇到，她们正在寻找有效应对施虐行为的专业人士。通过辅导超过2000名施虐者所获得的经验，我开始意识到，有施虐倾向的人希望成为一个谜。为了能避免面对自己的问题，他需要说服每一个人——包括自己——让这些行为变得合理。为了看清施虐者的真实面目，有必要逐层揭开困惑、混乱的信息还有欺骗。就像任何一个有严重问题的人一样，施虐者在努力隐藏真实的自己。

施虐者逃脱面对自己的方法是通过说服你：你才是造成他行为的根源，或者你至少要承担一部分责任。但是虐待不是恶劣关系造成的，你也无法通过改变自己的行为使伴侣发生转变。虐待完全是施虐者自身的问题。

通过指导施虐者辅导小组的工作，我慢慢看清了谜一样的施虐者背后的真实情况，对他们的准确认识逐渐形成。在后面的章节中我将会带你一点点认识他们。包括：

- 为什么施虐者开始的时候很可爱，但是这种情况不会持续下去？
- 哪些早期信号会让你意识到你可能在和一个有施虐倾向的人交往？
- 他为什么喜怒无常？
- 他的内心经历了什么，他的想法如何促成了他的行为？
- 毒品和酒精在施虐者行为中的作用？
- 为什么离开施虐者并不能解决所有的问题？

第I部分 什么是虐待

- 怎样判定施虐者是否真正改变了——如果没有发生改变,怎么办?
- 朋友、亲戚和其他社区成员该怎样帮助和阻止虐待事件的发生?
- 为什么很多有虐待倾向的人好像有精神问题——但实际上基本没有?

我们会在三个层次上探究这些问题——第一个层次是施虐者在交往过程中的想法——他们的态度和信仰。第二个层次是他的学习过程,通过这个过程,他的思想会在生命的早期阶段形成。第三个层次则涉及他通过控制伴侣而得到的好处,这些好处鼓励他不断地使用虐待行为。当我们通过了解这些,清理了笼罩在施虐者周围的迷雾时,你就会发现虐待并不像开始时那么神秘了。

在施虐者的内心深处,有一个信仰、观点和反馈的世界,通过令人惊奇的方式组织在一起,他的行为的确有道理可循。在不合理和爆炸性的表象下,是一个可以理解的人——也是可以解决的问题,但是他不希望你发现这一点。

施虐者要造成困惑,因为他必须这样做。他希望控制和威胁你,他希望把人们召集到自己一边,他希望一直逃避自己行为的后果,但是他却无法把每个人都拖离自己的生活轨道。当世界了解了施虐者,他的力量也就消失了。所以我们要揭开施虐者的面具,面对问题的核心。这次学习之旅对于健康和治愈受虐女士以及他们的孩子是非常关键的,一旦你知道了伴侣是如何想的,就可以开始掌控自己的生活。以真实面目示人的施虐者为自己也做了一件好事,因为他不用再面对——并克服——他一直要隐藏的、破坏性极强的问题。

我们越多地了解施虐者,就能够更多地营建友爱、安全的家庭和交往关系,就像他们应该拥有的一样。和平应该从家开始。

第 2 章 拨开施虐者的烟雾和幻象

他简直疯了！

他感觉很不好。

他失去控制了。

他很没有安全感。

他母亲曾经虐待过他，现在他对女性心怀怨恨并把这种怨恨转嫁到我的身上。

我真的很困惑。我不知道他到底发生了什么事情。

施虐者就像魔术师：他的把戏大都依赖于让你向错误的方向看齐，分散你的注意力，让你不会注意到真正的行动。他会让你专注于他制造的混乱世界，从而忽略他虐待倾向形成的真正原因。他把你引向迷宫，把你和他的关系变成弯弯绕绕的困境。他不希望你了解他、看透他。尽管他很了不起，但是依然是一台残破的机器，而你需要做的只是发现破损的地方，修好失灵的部分，让它咆哮着发挥自己的潜能。他所希望的，尽管连自己都不愿意承认，就是让你这样绞尽脑汁，你才不会注意到他行为的逻辑模式、他疯狂背后的理性。

为了进一步分散你的注意力，他会让你对他之前的伴侣产生偏见，以阻止你直接与她们交谈，不相信她们的话。如果你能通过他行为的线索发现一系列的交往关系，就会发现他的行为并不像看上去的那样古怪；实际上，他的行为完全遵循了他与各个女性交往时的行为模式，除了非常短暂的和并不看重的。

总之，有虐待倾向的人不希望你注意到他的虐待行为，所以他会给你的头脑中填入很多借口和曲解，让你因为自责和自我怀疑而颓丧。而且，不幸的是，社会上的大部分人都倾向于毫不怀疑地站在他那一边，使你也帮着他无视他的问题。

关于施虐者的神话在近代文化中主要是通过施虐者自己形成的，施虐者为自己的行为向伴侣、治疗师、牧师、亲戚和社会工作者不断编造借口。但是让施虐者分析自己的问题并说明原因是一个严重的错误。试想你会问一个严重酗酒者为什么要喝酒，然后毫不怀疑地接受他的解释吗？我们可能会听到这些：

"我喝酒是因为今天运气不好。"

"我喝得并不多——是那些不喜欢我的人在造谣。"

"我喝得很多是因为所有这些关于我是酗酒者的不公平指责伤害了我的自尊心，我不是酗酒者。"

当我们从一个喝醉的人口中听到这样的话时，第一感觉就是——借口。我们不会把一个正在酗酒的人当作可信的信息来源。那么，为什么会让一个愤怒而有控制欲的人成为虐待方面的权威呢？所以，我们的第一个任务，就是清除施虐者的烟雾和幻象，然后开始仔细观察他的所作所为。

从一个简单的练习开始

在关于虐待的描述中，我经常从一个简单的练习开始。我要求听众们写下他们听到的、认为的或者相信的虐待问题的来源。然后请你在合上这本书两三分钟的时间里，也列一张相似的单子，这样在继续读本书的时候，可以将它作为参考。

然后，我会请大家说出单子上的条目，我把它们写在黑板上，并进行分类：一类是虚构的，一类是包含部分真相，还有一类是准确的描述。最后总会得到20或30个虚构，4到5个部分真相，可能一个准确描述也没有。听众斜眼看着我，在座位上烦躁不安，吃惊于他们一直认为是常识的、造成虐待的原因却有着很多理解上的误区。如果你在读完本章之后发现你的清单上虚构的部分很多，那也一点都不奇怪。

对于有虐待倾向和控制欲极强的人的伴侣来说，先要把所有这些错误的理论从头脑中根除。记住，从对施虐者的误解中抽出每一根"木头"后，等着我们的可能是一块砖。但是，当我们结束的时候，你的伴侣就很难让你失去平衡或者让你困惑了，而你们的关系也会在某种程度上变得更加理性。

关于施虐者的虚构信息

1. 他小时候受到过虐待。
2. 他之前的伴侣伤害过他。
3. 他只虐待那些他最爱的人。
4. 他把自己的感情隐藏得太深了。
5. 他的性格有攻击性。
6. 他有时候会失去控制。
7. 他太愤怒了。
8. 他的精神有问题。
9. 他痛恨女性。
10. 他害怕亲密和被抛弃。
11. 他自信不足。
12. 他的老板虐待他。
13. 他的交流能力不行，有时前后矛盾。
14. 施虐的女性和男性一样多。
15. 他的虐待对伴侣和他自己所产生的伤害是一样的。
16. 他是种族歧视的受害者。
17. 他滥用酒精和毒品。

虚构 1：
他小时候受到过虐待，他需要接受治疗。

第I部分　什么是虐待

一些施虐者的伴侣普遍相信这是虐待的根源所在，因为他们之前就受到过虐待，很多专业人士也持相同的看法。我听到的解释有以下几种：

"他给我打电话，说了他经历过的所有可怕事情是因为他母亲曾经这样对待过他。"

"他父亲曾经因为发怒，用皮带抽过他，所以现在如果我也发怒，他就会崩溃并开始在房间中乱扔东西。他说这是因为在他内心深处，他非常害怕我的愤怒。"

"他的继母是个妖婆。我见过她，品行不端，所以现在他对女性有点抵触情绪。"

问题1：真的是因为他小时候曾经受过虐待吗？

很多人对这个问题已经进行过研究，发现男性在经历了童年的虐待之后更容易虐待女性的说法不太站得住脚；相反其他关于男性虐待女性的猜想好像更加可信。引人注意的是，对其他男性表现出暴力行为的男性通常是童年虐待的受害者，一个例外则是那些对女性进行严重肢体伤害或者恐吓女性的人，的确有童年受到虐待的历史。也就是说，不幸的童年不会让男性成为施虐者，但是会使有虐待倾向的人变得非常危险。

如果虐待是童年情感伤害的产物，施虐者应该可以通过心理治疗克服这个问题。但实际上，我们看不到一个施虐者切实、长期改变虐待模式的治疗结果。他可能要克服情绪上的困难，可能会深刻反省自己，但是他的行为还在继续。实际上，这只会让情况更加糟糕，因为他可以用治疗为自己的行为寻找新的借口，让借口更复杂更有创意，使她觉得更要对他情绪的低落负责。有施虐倾向的人有时候会用霉运故事博同情，还发现童年受到虐待的借口会成为打动对方的利器。

对有些施虐者来说，翻童年旧账还有另外一个原因：把人们的注意力转移到他母亲的过错上，他就可以理所当然地因为受到女性的虐待而虐待另一个女性。这样的解释甚至会吸引受到虐待的女性，因为这样就为他的行为找到了理由，而她也有一个可以愤恨的对象。

我的客户已经参加了不少治疗和虐待恢复小组，他们有时候看起来就像是治疗师一样——有些的确是——他们接受了流行的心理学或者课本的理论。一位当事人曾经想让我参加专题辩论，他说："好吧，你的成长遵从的只是一种认知行为模式，它在分析像这样一个深刻的问题时已经显现出局限性了。"一个情感语言娴熟的施虐者能够把每一次的争论都变成治疗过程，在这个过程中他会把她的反应放大，并给自己设定为"帮助"她，这样做足以让对方发疯。比如，他可能会向她"解释"她需要解决的情绪问题，或者给她分析"误解"他虐待她的原因。

当他发现这可以帮助他逃避责任时，施虐者可能会过分渲染自己童年时的经历。国家地区律师协会公报曾经报道过一个针对另一种具有破坏性的人的研究：儿童性虐待者。研究者问每一个人，他是不是曾经受到过性侵犯。高达67%的人回答是肯定的。但是，研究者随后了解到，如果用测谎仪把这个问题再重复一遍，肯定的答案突然就降到了29%。也就是说，各种施虐者在摆脱责任的时候，都会明白"我有虐待倾向完全是因为我经历过相同的事情"的好处。

我并不是说你不应该同情他不幸的童年遭遇。一个施虐者也应该得到非施虐者一样的同情，不能过多，也不应太少。但是一个非施虐者不会利用自己的过去虐待其他人。为他感到难过可能是个陷阱，让你觉得因为反抗他的虐待而内疚。

所以我会对施虐者说："如果你对自己备受虐待的童年感觉非常糟糕，那么你应该知道虐待是什么滋味：置身于恐惧之中，被告知受到虐待是你自己的错。经历过这些，你就不虐待其他人，而不是轻易虐待她。"当我说出这样的观点后，他基本上就不再讲自己悲惨的童年了。**可他只希望知道这还是不是一个合适的借口，而不是一个改变的原因。**

> **虚构2：**
> 他之前的伴侣曾经严重地虐待过他，导致他对女性有心理问题。
> 他本来是个了不起的人，是那个女人让他变成了现在的样子。

我们在第一章中提到的弗兰，就是因为以前的妻子给他造成了痛苦的情感挫折，以至于对目前的伴侣可能会产生严重影响的故事。这样的故事最常见的版本就是，男性念念不忘的就是女方如何欺骗他而伤透了他的心，可能她和多个男人有染。如果你问他是怎么发现的，他的回答可能是"每个人都知道"或者他的朋友告诉他的。他也可能说："我自己发现的，她骗我。"但是当你更进一步地要求他告诉你到底看到了什么；最后的答案可能是他什么也没有看到，或者他看到她与某个人很晚还在那个人的车里说话，"所以我可以判断出来。"

他还会描述之前伴侣带给他的其他伤害：她想要控制他；她不给他自由；她希望他对她俯首帖耳；她让孩子们和他作对；她甚至出于报复"害他被捕"。他所描述的多半是他自己的行为，但是他把这些归咎于对方，并成功地把自己变成了受害者。他可以从新伴侣这里，通过这种方式获得同情，因为很多女性都知道受虐待的滋味是怎样的——不幸的是——她们认同他的低落情绪。

有施虐倾向或者控制欲极强的人可以为过去的交往关系找出一堆理由。为了控制他现在的伴侣，也为了指责她欺骗他："因为我之前的伴侣多次很严重地伤害了我，这就是我现在变得善妒、不轻信的原因。"当她要求他整理一下自己的东西时，他就会勃然大怒："她控制着我的一举一动，所以现在当你告诉我该做什么时，我会非常生气。"因为有外遇，还想让别人继续和他交往，他会说："我曾受过伤，所以现在我很害怕作出承诺，我想和别人也交往一下。"他可以用同一个借口为自己的各种控制行为打掩护。

如果这是控制你的借口，这就是曲解

如果一个男性真的曾经在一段交往过程中被女性虐待过，他不会将这样的经历拿来伤害别人。

你可以想象一下反过来的情况：有没有听到过一位女士说，她对自己伴侣的虐待是因为她曾经被之前的伴侣虐待过？我在过去 15 年研究虐待行为的过程中，从没有遇到过这样的借口。当然，我遇到过女性在离开一个施虐者之后，再也难以相信别的男性的情况，但是它们之间是有本质区别的：她的经历能够解释她的感受，但是它们不会成为她行为的原因或者借口。对男性来说也应该如此。

当一个施虐者把他在现在关系中的无情或者控制行为归咎于之前的交往经历时，我会立刻用几个问题打断他："你之前的伴侣有没有说过她觉得受到了你的控制或者威胁？你在愤怒的时候有没有对她动手或者她有没有接到过法庭的限制令？"当他回答完自己的问题时，我就可以知道到底发生了什么：他也虐待了那位女士。

对他与之前伴侣的糟糕经历表示同情是可以的，但是当他把它作为借口来虐待你的时候，就不要相信他所说的关于上次经历的任何事情，而要把它当成是他与女性交往存在问题的征兆。你可以找他的前伴侣，并尽快和她谈谈，哪怕你恨她也要这样做。施虐者会在不同的交往关系中，不断地虐待不同的伴侣，每次他都认为所有的错误都在对方，他才是真正的受害者。

不管他如何把自己表现成前伴侣、他父母的受害者，施虐者的目的——虽然可能没有意识到——是为了利用你的同情，因此而能够不用面对自己的问题。

虚构 3：
他有虐待倾向是因为他太在乎我了。
我们往往会给最在乎的人以最深的伤害。

这个借口在我们施虐者辅导小组里是经常出现的。他们对我说："没人能像她那样让我沮丧。我只是有时候太愤怒了，因为我对她的爱非常强烈。她的所作所为对我的伤害太深了，谁也没法像她对我的伤害那样深入骨髓。"施虐者可以把这种理由成功地推销给自己的伴侣、朋友和亲戚们。这其中只有一点是真的：我们爱的人对我们的伤害要比任何人都深。但是，这些和虐待又有什么关系呢？

施虐者希望我们接受下面这些简单但是错误的思维模式：

第I部分 什么是虐待

"感情引导行为"

"当我们觉得受到了伤害，就会伤害交往中的其他人。当我们嫉妒时，就变得占有欲和指责性极强。当我们觉得受到控制，就会大声喊叫并发出威胁。"对吗？

错。每个人应对伤害和不快的方式都是独特的。当你觉得受到了羞辱或者威胁，可能会拿起一块巧克力。同样情况下，我会大哭一场。其他人可能会把自己的感情迅速转换成语言，直接面对所受到的不公平待遇。尽管我们的感受会影响我们希望做出的行为，但对如何行事的选择最终更多地受到态度和习惯的影响。我们对自己情感上受到的伤害所作出的反应是根据我们对自己的看法、对伤害我们的人的看法以及我们如何看待这个世界而得来的。只有那些受到严重伤害或者有严重精神问题的人的行为才会完全受情绪的控制，也只有很少一部分的施虐者才会有这样的心理问题。

工作之外，我认识很多夫妇，他们之间充满着激情和化学反应，彼此恩爱却不会伤害对方。但不幸的是，现实中很多人也认同这样一个不健康的概念：热情和侵略是交织在一起的，无情的言语交流和轰炸就是你为这段让人激动、刻骨铭心、性感的关系所付出的代价。大受欢迎的浪漫电影和肥皂剧有时候也会强化这种印象。

多数施虐者和妻子、女朋友以外的一些人关系会很亲密。我的一些客户甚至会受到父母中一方或者双方、兄弟姐妹、亲爱的朋友、叔叔阿姨的宠爱。他们会虐待这些亲人吗？很少会这样。所以，这不是爱或者深切的情感造成的行为问题。

> **虚构 4：**
> 他太能忍了，可是不良情绪会不断累积直到爆发出来。他应该和自己的情感保持联系并学会表达，以避免突然爆发。

我和我的同事把这种现象称为"压力锅理论"。就是说，一个人可以忍受的不断增加的痛苦和挫折感如果不能定期得到释放——就像压力锅——最后就会变成严重的事故。因为男性习惯把太多的情感压抑在自己心中，而多数施虐者都是男性，那么这种情感也就会不断积累。

但是情况并非如此，原因如下：多数的施虐者都不会压抑自己。实际上，他们中的很多人都要比非施虐者表达更多的情感。他们的所作所为实际上起到了相反的作用：他们认为自己的感受很重要，甚至到了夸张的地步，他们毫无顾忌地谈论自己的情感——并充分表现出来——不考虑时间，直到他们的伴侣、孩子对所有这些感到厌烦，所以施虐者的情绪要么太过强烈，要么太过寡淡。他们的感受会填满整个房子。当他情绪低落时，他觉得家里每个人的生活都应该停止，直到有人治好他的不适。伴侣的生活危机、孩子的疾病、饮食、生日——都没有他的感受来得重要。

和施虐者相距甚远的不是他自己的感受，而是伴侣和孩子们的感受。他对这些情绪知之甚少，又需要和这些情感"保持接触"。作为施虐者咨询师，我需要经常把讨论从如何感受引导到如何思考（包括他们对伴侣感受的态度）上来。我的当事人却总是想要把"球"保持在他们熟悉、喜欢的半场，在那里，才是他们真正关心的内心世界。

几十年来，很多治疗师想通过引导施虐者认清并表达情感来帮助他们进行改变，可是良好的意愿被误导了，实际上这个办法满足了施虐者专注于自己的目的，这是支撑他虐待行为的重要力量。

接受"压力锅理论"的部分原因是你通过观察，发现伴侣会遵循一种模式，在这种模式下，他会不断退缩，变得越来越寡言少语，就好像一个充满愤怒的压力锅，然后会突然爆炸一样。这看上去好像是情绪的爆发，所以你就会很自然地猜想，但是不断增加的紧张感，使他的感受在"压力锅"中不断积累，然后就会在自己允许的情况下爆发。

虚构 5：
他性格暴躁、容易发火。
他需要学得不那么有攻击性。

第I部分 什么是虐待

你的伴侣在和别人——不是你——相处的时候是不是非常理智？对他来说，对别人施加言语虐待或者与其他人发生肢体冲突是不是很不寻常？如果他对别人也具有攻击性，这种行为亦和你有关系——比如当面指责一个为你买单的男性？绝大多数的施虐者在和除伴侣之外的人相处时都会非常冷静和理智。实际上，施虐者的伴侣经常向我抱怨："他怎么对别人那么友善，而视我如粪土？！"如果一个人的问题不在于他"有攻击性的性格"，他不会只用这种态度对待你。很多治疗师为此努力了很多年，以引导施虐者保持他们敏感的、脆弱的一面，但是让人不快的现实是很多温和、敏感的人都是道德败坏的——有时候还很暴力——对伴侣很独裁。施虐者的两面性才是这个秘密的核心内容。

人们对施虐者的固有印象都是未受教育、蓝领——这种看法增加了人们的困惑。错误的公式变成了："有虐待倾向＝肌肉发达、无知无畏的山顶洞人，也就是那些社会地位比较低的人。"除了给工薪阶层强加了这个有失公允的形象之外，却忽略了有专业素养的或者受过大学教育的男性以及女性也有施虐的可能性这一事实。一个成功的商人、大学教授或者营销大师看上去不太可能和那些满身文身的"硬汉"一样也是女性伴侣的噩梦。

对阶级和种族的固有印象使得社会中的特权成员能够隐藏施虐这个问题，使它看起来好像是别人的问题。他们会这样想："这是那些从没上过大学的建筑工人、街头混混的问题——他们才是施虐者。我们才不会出现这样的问题。我们可不是赳赳武夫。"

但是那些与虐待相伴的女性却来自于各个阶层和文化背景。有时候，施虐者的受教育程度越高，他越了解如何在女性头脑中设置更多障碍，也越能够把各种错误归咎于她，也就越能够让大家觉得是她疯了。施虐者的社会影响力越大，对女性一方施加的虐待也就越严重——也就越难以摆脱。我早期的客户中有两位就是来自哈佛的教授。

有的女性会被"硬汉"的形象所吸引，有些则非常讨厌，口味因人而异。有很多方法可以用来判断这个人有没有施虐的倾向，但是他温柔的个人风格不在其中。（要留意的是：如果一个人习惯性地威胁人，要当心或早或晚，他都会对你进行威胁。也许，你觉得和一个让别人害怕的人在一起会有安全感，但轮到你受威胁的时候，情况就完全不一样了。）

> **虚构 6：**
> 他失去控制的时候，就会发飙。

很多年前，我曾经电话采访过一位叫希拉的女士。她是这样描述我的一位叫迈克尔的客户的周期性行为的："他突然变得狂怒，你永远不会知道他失去控制时是什么样子。他会直接抓过手边的任何东西，然后乱扔一气。他把东西扔得到处都是，墙上、地上——简直是一团糟。他还会砸东西，有时候还是重要的东西。然后就像风暴过去了一样，他突然冷静下来，会离开一阵子。之后，他会为自己的行为感到惭愧。"

我问了希拉两个问题。第一个是，摔东西的时候，那些东西是迈克尔的，还是希拉的或者是他们共有的？她沉默了好一会儿，想了想，然后说："你知道吗？我很惊讶地发现，我从来没有想过这个问题，不过他只会扔属于我的东西，我想不起哪件东西是属于他的。"然后，我又问，是谁来收拾残局。她回答说是她。

我说："看，迈克尔的行为并不是如看上去那样简单的狂怒，而且如果事后真觉得内疚，他会帮你收拾的。"

问题 2：他是故意的吗？

当我的客户告诉我，他变得有虐待倾向是因为他失去控制时，我问他为什么没有做出更加糟糕的事情。比如："你管她叫'该死的婊子'，你把电话从她手里抢过来，扔到房间角落，然后你推搡她，她摔倒了，她就在你的脚下，你可以很容易就踢到她的头。现在，你告诉我你那时候'完全失去控制了'，但是你却没有踢她。是什么阻止了你？"客户总能够找出各种理由。以下是一些常见的理由：

"我不想让她受到太严重的伤害。"

第I部分　什么是虐待

"我发现我们的一个孩子正在看。"

"我担心会有人报警。"

"如果那样做，她会有生命危险。"

"我们争吵的声音很大，担心邻居们会听到。"

而最常见的回答则是：

"老天，我不会那样做的。我永远不会对她做那样的事情。"

还有一种回答是我之前从没有听到的——15年间，我记得只听到两次——是："我不知道。"

这些现成的答案揭开了施虐者失去控制的借口的面纱。当一个人处在施虐的狂乱情绪控制之下时，不论是言语上还是行动上，他的头脑还是会对几个问题保持警惕："我做的事情会不会被别人发现，让我看上去很恶劣？我做的事情会不会让我惹上官司？我会不会伤害到自己？我做的事情，会不会太过残忍、粗鲁或者暴力？"

在辅导第一批客户的时候，我的头脑中就产生一种批评的看法：**施虐者从来不会做自己看来不可接受的事情**。他会因为别人不认同而隐藏自己的所作所为，但是在内心深处，却觉得自己理由充足。我不记得是否有客户这样告诉过我："我不可能为自己的所作所为辩护，那是完全错误的。"他们毫无例外地认为自己足够好。总之，**施虐者的核心问题就是是与非的概念是扭曲的**。

有时候我会问客户下面这些问题："你们有多少人愤怒到想对着你们的母亲叫'婊子'的冲动？"这时，总会有一半或者更多的人举起手。然后我问："有多少人在冲动之下叫了？"所有的手都放下了。所有人都惊恐地盯着我，就好像我的问题是问他们有没有在小学门口贩卖毒品一样（贩卖毒品给青少年在美国是重罪）。然后，我问："那好，为什么没有说出口？"每次做这个练习的时候，几乎所有人的回答都是一样的："怎么能对自己的母亲说这样的话，不管有多么愤怒！你就是不能那么做。"

还有一些是他们没有说出来的，在这里，我可以替当事人说出来："但是对妻子、女朋友这样的人就可以。只要你有足够的理由。这是不同的。"也就是说，施虐者的问题在于他认为控制或者虐待女性伴侣是有足够理由的。这个发现对于施虐者的辅导工作有着极大的暗示作用，我们将在后面讨论。

　　当我刚刚开始为施虐者提供咨询服务时，我对失控的怀疑不断和那些客户的现实问题发生碰撞。比如，詹姆斯告诉我有时候他会把伴侣正在找的东西藏起来，比如她的钱包或者车钥匙，等她因为找不到而变得有点焦急和沮丧时，再偷偷地放到显眼的地方，并声称它们一直在那里。马里奥则会丈量从家到超市的距离，当他妻子说要出去到商店采购后，他会检查她汽车上的里程表以确保她没有去别的地方。

　　有一年，我的同事大卫和卡罗尔正在为一个大会准备一部关于虐待的滑稽剧，他们决定先为施虐者辅导项目的成员们预演一次。预演之后，小组成员们热情高涨地提意见来改进这部滑稽剧，他们主要是针对大卫："不，不。你不能为回家晚了找借口，这让你看上去是在辩护。你要把问题转嫁给她，告诉她你知道她在欺骗你……你们之间的距离太远了。大卫，靠近几步。这样她就会知道你是认真的……你让她说得太多了。你要打断她的话，坚持你的观点。"咨询师们惊讶于施虐者对于他们在剧中所使用的技巧以及为什么要使用这些：这群男人还沉浸在对这部剧提出反馈的欣喜中，完全忘记了"不知道自己在做什么的失控状态"的伪装。

　　当我们回顾书中施虐者的故事时，你会发现理智一直贯穿于他们的无情和控制行为之中。但是，我不想把施虐者妖魔化。他们不会算计和计划每一步行动——虽然也会比你预计的更加经常地进行预想。施虐者不会在每次把报纸掀翻在地上或者把茶杯扔到墙上时都会去算计。为了构建一个更加准确的模型，我们可以把施虐者考虑成为一个杂技团中的杂技演员，他有时候会变得很狂野，但是不会忘记行为的边界所在。

　　当然，也有客户坚称："我就是失控了"。我问："你真的'就是失控了'还是你决定在那个时刻为自己开'绿灯'？有没有那么一个时刻，你觉得自己'受够了'或者'不想再忍受下去了'，你就给自己颁发了许可，让自己想干什么就干什么？"这时我发现他眼中火花一闪，承认他经常

第I部分　什么是虐待

会有那么一刻来放松自己，然后恐怖秀就上演了。

肢体施虐者也会表现出自我控制，比如当警察出现在家门口的时候，他会立刻平静下来。当警察走进来时，他会理智、友善地与他们进行交谈。警察进门的时候几乎从没有见过打斗的过程。泰是一个肢体施暴者，现在在另一位咨询师那里寻求帮助，在一个培训视频中向我们表述了警察出现在家门口时，他是如何从暴怒中突然抽离出来，并向警察说好话，"告诉他们她正在干什么。然后他们就会看着她，而她就会成为那个失去控制的人，因为他刚刚殴打了她并使她仍处在恐惧中。他会对警察说：'瞧，不是我。'"泰完全能够依靠自己镇静的举动和自我辩护不断地逃避被捕。

> **虚构 7：**
> 他暴怒了。他只是需要学习一些控制愤怒的技巧。

几年前，一位客户的伴侣因为她 12 岁的儿子（来自于上一次婚姻）失踪超过了 48 小时而承受了一次痛苦的经历。在那两天里，玛丽·贝斯的心脏跳得越来越快，她开车在城里到处寻找儿子，惊慌失措地给每一个认识的人打电话，把儿子的照片送到警察局、报社和广播电台。两天时间里，她几乎没有合过眼。而她的新任丈夫雷，是我们辅导项目的成员，也在不断积累自己承受的压力。第二天快结束的时候，他终于爆发了。他对她叫道："我再也受不了你对我的忽视了！就好像我不存在一样！你去死吧！"

一个非施虐者不会指望自己的妻子在面对这样严重危机时还要对他进行情感关怀。实际上，他应该关注的问题是他能为妻子找到孩子做点什么。教雷用空闲时间去打沙袋、快步走或者专注于深呼吸是没有用的，因为他的思考过程很快就会让他再次暴怒。在第 3 章，你会看到施虐者的态度才是他们愤怒的原因和方式。

一个新加入的客户告诉我："我加入这个小组是因为我的愤怒。"我回答说："不，不是的。你参加这个小组是因为你的虐待行为。"每个人都会生气。实际上，多数人至少会有几次是出奇愤怒的，即和实际情况不相符的愤怒及超出自己健康许可要求的愤怒。有些人的这种极端情绪会给自己造成溃疡、突发心脏病或者过度紧张，但是他们没有虐待自己的伴侣。在第 3 章，我们将讨论为什么施虐者容易发怒——以及为什么他们的愤怒并不是主要问题。

施虐者具有爆发性的愤怒会让你注意到：无礼、不负责任、贬低、谎言，以及他在并不是非常沮丧时所表现出来的其他控制和虐待行为。是愤怒造成了施虐者欺骗自己的伴侣吗？当他向你施压要你放弃友谊、减少和兄弟姐妹们在一起的时间时，这种爆发是一种模式吗？不，也许他最大声的、最明显的或者最具威胁性的虐待方式在他愤怒的时候才会体现，但他的深层次目的是一直保持掌控。

虚构 8：
他疯了，他有精神病，应该去看医生。

当一个人面对困苦和仇恨时，会显得有点失去理智。当情况发生变化时，他的情绪会从兴高采烈变成充满攻击性。他情绪稳定性的问题是显而易见的。当他指责伴侣想要伤害他时，好像有点是妄想狂了。因此伴侣们怀疑施虐者精神上有问题也就毫不奇怪了。

但是，从我多年的咨询经验来看，大多数客户在心理上还是"正常"的。他们的想法合乎逻辑；他们了解因果关系；他们不会产生幻觉。他们对于生活环境的大部分看法都是相当准确的。他们在工作中能够得到较好的评价；他们在学校和培训项目中表现良好；除了他们的伴侣——还有孩子——都觉得他们一切正常。**不健康的是他们的价值观系统，而不是他们的心理。**

施虐者所表现出来的看似疯狂的举动，对他们来说都是有目的的。我们已经知道迈克尔，他从来不会摔自己的东西；而马歇尔，不相信自己对伴侣的指责是出于嫉妒。在后面的章节中，你将会看到更多的案例，都是关于施虐者疯狂行径背后的心机的。

最近的研究结果表明，即使是肢体暴力的施加者中，有精神疾病的

第I部分 什么是虐待

比例也不是很高。在我的客户中，严重肢体施暴者会进行心理评估，最后出现只有一个人被确诊有这方面的问题。相比较而言，我相信我的一些客户就算是真的失去了理智也不会变得非常暴力。关键是那些极端的肢体施暴者——他们会把伴侣窒息得失去知觉、用枪抵着她们的头，偷偷接近然后杀死伴侣——都增加了精神疾病患病者的比例。可是目前还没有专门针对严重肢体施暴者心理健康状况的研究机构；使他们得到一系列的调查分析，包括精神病、边缘人格、狂躁抑制、反社会人格、强迫—强制失控以及其他。（但是，即使是最危险的施虐者，也没有显现出上述任何一种症状。）

　　这些不同的精神疾病所表现出来的行为模式为什么会如此相似？答案是，他们并不相似。精神疾病引发的虐待不会比酒精更加严重。事实是人的精神病治疗方面的问题与他的施虐性结合，形成了不稳定的结合体。如果他受到了很大的压力，比如，他可能不再关心需要承担自己的行为造成的后果。当他处于这种状况时，一旦决定对伴侣或者孩子进行攻击，情况就会变得非常危险。一个精神不正常的施虐者有两个不同的但相互联系的问题，就像那些受酒精或者毒品困扰的瘾君子一样。

　　关于精神疾病的最后两点：首先，我时常听到人们这样谈论暴力施虐者："如果他觉得能够继续这样下去，一定是做梦。"不幸的是，实际情况表明，他真的可以这样继续自己的生活，我们将在第12章进行讨论，可见他的想法并不是在做梦。第二，我曾经研究过几个案件的报告，施虐者在服用了精神科医生开的处方药之后，其行为会有所改善。他整体上的施虐行为并没有停止，但是最具毁灭性和可怕的行为明显减轻。但药物并不是长久之计。原因有二：

　　1. 施虐者不喜欢服药，因为他们出于自私而无法承受药物的副作用，不论这样的改变会给伴侣带来多么大的好处，他们几乎都会在几个月之后停止服药。药物因此也成为精神虐待的又一个工具。比如施虐者在对伴侣感到厌烦的时候会停止服药，因为他知道这样做会让她焦虑、担忧。或者当他想严重打击她的时候，就会过量服药，从而造成药物危机。

　　2. 目前的药物还不能把一个施虐者变成一个充满爱心的、考虑周到的、行为得当的伴侣。药物只能降低施虐者最危险的行为所带来的危害——如果他真的这样做了。假如你有施虐倾向的伴侣正在服药，请注意，你只是在拖延时间。

> **虚构9：**
> 他痛恨女性。他的母亲或者其他女性，可能做过一些严重伤害他的事情。

施虐男性痛恨女性的想法是通过苏珊·福沃茨的书《恨女性的男性，和爱他们的女性》广为接受的。福沃茨博士对于施虐男性的描述是我见过的最准确的，但是她在一点上犯了错误：多数施虐者并不恨女性。他们与母亲、姐妹或者女性朋友关系亲密。相当数量的人能够成功地与女性上司相处并尊重她们的权威，至少从表面来看是这样。

其实施虐者对于女性缺乏尊重，是来自于他们的文化价值和现实条件，而不是受到女性伤害的个人经历。有些施虐者的理由是对这种受害现象的回应，因为他们希望女性为男性的虐待承担责任。这对研究来说是一个重要的信息，表明拥有虐待成性的母亲的男性不会形成对女性特别的消极情绪；但是如果有一个虐待狂父亲，则会形成这种情绪；施虐者对女性伴侣和他们的女儿表现出来的这种不敬也经常被他们的儿子所接受。

所以，尽管有一小部分施虐者的确痛恨女性，但是大多数还是表现出一种更微妙的——虽然经常会有而且很普遍——对于女性傲慢、轻蔑的态度，但多数人并不会把他们对于女性的问题很明显地表现出来，除非真的要进行认真的交往。

> **虚构10：**
> 他害怕亲近，害怕被抛弃。

施虐者通常都善妒且占有欲很强，他们的虐待和破坏性行为会在伴侣想要和他们分手时逐渐升级。有的心理学家简单了解了这种模式后得出结论：施虐者对抛弃极端恐惧。可是很多人，不论男女，都害怕遭到抛弃。伴侣的离开会让他们寝食不安、心碎、抑郁。如果一个人被抛下后的惊恐反应会引起威胁、跟踪或者谋杀，那整个社会都会变成战场。亲密伴侣分手后出现的凶杀案几乎都是由男性一方犯下的（而他们在分手前，多数都有虐待的历史）。如果对于被抛弃的恐惧会造成分手后的虐待，为什么统计数据如此不平衡？女性会比男性更容易度过被抛弃后的难熬时光吗？不，当然不是。

类似的误解还有认为施虐者"对亲密有恐惧感"，这个理论是为了解释为什么施虐者只虐待自己的伴侣，而且主要以男性为主。根据这一理论，施虐者会周期性地粗暴对待自己的伴侣，以阻止她在情感上与自己过于靠近。这样的行为用心理学家的术语来说就是"调节亲密性"。

这个理论有很多漏洞。首先，施虐者在经历了一段时间不断上升的紧张和距离感之后，会遇到最糟糕的事件，却不是在最亲密的时刻。有的人会一直保持情感上的距离，所以这样的关系永远不会近到触发恐惧感，但是虐待依然在继续。来自于妻子的虐待在某些文化中也会非常严重，在这些文化中，丈夫和妻子之间是不可能出现亲密关系的。最后，还有很多男性，他们对亲密也有很强烈的恐惧，但是他们并不会虐待或者控制自己的伴侣——因为，他们没有这样虐待的心态。

> **虚构 11：**
> 他没有自信心，他需要自我形象的维护。

问题 3：是因为他对自己感觉不好吗？

受到虐待的女性总会把自己宝贵的能量拿来支持虐待她的男性以刺激他的自我意识。她们这样做的目的就是希望他能够得到很好的安抚，这样下一次爆发也许就不会出现了。这个办法效果如何？很遗憾，效果不佳。除非时间很短，你是无法控制施虐者的。不论是赞美还是提升他的自我意识都是在为你拖延时间，或早或晚，他都会跳起来把你和你的生活撕得粉碎。在你想提升一个施虐者对于自己的感觉时，他的问题会更恶化。施虐者需要的是各种供给，所以，他获得的积极性关注越多，想要的也就越多。他永远不会感到满足，哪怕是已经得到足够多的注意。即使获得了奢华级的待遇，他的需求也会迅速增加。

早些年在进行施虐者辅导时，同事们和我因为一个失误了解到这样一种原理。有那么几次，我们想请在小组中进步显著的客户接受电视台的采访或者到学校给学生们现身说法。因为我们觉得公众能够通过施虐者自己的诉说了解他的行为和他的转变而获益良多。但是我们发现只要给予客户以公众的关注，几天之后，这位客户就会出现一次虐待伴侣的情况。成为明星的感觉让这个人发生了改变，他的头脑中充满了所获得的关注，回到家就会用指责和贬低来折磨伴侣，所以我们不得不停止让这位客户出现在公众的视线中。

自尊的神话是对施虐者的奖励，因为这会让伴侣、治疗师和亲戚朋友们充满感情地满足他的需要。想象一下施虐者可能获得的各种特权：多数时间都能够按照自己的意愿行事；让伴侣卑躬屈膝，否则他的情绪就会失控；只要他高兴，怎样行事都可以。最重要的是，他还会被称赞是一个好人，每个人都在努力让他感觉更好！

当然，在粗暴对待或者恐吓伴侣之后，施虐者应该感到不安或者羞耻，特别是有外人目睹了他的行为之后。可是这些感受却成为他施虐的结果，而不是原因。随着关系的进展，施虐者对自己的行为感到理所当然，不安也就慢慢消失了，沉溺于对自己行为的辩护中。如果没有得到经常的恭维、安慰和自己认为应得的顺从，他也许会变得难以相处，惹人讨厌，这种行为的根源不是出于自卑，实际上，情况和我们看到的正相反。

想象一下他是如何贬低你、欺负你并打击你的自信的。你有没有突然变成一个粗鲁而容易爆发的人？如果自信心不足不能成为你施虐的借口，那么也不是他的借口。

第I部分　什么是虐待

> **虚构 12：**
> 他的老板虐待他，这让他无能为力而且很失败。
> 回到家里他会发泄一下，因为这里是他觉得唯一可以放松的地方。

我将这称之为"老板虐待员工，男性虐待女性，女性虐待孩子，孩子打狗，狗咬猫。"这个画面好像是真实的，但是很多细节都不合情理。我的当事人中，有上百位是受人欢迎、事业有成、相貌英俊的人，一些最恶劣的施虐者甚至已经处在管理层的顶端——没有严苛的老板。相反，在工作中的职位越高，这些人在家庭中就越需要满足各种要求和服从。几个当事人告诉我："在办公室，我必须对下属发号施令，所以在家我也很难摆脱这种状态。"因此当一些施虐者搬出"恶老板"的借口时，别人会使用相反的借口。

最重要的一点，在我对于虐待的 15 年研究中，**从没有遇到过一位当事人，他在家庭中的行为会因为工作情况的改善而得到改善。**

> **虚构 13：**
> 他不善交际，优柔寡断，缺乏危机管理技巧。他还需要训练。

施虐者完全能不带虐待性地解决问题，他只是不愿意这样做。施虐者的能力缺乏，早已成为一些研究者的项目主题，研究结果却是：施虐者在解决冲突中拥有正常能力，当他们决定运用这些技能时，会变得坚定而且自信。在工作中，他们总能度过紧张阶段，而不对任何人进行威胁；当他们和父母共度感恩节时，亦能控制压力而不爆发；他们会在祖父母去世的时候，和兄弟姐妹们共同度过悲伤的时光。但是在面对伴侣时，他们就不愿意心平气和地处理。你可以教给他们运用最有创新精神的新时代技巧来表达自己内心深处的情感，主动去倾听，然后采用双赢策略，但是回家后，虐待行为依然故我。

> **虚构 14：**
> 有虐待倾向的女性和有虐待倾向的男性一样多。
> 施虐男性很难发现，因为他们觉得让别人知道自己是施虐者太没面子了。

当然，也有一些女性非常恶劣地对待自己的男性伴侣。她们严厉斥责他们，责骂他们，想要控制他们。这些行为对男性产生的影响是相当大的。他们的自信在不断批评、贬低的过程中逐渐被毁掉，但是我们看到这样的人了吗？这些被伴侣强迫发生性行为的男性在哪里？那些逃出家门，寻求庇护，生活在恐惧中的男性在哪里？想要打电话求助，而女性伴侣把他锁在家里剪断电话线，这样的男性在哪里？我们找不到这样的男性的原因很简单：他们非常罕见。

对于男性来说，站出来承认自己受到女性伴侣的虐待是件非常羞耻的事情，这一点我毫不怀疑。但是不要低估一位女士因为受到虐待而产生的羞辱感；女性和男性一样也需要尊严。如果羞耻感阻止她们站出来，也没有人会发现。

即使受到虐待的男性不想把事实公之于众，时间久了也会被发现。邻居们不会像 10 年或者 20 年前那样对虐待不闻不问。现在，当人们听到尖叫、东西被扔在墙上、响亮的击打声时，他们会报警。在我接待的因为肢体暴力施虐而被捕的施虐者中，有 1/3 是由伴侣以外的人报警的。如果还有上百万潜伏的威胁者，警察会找到他们的。施虐男性通常都会扮演受害者的角色，多数人都会声称自己才是"受虐人"，其实他们才是真正的暴力行凶者，而非受害者。

在接受受害者地位的过程中，他们总想要夸大伴侣的语言力量："当然，如果动手，我会赢，但是她嘴巴可比我厉害多了。所以，我得说，较量失去平衡了。"（一个非常暴虐的男士在小组活动中说"她的话伤透了我的心"，以此来为自己用刀插入对方胸口作辩解。）虐待不是一场能够更好地表达自己就能够获胜的斗争。你获胜是因为你更善于挖苦、贬

第I部分　什么是虐待

低，把周围所有事情的真相扭曲，使用其他控制伎俩。

> **虚构 15：**
> 施虐对于施虐者和受虐者来说都不好。他们都是受害者。

实际上，施虐者从虐待中恢复的速度要比他们的伴侣快得多。还记得第 1 章中提到的迈克尔吗？他坚持说，他们的前 10 年婚姻就像顺水行舟，而莫琳则说这 10 年一直伴随着羞辱和无情。当然，虐待伴侣绝不是一种健康的生活习惯，但是消极影响也不能与精神和肉体上受到的伤害、失去的自由、自责，以及施虐者给女性伴侣的生活带来的阴影相比。虐待与酗酒和吸毒不同，施虐者不会"陷入低潮"。他们的虐待可以持续 20 甚至 30 年之久，但同时还能保持事业成功、身体健康、友谊长久。

> **虚构 16：**
> 是酒精让他变成虐待狂的。如果我能让他保持清醒，我们的关系就会好转。

很多男性会用酒精或者毒品来掩盖自己的虐待行为。研究却表明，酒精不会产生虐待者，清醒也不会治愈施虐者。男性摆脱虐待习惯唯一的办法就是直面虐待。

到这里，我们初步完成了施虐者心理迷宫之旅。你可能会发现很难纠正这些错误概念。我之前也被自己的迷惑所困扰，是施虐者让我真正面对现实，哪怕他们固执地想要逃避责任。如果你正在和一个施虐者交往，而他时常威胁或者贬低你，那么你在读了本章之后可能会更加困惑。你也许会想："如果他的问题不是来自于这些，那会来自于哪里？"

下面就是要小心地把我们之前拨乱的条理再整理好，从而形成完整的印象。我们这样做的时候，你会逐渐感觉到摆脱这些干扰后的轻松。充满活力的清晰景象呈现在眼前，造成虐待的神秘原因也逐渐消散。

须要牢记的关键点

- 施虐者的情绪问题不是造成虐待的原因。发现困扰他的原因、帮助他使他感觉良好或者改善你们之间的关系是不会对他产生影响的。
- 感情无法控制虐待行为或者控制行为；信念、价值观和习惯才是驱动力。
- 施虐者为自己行为找的原因都是借口。关注于自信心、冲突解决、愤怒控制或者冲动控制的办法无法让施虐者克服问题。施虐行为要靠应对施虐来解决。
- 施虐者通过产生困惑，包括对困惑本身的困惑而受人欢迎。
- 你没有任何错。伴侣的问题是他自己的问题。

第3章 施虐者的真实心态

他的态度好像总是："你欠我的。"

他能够把所有事情玩弄于股掌之间，并归咎于我。

他快要让我窒息了。他想要控制我的生活。

大家都觉得他是世界上最棒的人。我希望他们能够看到他和我生活在一起时的那一面。

他说他很爱我。但是他为什么要那样对待我？

长期虐待会让受虐者对自己产生怀疑。施虐者的孩子感觉也会很糟糕，但是他们只会怀疑问题出在自己身上。施虐狂老板的雇员们多数时候都认为自己工作懒惰，应该更聪明、工作更努力。受到欺辱的男孩们认为自己应该更加强壮而且不应该害怕打斗。

当我对受虐待女士进行辅导时，最初的目的是帮助她重树信心，让她相信自己，倾听自己内心的声音。你不需要一个虐待研究"专家"向你解释你的人生，你最需要的是坚持真实自己的支持和鼓励。你的施虐伴侣想要否定你的经历，想把你头脑中对于现实的观点清除出去，然后把自己的观点灌输给你。当有人多次想要这样侵入你的自我认知时，很自然地你就会失去平衡。但是你依然可以找到返回自己心中的途径。

施虐者会创造出很多错误的想法，然后灌输给伴侣，从而使伴侣对自己产生疑问，然后他就可以把她引入死胡同。清理了这些假象，我们就可以找到他"压路机"一样的风格根源。

所有这些都是受虐女士教给我的，她们才是虐待研究的真正专家。我的老师还有那些虐待狂当事人，每当他们偶尔揭示自己的真实想法时，就把我更进一步带到了真相面前。

现实1：他有很强的控制欲

一天晚上，我的当事人格伦激动而又愤怒地来到辅导小组。他快速地说着：

> 哈莉特周五下午开始向我叫喊，说她很快就要搬出去。然后，整个周末她都不在家，还带走了我两岁大的儿子。她真的让我伤心透了，所以我决定报复。我希望找到一些她真正关心的事情，给她点颜色看看。一周前，她开始着手写毕业论文，为此花费了大量的时间，而且周一就要交论文了。我把她的论文撕成了碎片，然后我把我们三个人的照片也撕了，把它们整齐地堆在床上，等着她回家。我觉得她应该从中获得教训。

格伦相当诚实地把他的想法、过程和动机都告诉我了，可能是因为他觉得这样做的理由很充分。他相信自己有权利控制伴侣的行为，希望自己的话语有最终决定权，他不能接受反抗。他觉得自己有权利惩罚哈莉特——用他能想到的最严厉的方法。他自豪地说着他们在一起的时候，他"恩准"了她所获得的很多自由，就好像他是她的父亲，觉得是时候为了自己的权威而剥夺她的特权了。

控制可能以各种形式出现。我的一些当事人控制欲极强，估计都能胜任军队的指挥官了。比如罗素，他要求孩子们每天早晨上学之前都要做健美操。他的妻子没有他的允许不能和别人说话，如果他认为她的衣着不得体，就会命令她回去换。吃饭的时候，他会像美食评论家一样安然坐在桌边，享受妻子为他准备的食物，还会不时地对妻子的手艺指指点点，让她去厨房为孩子拿东西，就好像妻子是餐馆的服务生一样。

不过罗素的风格在控制行为范畴中也算是极端的。多数的当事人会进行特别监视，就像开荒者对土地的占有一样，而不会针对所有的事情。有的施虐者可能会狂热于赢得每次争论，但是对伴侣的衣着却漠不关心。而另一个施虐者则会容忍伴侣和孩子进行争论，但是当他看电视的时候想要换台而她不想时，她就要当心了。（数十个当事人都曾经扔掉或者砸碎遥控器，电视被施虐者牢牢控制在手中。）有个施虐者甚至对伴侣实行禁足，而另一个则允许伴侣行动自由——只要她为他提供一日三餐、为他洗洗涮涮。

控制的范围

施虐者的控制总是落在以下几个范围内的：

谁去收拾乱成一团的厨房？我们应该留出多少时间给自己，多少时间给其他人？我们的兴趣爱好应该如何安排？怎样处理和解决愤怒或者受到伤害的感情？应该对孩子定下什么样的规矩？

人们似乎有一种先入为主的观点，那就是施虐者把这些选择和紧张带给我们，让他成为难以相处的人。有没有考虑过，和一个掌握着下列原则的人进行谈判或者妥协（不管他是不是大声把它们说出来）是多么有挑战性的事情：

1. "当我觉得受够了的时候，讨论就结束了——那也是你该闭嘴的时候。"
2. "如果我们正在争论的这个问题对我很重要，我应该得到我想要的。如果你不让步，你对我就是不公正的。"
3. "我知道我们的关系对你来说最重要的是什么。如果在我明确表示哪条路才是正确的，你敢不同意，你的行为就是愚蠢的。"
4. "如果我的控制和权威动摇了，我有权利采取措施按照我的意愿建立规则，如果有必要，虐待也包括其中。"

以上四条，最后一条是施虐者和其他人最明显的区别：可能我们都会有不理智的时候，就像那些在第一到第三条中提到的，但是施虐者允许自己根据自己的想法采取行动。对他来说，这些想法是引导自己行为的基石。这也是为什么他们会采取如此之多的恃强凌弱行为的原因。

人身自由

施虐者时常认为，自己有权利控制他的伴侣去哪里，和谁交往，应该什么时候回家。因此她应该对他给予的任何自由心存感激，所以，他们会在辅导课上说一些这样的话："外面有很多庸俗的女孩，我不想让她和她们交往，她很生气。但其他时候我是允许她和任何想交往的人成为朋友的。"他希望伴侣能够向他颁发一枚勋章以表彰他的慷慨，而不要因为他的压迫批评他。他把自己看成通情达理的家长——对他已经成年的伴侣——当他觉得自己应该坚决反对的时候，不希望遇到抵抗。

有时候这种控制是通过不断地抱怨，而不是叫喊和咆哮使对方耗尽精力的。施虐者会不断地对她的朋友进行负面评论，让她逐渐和熟人们不相往来以避免自寻烦恼。实际上，她甚至会相信是自己的决定，与施虐者对自己施加的压力无关。

施虐者的想法错了？当然。伴侣并不是他的孩子，而当想要控制她的强烈欲求出现时，他"赋予"她的自由并不是像筹码一样的奖赏。但是他的规则对他来说是天经地义的，他也会为了维护这些规则而进行战斗。

教养

如果一对夫妇有孩子，施虐者会在养育孩子方面认为自己有特权，即使他甚少实际照看孩子。他会把自己看成是一个充满智慧、仁慈的总教练，在情况不紧急的时候，他会被动地关注情况的发展。当伴侣无法适当应对孩子时，他便会采取"正确"的行动。对于自己家长的权威，恰恰说明他对孩子的理解是多么的少，或者多么不关心，多么无视孩子的需要。不管他的伴侣是多么优秀的母亲，他都认为她应该向自己学习，而不是向别人学习。

有施虐倾向的男性总会声称，自己的控制完全是为了伴侣的利益。这种理由就被我的客户文尼利用了：

奥尔加和我开车行驶在一个非常糟糕的街区里。我们正在争论事

第I部分 什么是虐待

情,她开始有些生气了,并想要尝试从车里出去。当时天已经很黑了,那样的地方什么事情都可能发生,但是她还是想把车门打开。我没法阻止她,最后我不得不狠狠地打了她的胳膊。不巧的是她的头撞到了车窗上。不过最终她还是停了下来,留在了车里。

文尼真的相信自己的虐待行为是为了伴侣好?他的所作所为在某种程度上是的,因为他自己相信了。但是他的目的却显而易见:奥尔加想从车里出去,为的是逃脱文尼的控制,他只是想确保她无法逃脱。

不幸的是,有时候施虐者真的能够让人们相信他的伴侣不可理喻而且失去了控制,她的判断力低下,所以他不得不拯救她。千万别相信这样的鬼话:他必须伤害她才能保护她。只有施虐者才会这样想。

我的辅导小组里就有一个这样的人,他经常会说:"我来这里是因为我有时候会失去控制。我需要有所收敛。"我总会纠正他:"**你的问题不在于你失去了控制,是因为你想要控制你的伴侣。为了改变,你不用重新获得对自己的控制,你需要的是不再控制她。**"多数虐待都是以惩罚的形式进行的,目的是报复你想要逃脱他的控制。这是掌握关于施虐者最重要的信息。

现实2:他觉得只有自己拥有这样的权力

施虐者相信自己拥有特殊的地位并能够让自己拥有绝对的特权,而伴侣则没有。这种驱动虐待的态度可以总结为一个词:权力。

为了理解权力这个词,我们需要先看一下权利应该如何正确适当地分配到夫妻或者家庭中去。

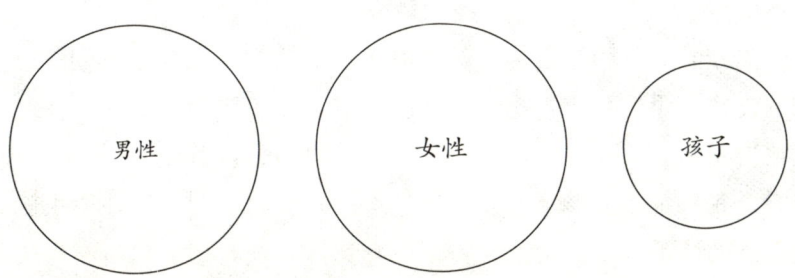

男性和女性的权利范围大小是相同的。他们有权拥有自己的看法并渴望获得尊重，各有 50% 的话语权，他们之间不应该有虐待或者肢体伤害。孩子的权利则相应小一些，这是出于他们的知识和实际经验的考虑，但是他们也有不受虐待和恐吓的权利，也应该受到尊重，在作出各种与他们有关的决定时，家长也应该听取他们的意见。不过，一个施虐者心目中的家庭权利却是这样的：

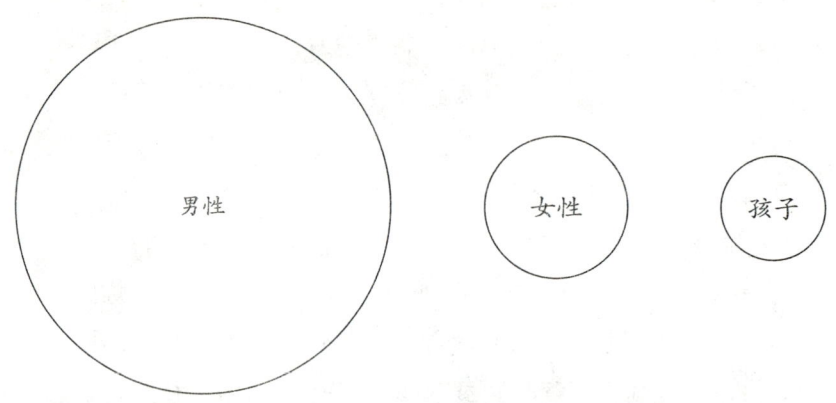

有时候，伴侣和孩子的权利不仅仅是被削减了——在有些施虐者的家庭中，后面两个圈彻底消失了——但是他的权利却得到了膨胀。作为咨询师，我的基本任务就是让施虐者能把自己伴侣和孩子的权利扩大到适当的范围，同时缩小自己的权利。施虐者会奖励给自己各种权利，包括：

- 肢体方面的权利
- 情感方面的权利
- 性方面的权利
- 免于责任

肢体方面的权利是更传统的施虐者所关注的。他希望伴侣能够做他喜欢的食物，照看孩子，打扫房间，完成没完没了的家务活。他其实就是把她当成一个不用支付工资的仆人。他会抱怨道："每天工作累得要死，回家时，我只希望能够平和安静。这个要求很过分吗？"他要求的好像只是柔软的椅子、一份报纸、一个脚凳。周末他希望家里所有事情都由伴侣打理好，这样他就能够观看赛事或者修理他的爱车、去打高尔夫或者遛鸟，要么就睡觉。如果她没有完成种种家务以获得他的满意，他就有权利对伴侣进行严厉的批评。

虽然这样的施虐者有点落伍，但是他们依然存在而且生活得很好。在20世纪八九十年代，这些人还学会了一些更加乖巧的伎俩以满足自己"家中帝王"的梦想，变化只是表面的。越来越少的施虐者会看着我的眼睛说："我希望当我下班回家，走进家门时，桌上能够摆着热气腾腾、可口的饭菜。"可是回家后，发现没有可口的饭菜等着他们时，依然会大发雷霆。

和施虐者自我评价过高相对应的是他对伴侣所付出劳动的过度贬低。有个客户曾经向我抱怨："真不知道她每天在家里干什么。我回到家里，屋子里乱成一团，孩子们也没有吃饭，而她在讲电话。她还花大量时间看肥皂剧。"如果她出去工作——现在几乎没有哪个家庭能够靠一个人供养——他又坚持认为她的工作要更轻松。当然，如果他不得不干她的工作——比如他因为失业而不得不在家当一段时间的奶爸，她出去辛苦工作——他的立场就会突然改变：此时此刻，他会说照顾孩子和操持家务是不朽的、值得尊敬的工作，每天需要休息几个小时，才能恢复体力。

情感方面的权利对于施虐者来说，甚至比做家务更加重要。还记得雷，因为玛丽·贝斯寻找失踪的儿子"忽视"他两天而咒骂她吗？他的问题在于，他觉得没有什么事情——即使是失踪的孩子——能够减轻玛丽·贝斯满足他的情感需求的责任。和那些饭做晚了就大发脾气的施虐者一样，他们也会暴怒——因为伴侣厌倦了听他不停地谈论自己，或者因为她想花点时间独自做自己喜欢的事情，或者在他情绪低落的时候她没有放下手中所有事情来安抚他，或者是因为她没有满足他甚至没有表达出来的希望和要求。

施虐者总会把自己更高的情感要求隐藏在其他事情背后。比如我的客户伯特，就会因为在他回家时女朋友克里斯汀没有挂断电话而生气。他批评她的理由是："她知道我们担负不起她浪费在讲电话上的钱。"但是我们注意到只有在他想得到她的关注时问题才会出现。如果他不在的时候,克里斯汀往英格兰打长途,或者他每周六早上花一个小时的时间给父母打电话,费用就不会成为问题。

当有新客户加入时,我会走到黑板前,画一个罗盘,上面的指针指向大大的"N"。"你想让你的伴侣当罗盘,"我对他们说,"你希望成为北极。不管罗盘在哪里,它总是指向相同的方向。不管她去哪里,或者她在做什么、在想什么,你希望总能以你为中心。"客户有时候会反驳我,"那就是夫妻关系应该有的状态啊。我们就应该以对方为注意力的中心啊。"不过我注意到的是当他关注她时,想得最多的是她能为他做什么,而不是反过来。当他没有把注意力集中到她的身上时,他就不会关心。

施虐者可能表现得对情感非常依赖。你会因为要满足他的需要、填满一个永远填不满的欲望之洞而使自己深陷其中。但是他并没有资格要求如此之多,所以不管你给了他多少,他都永远不会满足。他只会不断地提出自己的要求,因为他坚信他的要求就是你的责任,直到你觉得自己被榨干了。

性方面的权利意味着他认为伴侣有责任满足他在性方面的需求。他无法接受自己的性要求被拒绝,可是当他不愿意的时候,却可以拒绝她。尽管她的愉悦对他也有益处:如果她没有达到高潮,可能会是他拒绝她的原因,因为他希望自己成为了不起的爱人。

并不是所有的施虐者对性都有很大兴趣。有的人就会交往过于繁忙或者使用一些药物抑制了他们的性冲动。有一些人是同性恋,女性伴侣只是用来掩饰这一身份的。还有一些人觉得他们受女士的吸引是因为幻想统治。如果伴侣坚持自己也有同等的权利,要求同等的尊重时,会让他们对性失去兴趣,或许他还会对她进行性虐待。总之,他希望性行为完全按照自己的意愿进行,否则就没必要。

顺从,指的是施虐者希望将自己的口味和观点确立为家庭中的"法令"。当他宣布某一部电影很肤浅,或者当局根本不知道如何管理经济时,他的伴侣要毫不犹豫地接受他的观点。当面对很多人的时候,她顺从他的观点和看法尤其重要;如果她胆敢挑战他的权威,可能随后他就会对她咆哮"你让我看起来就像个傻子,你总是在大家面前让我难堪"等诸如此类的指责。他的潜规则就是：她不能对他的观点提出质疑。

免于责任意味着施虐者认为自己是不能受到指责的。如果他的伴侣提出自己的意见，她就是在"挑剔"或者"挑战"他。他可以无视自己的行为所造成的破坏，如果任何人想使他正视这件事情，他都会变得极具报复性。我曾经和一个新加入辅导小组的人促膝长谈过一次。

我：能解释一下你为什么要参加我们这个施虐者辅导小组？

汉克：呃，我上周打了我的女朋友，然后她就说，我要是不参加咨询辅导项目她就不回家。

我：是什么导致你虐待她？你们吵架了？

汉克：是的。她指责我有外遇！这可真让我火大。

我：好吧，你有外遇吗？

汉克：（停了一下，思考我的问题）嗯，是的……但是她没有证据！她没有证据就不能这样说！

汉克为自己保留了指责伴侣的特权，他使用这种特权已经很多次了。当有人抱怨他，包括注意到他的行为给家里其他人带来伤害时，他会迅速进行反击。在汉克的案例中，他报复的形式就是肢体虐待。

施虐者赋予自己的强大权力使他可以拥有各种不公平、不合理的期望，这样他的交往关系才会围着他的要求转。他的哲学就是："你欠我的。"他所付出的每一点滴水之恩，都要求你涌泉相报。他希望伴侣能全身心地投入，满足他所有的要求，即使这意味着她自己的需求——或者她的孩子们——都会被忽略。你当然可以把所有的精力投入到使伴侣满足中去，但是他已经形成了思维定势，永远都不会满足的。相反他会一直感觉是你在控制他，因为他不相信你对他的所作所为应该有任何限制，或者坚持认为她应该承担自己的责任。

你没有生气的权利

施虐者的愤怒和我们的普遍认知几乎完全相反。事实是：

施虐者的问题不在于他的愤怒,而是他对你的愤怒很生气。

他从你手中夺走的一项基本人权就是你向他发泄怒火的权利。不管他怎样恶劣地对待你,他认为你的声音不能提高,你的血液不能沸腾,因为愤怒是他的专属。当你的怒火喷薄而出的时候——就像那些施虐男性时常会做的——他会尽快把它压制下去,然后他居然利用你的愤怒来证明你是一个多么不可理喻的人。虐待让你觉得好像穿上了一件紧身衣。最后,你只能用自己的肢体或者情绪来化解自己的愤怒,比如抑郁、晚上做噩梦、情感麻木或者在饮食和睡眠方面出现问题,而你的伴侣则会用这个作为贬低你的借口,进一步让你濒临崩溃。

施虐者为什么会对你的愤怒反应如此强烈?一个原因是他觉得自己无可指责,就像我们之前讨论的。第二个原因是他感觉到了某种程度——虽然可能没有意识到——你的愤怒所体现出的力量。如果你有空间感受并表达自己的愤怒,就会更好地坚持自己的身份感并拒绝他对你的压制。他努力驱散你的愤怒是为了扼杀你抵制他的愿望的能力。最后一个原因就是他把你的愤怒当成是对他权威的挑战,他的反应只能是用更大的愤怒压倒你,这样才能够确保他表达愤怒的独享权利。

只有我才有愤怒的资格

当你了解了权力的本质,下面关于施虐者的概念就变得清晰了。

他不是因为愤怒而变得有施虐倾向,他有施虐倾向是因为他本身就有施虐倾向。

施虐者的不公平和不切实际让伴侣永远难以遵守他所有的规则或者满足他所有的要求。结果就是,他总会怒气冲冲的。这种状态曾经出现在一个访谈现场——一位年轻人正在讨论他对现任妻子的虐待问题。他说他对于良好关系的定义是:"永远不要争吵,每天都要彼此相爱。"他告诉听众,他的虐待对于他妻子来说是"应得"的,因为她没有能够达到这个不切实际的愿景。所以,让这个年轻人、其他施虐者参加愤怒控制辅导小组是没有任何作用的,因为他的权力感会让他继续产生愤怒。**他的态度才是真正需要改变的。**

现实 3:他能够颠倒黑白

埃米尔,一位肢体暴力施虐者告诉我了一些他对妻子所做的最糟糕的事情:"一天塔尼亚口无遮拦,我有点火大了,然后我掐着她的脖子,把她举起来,抵到墙上。"他的声音充满了愤怒。他说:"然后她居然想用膝盖踢我。如果一个女人这样对你,你会怎么样?当然,我狠狠地揍了她。当我把手放下时,我的指甲在她的脸上不小心留下了长长的一道伤口。"

问题 4:为什么他说,我是施虐的那个人!

施虐者赋予自己的高权威感,让他在心智上倾向于反侵略和自我保护。当塔尼亚想针对埃米尔威胁到生命的攻击进行防卫时,他却把她的行为定义成对他的暴力。在他进一步伤害了塔尼亚后,他又声称是出于保护自己不受她的虐待。施虐者所把持的权力焦点,让他盯住每一件事情,就像是勺子的反光。

另一位客户温德尔描述了一件他怒气冲冲摔门而出的事情。"我妻子爱莎对我唠叨了几个小时。我忍受着她的抱怨,然后告诉我自己我没有用。昨天,她又唠叨了半个小时,我终于忍不住,骂了她然后冲出家门。"我问他爱莎为什么事情生气,他说他不知道。"当她这样的时候,我就让她闭嘴。"几天后,我和爱莎说起这件事情,她告诉我说,她的确冲温德尔吼了 5 分钟或者 10 分钟的样子。但是温德尔没有告诉我,那天一早,从爱莎起床开始他就对她进行言语攻击,并整天斥责她。"他完全掌握着争论的主导权,就像破唱片一样没完没了,如果能插上一句话就是我的幸运。他的话语非常伤人——每天至少要叫我 10 次'泼妇'。"最后,爱莎的忍耐终于到了极限,被迫反抗。其结果就是温德尔离家出走的那一幕。

为什么温德尔觉得爱莎一直在叫喊和抱怨呢？因为在他的头脑中，她只能倾听、不说话。如果她表达自己的想法，那么她说的就太多了。

当我要求客户们停止欺负他们的伴侣时，他们把我的话曲解成他们对伴侣的所作所为。他们批评我没有把话讲清楚。一个施虐者说："你的意思是说我应该躺下来，让她从我身上跨过去。"因为我告诉他不论多么愤怒都不能对伴侣进行暴力威胁。他说："所以你告诉我们，我们的伴侣可以对我们做任何她们想做的事情，而我们不能有一点点反抗。"因为他的伴侣告诉他，她厌倦了他的朋友们把房子搞得像垃圾场一样，他应该"把那些该死的垃圾清理干净"。因为我告诉他没有任何理由用难听的名词来称呼伴侣。他说："你的办法就是：不管她做什么都是对的，因为她是女人，但是因为我是男人，对我的要求就得更加严格。"因为我指出他的双重标准并要求他们应该在相同的标准下生活。

现实4：他不尊重自己的伴侣，认为自己比她更优秀

谢尔顿和凯利的关系完蛋了。他必须参加我的辅导项目，因为他违反了限制令，但是又否认曾经以武力恐吓凯利。现在他想争取3岁大的女儿阿什利的探视权。他声称凯利在孩子出生后就从没照顾过她，也从来没有"和她建立亲密关系"。他说："我觉得她不配当阿什利的妈妈。她只是一个阿什利来到这个世界的管道。"

谢尔顿在头脑中把凯利变成了一个没有感情、没有生命的生孩子的机器。当他提起她时，他的脸竟会因为蔑视而显现出恶心而扭曲的表情。但是，他从没显出烦乱；他觉得凯利实在不值得让他生气。他对凯利的态度就好像是一条讨厌但是没有伤害的小狗在啃咬你的脚踝一样。他轻蔑的语调表明他很肯定自己要比凯利优秀很多。

施虐者希望看到的是伴侣不如他们聪明、不如他们有能力、不如他们有逻辑性甚至不如他们那么敏感。他会告诉她，她不像他那样，是个充满激情的人。他总会很不情愿地承认她也是一个正常的人类。施虐者的观点被称为是物化或者人格解体。多数施虐者的言语攻击都是贬低、反感的。他们用最能引起女性困惑的诸如泼妇、妓女和淫妇等词汇，经常还有前缀如"肥"等字眼。这些词语伤害了她的人格,把她贬低为动物,一个没有生命的物体,或者一个低级的性器官。伴侣们告诉我这些让人恶心的词汇所传达的信息和让人产生的不快就是暴力。通过这些精心设计的绰号——我的客户有时候会承认,他们用这些最具贬低性的词语——施虐者会让他们的伴侣感受到贬低和不安全。

物化是施虐者逐渐行为恶化的关键原因。当他的良知逐渐变成无情——或者暴力——他就会向下一步滑去。通过对伴侣进行人格解体,施虐者使自己免受正常人都会有的内疚感和同情心的折磨,所以他能够在晚上安然入睡。他把自己和她远远地隔离开来,她的感受就不再重要,或者根本就不复存在。这些隔阂随着时间不断增长,几年后他们与伴侣的关系就会达到即使是贬低、羞辱也不存在内疚的状态,就好像你或者我在车道上愤怒地踢到了一块石头一样。

虐待和尊敬是完全对立的两端:你不会尊敬你虐待的人,而你也不会虐待你尊敬的人。

现实 5:他分不清爱和虐待的区别

我的很多当事人常会这样对我说:

"我虐待她的原因是对她有非常强烈的爱。所谓的爱之深恨之切。"
"除了她谁也不会让我伤心。"
"对,我告诉她永远别想离开我。你不知道我多么爱这个女孩。"
"我不想看着她毁了自己的生活,我对她的关心让我无法坐视不管。"

一个施虐者经常会说服自己的伴侣,他的虐待行为完全是极其关心她的证明,但事实表明,虐待绝不是爱。一个人越严重地虐待你,就越发证明他只关心自己。是他强烈地想要获得你的爱和关心,而他只在方便的时候给你爱。

那么他在说爱你的时候是不是在说谎呢?不,通常不是。多数客户都会有一种强烈的感觉,他们管这个叫爱。对他们中的很多人来说,只有对女性伴侣才有这种感觉，所以他们无法知道这不是爱。而一个施虐者心目中强烈的爱意是：

- 让你全身心地投入自己的生命，以便让他能够不受外界干扰地享受幸福。
- 想要发生性行为。
- 想让别人知道，你是他的伴侣。
- 占有并控制你的欲望。

这些欲望是他所认为的浪漫爱情的重要方面。他可能也会感受到来自于你的真正爱情，但是首先他无法把虐待、占有和真正的关心区分开来，然后真正看清你。

爱的困惑甚至让施虐者们杀死自己的伴侣，并荒唐地声称自己是受内心深处强烈的爱的驱使。新闻媒体可悲地接受了这些侵害者的观点，把他们描述为"激情犯罪"。但是怎样才能充分证明这个男人并不爱他的伴侣呢？如果一个母亲杀死了她的孩子，我们能够接受她深爱孩子这个借口吗？目前还不会，也不应该接受这样的借口。真正的爱意味着尊重对方的人格。希望他/她能够得到最好的，并且支持对方的自信和独立。这样的爱当然无法容忍虐待的发生。

现实6：他有操控欲

让我们一起来看看下面这个叫大卫的施虐者和他的伴侣琼安之间的互动：

- 大卫冲着琼安吼，用手指着她，脸涨得通红。琼安告诉大卫，他太过愤怒，她不喜欢这样。他叫喊的声音更大了："我没生气，只是想让你了解我的想法，但是你根本不听！别告诉我你的感受如何，我讨厌这样！你根本不理解我！"
- 一天，琼安告诉大卫他严重伤害了她，她需要离开一段时间。大卫说："你的意思就是说你不再爱我了。我不知道你是不是爱过我，

第I部分　什么是虐待

你不理解我对你的感情有多么强烈。"他快哭出来了。这次谈话让琼安向大卫保证，她不会抛弃他，她对他行为的抱怨就这样被抛到九霄云外了。

- 说服你做他想让你做的事情，并声称这是为了你好。施虐者就是通过这样的方式把自己的自私变成了慷慨，这是一个非常巧妙的把戏。你可能需要很长时间才会发现他真正的动机是什么。
- 让你觉得对不起他，你就不会因为他的所作所为而抱怨了。
- 因为他的行为，开始责备自己，或者责怪其他人。
- 在争论中偷换概念，隐蔽或者明显地转移话题，并坚称你正在想或者正感觉到你并没有想或者感觉到的事情，曲解你的意思，还有很多其他的技巧，目的就是让你的头脑乱成一团。然后把争论拱手相让，并感觉好像是你没有头绪。
- 为自己的行为或者做某件特定事情的原因、欲望向你撒谎或者误导你，为的是让你做他想让你做的事情。我从受到虐待的女士那里听到最多的抱怨就是她们的伴侣不断撒谎，经过多次这种心理虐待，它所产生的破坏力会非常大。
- 通过欺骗、粗鲁对待你的朋友，就你应该向别人说明的事情向他们撒谎，取悦于你的朋友然后告诉他们你不好的事情，以及其他方法让你和你所关心的人反目。

在某种程度上，操控比明显的虐待更加恶劣，特别是当两者混为一谈的时候。当一位女士被人称作"泼妇"，或者被人推搡、扇耳光时，她至少知道伴侣对她做了些什么。但是在操控的背后，她会产生错误的想法。她感觉糟糕，或者疯狂，而且这一切看起来全是她自己的错。

现实7：他努力想拥有良好的公众形象

如果你和一个有施虐倾向的人交往，可能要花大量时间才能知道到底自己错在哪里，而不是去想他错在哪里。如果他因为自己的慷慨、幽默和友善给其他人留下深刻印象，你可能会想："为什么他要拒我于千里之外呢？其他人都觉得他很棒。"

问题 5：为什么每个人都觉得他很好？

多数施虐者会给社团中的人留下优雅的一面，他们公众的一面和对待伴侣和孩子的一面差距非常之大。他可能：

- 在家里怒气冲冲，而在外面则慈眉善目。
- 对你自私而又以自我为中心，但是对别人慷慨而又支持。
- 在家里是独裁者，在外面则愿意通过协商和妥协来解决问题。
- 在自己的地盘里，对女性非常消极；但是当有外人在场时，他绝对是个平权论的支持者。
- 对伴侣和孩子会有动武倾向，但对其他人绝对是友善而没有任何威胁的。
- 在家里使用各种特权，但是对其他攻击或者不尊敬女性的人却持批评意见。

如此之大的反差会让女性心力交瘁。早上，她的伴侣会称呼她"没脑子的肥猪"来打击她，但是几小时后，她又会看到他和邻居谈笑风生并帮他们修理汽车。稍后，邻居告诉她："你老公非常好。你和他在一起多幸运——很多男人都做不到。"她只能回应一声："是啊。"但实际上，心中却无比纠结。回到家中，她会不断地问自己："为什么是我？"

难道施虐者具有分裂人格？

并非如此。他们只是沉溺于控制的权力中而无法自拔，这样做是为了在公众面前表现良好。施虐者的优雅风度使他的伴侣不愿意向外界寻求帮助和支持，大家会觉得她的爆料难以置信并因此而责备她。朋友们会觉得，他是那么好的一个人，他才不会是施虐者，她肯定真的伤害到了他。

施虐者的"好人"形象让他感觉良好。我的客户告诉我说："除了她，我和所有人相处得都非常好。问问周围的人对我的印象，你就知道了。我是个冷静、讲道理的人。人们会发现她才是虐待我的人。"同时，他还会利用她在与人相处的过程中遇到的困难说事——很多困难可能是拜他所赐——进一步证明她才是有问题的那个人。

施虐者的辅导员所面对的最大挑战是避免受到施虐者伪装的迷惑。当他们坐在那里闲聊着，在小组活动中相互开着玩笑时，"无情"和"自私"好像离他们很远。我发现自己也在思考邻居们好奇的事情：这些家伙真的那么卑鄙吗？即使在他承认自己的所作所为之后，还是很难让人相信。**反差**是施虐者获得他们想要的东西的关键因素。

我的客户中，有很多是医生，其中两个还是临床医师；也有不少成功的商人，其中不乏大公司的拥有者和管理者；有十几个大学教授；好几个律师；一位前途无量——声音非常磁性——的电台主播；有神职人员；还有两位著名的专业运动员。其中一位暴力倾向很明显的客户，每个感恩节都会志愿参加他们当地举办的流动出访活动。另一个是国际人权组织的公众代言人。如果认识他们的人了解了他们的无情和破坏性，都会被震惊的。

尽管这些人总是能把自己暴虐的一面隐藏得很好，还是有一种情况会让真相浮出水面：当有人揭发他们的施虐行为，并为受虐待女士进行辩护的时候。我在工作中就遇到过这样的情形，好像是在突然之间，他们通常在家中才会有的态度和伎俩涌现了出来。绝大多数女士控诉自己受到虐待时，说的都是真话。我知道这是真的，因为施虐者在我的面前放松了警惕，露出了马脚。

现实8：他觉得自己有理由这样做

很多年前，有一个客户参加辅导小组的开场白是："我来这里是因为我是个虐妻者。"对于他勇于承认自己的问题，我印象深刻。不过，过了一周，他的话变成了："我来这里是因为我有虐待倾向。"等再过一周，他的话又变成了："我参加这个小组是因为我妻子觉得我有施虐倾向。"又过了几周，他就不再来了，非常享受地为自己的虐待找理由去了。

施虐者会让自己的行为责任具体化，他们觉得是自己的伴侣让自己的行为变得有施虐倾向。我的每一位客户都用过下面这些形形色色的借口：

"她知道我的死穴在哪里。"

"她希望我不受欢迎，而且她也知道如何做。"

"她逼得太紧了。"

"你就是希望让她做得比我更好。"

在刚刚加入咨询小组时，很多当事人都表现出内疚和懊悔。但是在我开始要求他们回顾自己施虐的历史时，他们立刻转换口径为自己开脱。他们不介意油嘴滑舌地说："我知道自己的行为是错的。"但是当我要求详细描述一下言语或者肢体方面的攻击时，他们马上为自己找各种理由。

施虐者都是找借口的大师。当他们不责备自己的伴侣时，也会把责任推给各种压力、酒精、自己的童年、自己的老板或者他们的不安全感。更重要的是，他们觉得自己有权利找各种理由；当我指出对方也有相同的压力但是并没有选择施虐时，他们就会变得愤怒而又轻蔑。

这是不是意味着施虐者是缺少理智，没有内疚和责任感的精神病患者？通常来说不是的，尽管他们中很少一部分的确是精神病患者（我的客户中，这样的人大约占5%）。多数施虐者对于他们在家庭以外的行为是有认知的。他们可能要对工作中的行为负责，或者对社交中的行为负责。但在家里，他们"皇帝"的感觉就回来了。

施虐者通常认为自己可以为任何出问题的事情责备伴侣，如果他失望了。她造成的。有个孩子正处在困难阶段？她是不称职的母亲。所有事情都是某些人的错，而"某些人"总是她。

现实9：施虐者会否认自己的施虐行为并将其最小化

我的重要业务领域之一是施虐者的法律案件，这样的施虐者多为肢体施暴者或者虐待孩子的人。我常会对法庭人员这样说："是这样的，她指控他虐待她，但是他否认。"然后他们就放弃调查，好像男性的否认就是结案。他们还会告诉我:"他说她总是对他做同样的事情,所以我想他们是相互虐待吧。"这样的否认和交叉指控让我不知道女性一方所述是否属实。如果男性的确有虐待倾向,当然他会否认,部分原因是保护自己,同时也是为了让他的观点模糊化。如果他准备好对交往中自己的行为承担责任,他就不会施虐。施虐者咨询师的主要任务之一就是打破他们的否认和最小化行为。我的小组中多数的男性会对一些施虐行为承认——当然,尽管他们也不承认那就是虐待——他们只承认自己行为的很小一部分,当我访问他们的伴侣时,一切就都明白了。

施虐者在事件发生后会立刻进行否认,他要让伴侣的思绪不清。想一想,一位女士,早上起床时,还在为昨天晚上怄气而感到胃疼。他从厨房伸出脑袋,冲她做了个鬼脸,说:"你今天脾气还这么大?"

她回答:"你当着孩子的面叫我'窝囊废',然后把我的毛巾丢出来,让他们笑话我。还想我下楼来吹一个欢乐的曲子吗?"

"你为什么这么想?"他微微有点喘。"你实在是个善变的混蛋,我在清理房间,不小心把你的毛巾弄掉了,就为这责备我?你这个疯子。"然后,他摇着头走开了。

这时,女性可能会觉得自己情绪有点失控了——或者出现了真正的精神疾病症状——如果生活中有如此明显的事实,包括虐待都不断地被伴侣否认。他声音中的确定和权威性,还有他眼光的迷离都显示着他的挣扎和困惑,把她的问题留给她自己解决。"这样的事情经常发生吗?也许不是的。可能我对无关的事情有点反应过头了。"他否认的事情越严重,她对于事实的坚信就越发动摇。如果外人开始注意到她的不稳定性,施虐者甚至可以利用自己的观点说服他们:她对他施虐的爆料完全出于她的妄想。

这种风格的施虐者的伴侣问我:"在事件发生之后,他好像真的相信没有发生过虐待。他是故意撒谎吗?"多数情况下的答案是肯定的。一般施虐者没有记忆问题,清楚地记得自己做过什么,特别是如此之短的时间之前发生的事情。他否认自己的行为是为了不想引发讨论,因为他不希望回答自己做过什么,他甚至希望你感觉沮丧或者疯狂。不过,很少一部分的施虐者——可能12个里面只有1个——会有心理方面的问题，比如自恋或者边缘人格式错位。这样的人，完全会阻断自己对恶劣行为的记忆。你的伴侣如果受到这样的干扰，线索之一就是注意他是否会对别人也做这样的事情。如果他的否认和情绪失控只限于对你，或者与你有关，很可能有虐待倾向。

否认和最小化是众多破坏性行为伴侣所采取的一种行动，不管他们是酗酒、赌博或者虐待儿童。虐待伴侣当然也不能例外。

现实10：施虐者有强烈的占有欲

新加入咨询辅导项目的客户有时好像很不知所措，就好像我的小组是关于食用性植物的研究，而他们走错了房间。他们几乎等不及就要开口发言，从椅子上蹦起来对我说："我们谈论的是我们的妻子或者女朋友啊。你真的想说应该是别人在我们的交往中占据主导地位？"他们说的时候会笑，或者微微摇摇头，就好像他们对我乏味的智慧挺同情。他们还会想，我根本不了解他们的那些女人。

所有权的感觉是随着交往的不断深入，虐待也就不断严重的原因之一。两人之间交往得越久、承诺得越多，施虐者就越觉得对方对于自己来说是件珍贵的物品。占有欲是施虐者思想行为的核心，从这一点起才会有其他的情绪；当他感觉拥有你的时候，他就会觉得有权以自己认为合适的方式对待你。

问题6：他为什么那么善妒？

对很多施虐者来说，占有欲是以性方面的嫉妒心来表现的。这种风格的人会留意伴侣所有的社交，希望她能够随时随地向他汇报，还要周期性用嫉妒的指责抨击她，就像第1章中的弗兰。具有讽刺意味的是，满是指责意味的施虐者也是最容易欺骗自己的；占有欲和对权力的要求使得施虐者觉得自己有外遇可以原谅，但是她不行。

很多有虐待倾向的人所表现出来的极端嫉妒，同样重要的原因都是想把伴侣孤立起来的欲望。在第1章里我们提到的马歇尔，就不相信自

第I部分　什么是虐待

己对妻子做出的是"不忠"的指责。那么，是什么让他们有如此举动？一个有施虐倾向的人把自己的伴侣孤立起来，主要有两个原因：

1. 希望她的生活完全以自己为中心。他认为其他的社会活动都会让她花在自己身上的时间减少，他不能接受她拥有这样的权力。
2. 不希望她能增强自己独立性的实力。虽然大多数情况是无意识的，但是施虐者还是能感觉到社交活动给女性带来的能力上的提高和增强，并认为这样下去她最终会逃脱他的掌控（就像第1章中提到的戴尔和莫琳一样）。一个施虐者通常都会尝试让伴侣完全依赖自己，以增强自己的实力。

因为这样的思维定势，施虐者就更加关注伴侣的各种交往，不论男女，对他来说都是威胁。你可以通过不断对他保证你依然爱他、不会欺骗他来解决问题。但是你会发现他想把你隔离起来的努力并没有减少，因为他害怕你和别的男性上床，虽然这只是他隔离你的社交关系的很小一部分原因。

不过，嫉妒的指责和隔离只是所有权的一种体现。有一些施虐者不想控制伴侣的社交生活，但是对于"你是属于我的，你的行为需要我的认可"的潜在态度标明了另一种看法。如果姐妹们为你的遭遇打抱不平，他会告诉她："我怎么对待我的女人与你无关。"如果你们有孩子，他会把全家人都当成他的私有财产一样对待。他的愤怒可能会因为你要脱离他的控制而让危险升级。头脑中时刻记住"所有权"这个词，你就会注意到伴侣的很多行为都是出于他认为你属于他。

各种性格类型的有施虐倾向的男性所经历的童年或好或坏，他们可能是赳赳武夫，也可能是儒雅绅士、有"教养"的人。没有任何一种心理测试能够把有施虐倾向的人从受人尊敬的人群中区分出来。施虐不是情感伤害或者社交技巧有缺陷的结果。实际情况是，虐待来自于他所接受的早期文化教育，主要男性偶像、同辈人的影响。换句话说，虐待是价值观的问题，而不是心理问题。当有人对施虐者的态度和信念提出质疑的时候，他就会表现出轻蔑和羞辱，而这些特性在平时可能会被隐藏起来，只是用来攻击自己的伴侣。施虐者想要让每个人——他的伴侣、治疗师、朋友们和亲戚们——关注他是如何感受的，这样就不会关注他是如何思考的。如果你抓住了问题的本质，抓住他的弱点，就能尝试摆脱他的控制。

须要牢记的关键点

- 虐待来自于看法和价值观，而不是感受。其根源在于所有权，主干是权力，分支是控制。
- 虐待和尊敬是相反的。施虐者除非克服了对伴侣骨子里的轻视，否则他们是不会尊敬对方的。
- 施虐者比表面上看起来，对于自己的所作所为要清楚得多。即使不怎么清醒的行为也是从他们的核心看法出发的。
- 施虐者不希望改正，不是不能，是不愿意放弃权力和控制。
- 你没有疯。相信自己对施虐伴侣以及自己的看法。

第 4 章　施虐者的 10 种类型

我觉得很对不起他，一路走来他真的很不容易。

能和他在一起我觉得很幸运，因为凭他的条件，可以追求到任何他想要的女孩。

我真的很害怕将来他可能对我动手。

我不应该和他争论的，因为我感觉自己就像个傻瓜。

他很敏感。我不应该抱怨那么多，他已经尽力了。

他多次欺骗我的原因是因为他是个性瘾者。

形成施虐者性格的因素就像是一顿大餐的配料：基本性格总能体现出来，但是相关的数量就千差万别了。有的人控制欲可能非常强，他的伴侣如果未征得他的同意几乎寸步难行，但奇怪的是，他在家务劳动和照看孩子方面尽心尽力。另一个人可能会允许自己的伴侣行动自由，甚至能允许她和其他男性交往，但是如果她不能对他照顾得无微不至，或者她要求他清理自己的东西，那她所付出的代价就会很惨重。其他施虐者的控制行为可能不会那么明目张胆但却困扰心绪。

换个角度来看，虐待的差别又不大。只是这种原料多加一点，那种原料少放一点，虐待的整体核心是类似的：对女性自信心的攻击，对行为的控制，伤害她的独立性，轻视她。每个受到虐待的女士都会有那么几次觉得暗流要把她拖向海底，而她在挣扎着想要呼吸。困惑已经成为我接触过的上百个受到虐待的女士的一部分经历。不管是因为施虐者的操纵，他所受到的普遍欢迎，还是仅仅因为在他对爱的表白和他邪恶的心理或者肢体伤害之间令人费解的行为，每一个受到虐待的女士都会发现自己需要很努力才能够搞清楚到底发生了什么。

辨别施虐者问题的实质是走出迷雾的第一步。在第 1 章中，我介绍了 10 种虐待的风格，这些是我在对两千多人的咨询过程中遇到的。一个——或者更多——案例会出现在你的面前，因此你一眼就能识别："就是他！"从另一方面来看，你会发现他并不"完全"适合其中任何一种类型，但是每种类型中又都有一点和你的他相像。如果是这样，不要把这些资料想象成不同的男性，而只是同一个男性的不同面孔。不管采用哪种方法，这样的描述都会帮助你给你的伴侣进行归类。

下面开始描述每一种"当他变得有施虐倾向时"的男性。我的意思是他并不总是这样。实际上，下面任何一种类型的男性可以几天、几周甚至几个月都非常友善、充满爱心。

不断提出要求的人

不断提出要求的人享有高度的权力感。他希望伴侣的生活围绕着他的需求，当任何事情出现差错时他都会变得非常愤怒。如果他没有被照顾好或者哪怕是在最细微的方面感到了不方便，他也会发怒。这种人的伴侣会觉得自己所有事情都做得不够好，于是让他快乐起来就变成一件很困难的事情。他不断地批评她，所有的事情都是他觉得她应该已经做了——或者应该做得更好——为了他。

每一个要求很高的男性都是施虐者吗？不。但要求很高的施虐者有以下几个特征：

1. 他对给予或者付出没有任何概念。他对情感支持、帮助、照顾或者性方面的要求都超过了他所给予的比例；他总感到你欠他的，他所做的事情都没有得到回报。

2. 他会夸大自己的贡献。如果他在 1997 年的某一天非常慷慨，那么到现在你还会听到他在不断地重复着他对你有多么好，你应该多么感激他。他善于保留一份自己对别人的帮助或者善意的清单，并希望每一次都有丰厚的回报。他认为满足每日的基本责任你就已经欠他很多——当他这样做时——会认为你做的都是理所应当的。

3. 如果他没有觉察到应有的感受，会因为失望而惩罚你。
4. 当他慷慨或者表示支持时，是因为他觉得应该这样。当他没有给予的心情时，从不会考虑。当他认为有必要向自己或者别人证明他是个优秀的人时，或者有些事情他想要回报，也就是说，是与他有关，而不是你，他会变得充满爱意而又积极向上。你和他相处越久，他慷慨的表现就越显得是为了他自己。
5. 如果你和他发生了冲突，他会立刻怒发冲冠。这时候，他就会抨击你以自我为中心或者太顽固，他会用这样的话解释事实："你所关心的就只有你自己！"并努力让外人觉得你是多么的自私和不知感恩，他会用一种受伤的语气叙说他为你做过的所有事情。

同时，要求很高的人会在别人对自己提出要求时发怒。不仅是你不能提出任何要求，你甚至都不能要求他履行自己的义务。如果你要他清理自己留下的垃圾，他会回答："我又不是你的仆人。"如果你要求他还你钱或者花更多时间帮你干家务，他会说："你这个坏女人，就想从我身上拿走所有的钱。"如果你向他抱怨他是多么不支持你，他就会说："你是个贪得无厌、控制欲极强的泼妇。"他总是把事实扭曲，这样一来，任何你想和他讨论关于你的需要的努力都突然变成了他的需要和你的责任。

要求很高的人，只要他的要求得到了满足，控制欲会比其他施虐者略低一些。他可能允许你有自己的友谊或者支持你追求自己的事业。

不断提出要求的人的核心观点

- 为我做事情是你的工作，包括如果我不能胜任，你还要承担我的责任。如果我对自己的生活有任何不满意，不管是不是与我们之间的关系有关，都是你的错。
- 你不应该向我提出任何要求。你应该在我施舍给你的时候心存感激。
- 我是不能受到任何批评的。
- 我是一个充满爱心而且乐于给予的伴侣。你能遇到我是你的幸运。

"永远正确先生"

"正确先生"认为自己拥有普天之下每一件事情的绝对权威，你也可以称他为"永远正确先生"。他说话的腔调总是完全肯定，把你的观点像讨厌的小虫一样扫开。他把这个世界看成一个大教室，他在里面是老师，而你是他的学生。对于你的思想和观察力他会嗤之以鼻，所以他想要尝试的就是清空你的头脑，然后把他的想法和睿智填充进去。当"正确先生"坐在我们辅导小组的施虐者中间时，说起自己的伴侣就好像她时刻会因为自己的无知而陷入危险，期盼着"正确先生"把她解救出来。如果语调中没有屈尊的口吻，"正确先生"很难谈起自己的伴侣——或者关于她的事情。而在双方发生冲突时，他的傲慢会变本加厉。

"正确先生"的优越感可以让他很方便地获得自己想要的。当他和伴侣就相左的希望发生冲突时，他会把这场冲突转变成是非对错或者明智和愚蠢之争。他会嘲笑和贬低她的看法，这样自己就能够避免应对。下面是我和一位"正确先生"之间的谈话，他也参加了我的施虐者辅导小组。

我：帕特，上周你有没有要向我们报告的施虐行为？

帕特：嗯，我的确冲格温喊了，还骂她"婊子"。我们是因为钱的问题发生了争执，与往常一样。

我：争论中格温的观点是什么？

帕特：她觉得钱是长在树上的。

我：格温说钱是长在树上的？

帕特：哦，不是的，但意思差不多啦。

我：我们再试试。她在争论中是怎么说的？

帕特：她觉得我们有足够的钱给孩子们买一整套新衣服，但是我们刚刚给他们买了新东西，就在几周以前。我们现在没有存款了。

我：上一次的购物是在几周前？

帕特：不，她说那是4个月以前了，就在夏天开始的时候，这是胡说。我记得那时候夏天已经过了一半了。

第I部分　什么是虐待

我：那么是她的记忆和你的记忆不一样。她说没说为什么她认为时间要早一些呢？

帕特：当然没有，她……好吧，她可能说了些，她记得是她为那些衣服支付的信用卡账单，那时候孩子们还在学校，但是她错了。

我：现在，你说没有存款了，格温显然不同意。她觉得钱应该从哪里来？

帕特：我已经告诉你了，她希望我能成为一个魔术师，直接就能把钱变出来。

我：但是她一定有些想法的。她说什么了？

帕特：哦，我不知道……她说我们应该把车卖了，换一辆破箱子，这样我们就不用在很长一段时间内浪费钱了，不错，我不想这样做。

我：你现在开的是什么车？

帕特：一辆萨博轿车。

我：让我猜猜。她会觉得把一辆萨博换成一辆更加实用的车，这样每个月的保养费用、零件费用和维修费用都会低很多。

帕特：没错，那就是我所指的破箱子。

帕特通过这次沟通告诉我们的是，每次格温想要反抗，或者提出自己的看法，他都会觉得她的话听起来很可笑。注意我让帕特说出格温的真实观点用了多长时间。格温很自然地会有一种被帕特扼杀的感觉，因为她没有办法让自己的观点被他听进去或者认真对待。帕特确信格温愚蠢的部分原因是因为他对自己的智慧和认知事件的清晰程度太过自信。因为她不断地反对他的意见，因此他就把这个作为她愚蠢的证据。

当"正确先生"决定要掌控交谈的主动权时，他会把自己变成"真理的化身"，对于正确答案是什么，或者适当的外观是什么给出定义性的声明。虐待咨询者管这种技巧叫作"定义现实"。随着时间的不断流逝，他的权威口吻会让伴侣对自己的判断力产生质疑，然后觉得自己不是那么聪明。我注意到我和声称自己非常聪明的客户的伴侣交谈时，她对我说的只有"我没有那么聪明"。施虐者希望她对自己的心智能力产生疑问，这样他才能够更好地进行控制。

除了上知天文、下知地理，"正确先生"还是指导你应该如何生活的专家。他对你工作中遇到的问题、你应该如何分配自己的时间、你应该如何培养自己的孩子等都有答案。他对于你的错误还有特别的认知，而且他还喜欢"你到底错在哪里"的论证，用能够提高你的素质的方法把你撕成碎片。他好像还享受每隔一段时间就在众人面前羞辱你，由此建立他的高人一等的印象。

当"正确先生"的伴侣拒绝服从他富有经验的知识时，他就会逐步不断地羞辱她、辱骂她，或者用暴力威胁她。如果他对伴侣所遭受的羞辱依然不满意，还会去寻找更有力的武器，比如搅黄她的晚间计划、离开聚会而不通知她，或者向别人说她的坏话。如果他是一个肢体施暴者，那么他会开始向你扔东西、挥舞拳头或者暴虐地攻击你。总之，"正确先生"会找出各种办法让他的伴侣为拥有自己的想法并进行反抗而后悔。

在某些方面，比如暴力和恐吓，"正确先生"更多的只是比划而已，他的控制主要集中在告诉他的伴侣如何思考。而他的伴侣会因为这样的控制感到窒息，就好像他在通过显微镜观察自己的一举一动一样。

"正确先生"尝试通过告诉你"我有很强有力的观点"或者"我只是习惯争论"来使自己的威胁无害化。想想看，这就好像是一个银行劫匪在说"我对金融问题很感兴趣"一样。"正确先生"对于争论的焦点并不感兴趣，他想要的只是向别人施加自己的观点。

"正确先生"所持的核心观点

- 你应该对我的智力心存敬畏，你应该毫无保留的尊敬我。我知道的比你更多，甚至知道什么对你更好。
- 你的观点不值得被仔细倾听或者被认真对待。
- 你不同意我的观点说明你是多么浅薄。
- 如果你认为我所说的非常正确，我们的关系会得到改善。你的生活也会变得更好。
- 当你不同意我的观点时，不管表现得多么尊敬或者谦恭，对我来说都是虐待。
- 如果我一直贬低你，将来会是什么情况你是知道的。

"水刑者"

"水刑者"的特征：愤怒不会导致施虐。他是在心理上攻击伴侣，而根本用不着提高自己的音量。他在争论中也可以一直保持冷静，把自己的评价作为武器将她推向理智的边缘。他的脸上经常会挂着高人一等和轻蔑的微笑，并自信满满。他的攻击性交谈技巧都是以较低的音量完成的，包括挖苦、嘲笑——比如公开地嘲笑她——模仿她的声调、说一些无情、尖酸的话。和"正确先生"一样，他特别喜欢在有外人的情况下，把她说的话曲解，完全脱离原意，这样会让她显得非常可笑。他通过缓慢但稳定的低水平情绪攻击来使伴侣屈服，有时候还会出现一些轻微的推搡或者"小小"的暴力行为——这种行为不会造成明显的伤痕，但是可能会造成严重的心理创伤。关键是他的嘲笑和卑鄙从无间断。

这些细微伎俩会让她血液温度沸腾或者觉得自己很愚蠢甚至低人一等，也可能二者兼有。在争论时，常常以她充满困惑地叫喊、哭着冲出房间或者陷入沉默而结束。然后"水刑者"就会说："瞧，你才是那个施虐的人，不是我。你才是那个不断大吼、不愿意理智地讨论问题的人。我甚至连声音都没有提高，真是没法和你讲道理。"

和"水刑者"生活在一起的心理创伤可能非常严重。他的伎俩很难被察觉，所以他们隐藏得很深。你会发现，如果连这种反应都没有，就很难谴责他。当有人扇了你一记耳光时，你知道被扇了一记耳光，但是当你感受到了精神上的攻击时，却不知道为什么。经过和"水刑者"争论，她可能会对自己的内心世界产生怀疑。比如，当你连哪里出现问题都无法描述清楚时，怎样向朋友寻求支持？

"水刑者"完全相信：自己的行为没有任何不正常的地方。当他的伴侣开始以他虐待而指责他时——她迟早会这样做的——他会好像对方疯了一样地盯着她，说："你到底在说什么？我对你什么也没有做。"亲朋好友们在目睹了双方的交流之后也会支持他。他们会摇摇头，说："我不知道她怎么了。有时候，她毫无理由地向他发火，而他总是很隐忍。"他们的孩子则会对母亲形成这样一种印象——"她经常毫无理由地发脾气"。她自己也会想是不是真的有什么精神方面的疾病。

"水刑者"和大多数施虐者一样，是从反馈角度出发的，但是他隐藏得更好。如果他是一个肢体施暴者，他的暴力可能会通过毫无感情的"那是为了你好"或者"为了让你清醒"而不是以暴怒的形式表现出来。他的行动好像是经过仔细考虑的，并且很少犯明显的错误，比如在大庭广众之下，暴露自己的施虐行为。

如果你和一个"水刑者"交往，可能需要经过多年的挣扎才会了解真相。有时会觉得你对他的所作所为有点反应过头，他并不是那么坏，但是他的控制和轻蔑已经折磨你很多年了。如果你最终离开了他，当你意识到他那么安静但是致命的控制欲后，可能还要经历一段延迟的愤怒。

这样的人在施虐者辅导小组中通常不会坚持很久，除非他受到法庭的强制令。他已经习惯于采用自己的伎俩大获全胜了，因此也就绝不能忍受咨询师识破他的方法，并指出他的行为以阻止他控制别人。他很快就会在伴侣走向大门准备离开的时候决定：他的小组负责人是疯子。

"水刑者"行为的核心观点

- 你是疯狂的。你因为发怒而失去理智。
- 我能够很轻松地让大家相信，你才是头脑不清楚的人。
- 只要我处于平静状态，你不能把我的任何行为称作是虐待，不管我多么无情。
- 我知道如何真正地伤害你。

"军训官"

"军训官"的控制可以说达到了极限，他在每个方面都要控制伴侣。他批评她的衣着、告诉她不能出门、干扰她的工作。他希望她没有亲密的人，所以他会破坏她和朋友、亲戚的关系，或者粗暴地禁止她们见面。

第I部分 什么是虐待

他还会偷听她的电话、拆阅她的邮件，或者要求孩子们在他不在的时候充当密探监视她的行动。如果他要求禁足，而她不在家时，这位女士就有面对施暴的危险。她会觉得自己就像一个小女孩，有一个暴君一般的父亲，拥有的自由不会比一个 8 岁的孩子多。

"军训官"经常会变得极端善妒。他会用言语羞辱伴侣，指责她的不忠，或者发现其他的男人和她说话就会胡搅蛮缠地就性的问题发表激烈的长篇演说。他会对伴侣说很多充满憎恨的言语，包括对全体女性的指责，比如"所有女人都是妓女"。这种语言攻击的情感经历和性攻击有点类似：女方感觉受到了侵犯、贬低和伤害。同时，这种施虐风格的人也经常会有外遇。他关心的不是忠诚的问题，而是占有。

不巧的是大部分"军训官"或早或晚地都会变成肢体暴力者，最开始可能就是威胁，但是最终就演变成为攻击。如果他的伴侣反抗，比如想要保护自己自由的权利，他的暴力和威胁可能就会升级，直到她受到伤害或者受到惊吓并屈服于他的控制。在殴打伴侣时，很可能会对她造成严重伤害。

摆脱"军训官"会很困难。因为他严密监视着伴侣的一举一动。这对她争取受虐待妇女小组的支持或者寻求其他形式的帮助是个挑战。由于他把她和世界隔离开来，她不得不完全依靠自己的力量，几天后她会觉得自己没有足够的力量。然后，他会公然地施加暴力，她不得不考虑离开他的后果会是什么样子，包括他可能会杀了她。

如果你的伴侣是个"军训官"，情况就很危险。你必须鼓足勇气——还有小心警觉——哪怕是读这本书。也许你会把它藏在床垫下，或者在别人的家里匆匆浏览。但是不要放弃。很多女士都经历过这种囚禁并想出了逃脱的方法，即使需要一定时间。

你可能非常想开始一段婚外情，因为伴侣对你漠不关心。一段积极的关系是对你特别的肯定，因为伴侣对你的性贬低已经到了无以复加的地步。但是你必须小心，被他发现的结果可能是致命的，最好在自己安全后才考虑和其他男士交往。

"军训官"经常会有一些精神方面的问题。虽然在心智方面的问题不会造成虐待行为，但它们会强化男性的暴力倾向。如果他有时候看起来会相信一些显然不真实的事情，在与人们相处方面有问题，严重虐待或者忽视孩子，或者其他足以表明他有智力问题的行为，你得更加提高警惕。

> **"军训官"行为的核心观点**
>
> - 我需要控制你的每一个行动，否则你就会做错。
> - 我知道每件事情到底如何做。
> - 在你的生活中，你不应该有任何其他人——或者其他事——除了我。
> - 我爱你超过世界上任何人，但是你让我感到恶心！

"敏感先生"

"敏感先生"绝对是"军训官"的对立面。他语调轻软、温柔、可靠——当他没有表现出施虐倾向时。他喜欢温情的语言，公开表达自己的不安全感以及他的恐惧和他情感上受到的伤害。他会和其他人拥抱，发表一些关于战争很荒谬或者男性需要"和女性保持沟通"的言论，或许加入一个男性组织。他经常参加各种治疗小组或者12步骤小组。因为看了所有自我帮助的图书，所以他能够说一些关于公众心理学和反省方面的话题，他的词汇中会掺杂一些术语，比如形成亲密关系、解决问题还有面对自己艰难的问题。他会让自己显得好像是反抗性别角色的女性同盟。对于一些女士来说，他就是成真的梦想。

这样有什么不对吗？目前还没有明显的问题，但这恰恰就是问题："敏感先生"把自己包裹在对男性来说最有说服力的外衣下。如果你开始觉得受到虐待，可能会想是不是自己出了什么问题，如果你向别人抱怨他，他们会觉得你一定是被宠坏了："你得到了这么个绝世好男人，还想要什么呢？"

下面几点是"敏感先生"施虐的典型原因，也许能解释你那些错误的感受：

1. 你好像经常会伤害到他，虽然你不确定是什么原因，而他希望你的注意力永远集中在他所受到的情感伤害上。如果你心情不好，说了一些不愉快或者感觉迟钝的话，那么就必须向他严肃地道歉或者承担责任。他会继续纠结于此，他会希望你能够卑躬屈膝，就好像你真的非常无情地对待了他。（注意这里对事实的扭曲：这也是施虐者指责伴侣对自己所做的，他真正想要的就是诚心诚意的"对不起"。）

2. 相反，当你的感情受到了伤害，他会立刻将此消弭于无形。他会冒出一串心理学术语（"就让这种感受贯穿于你，不要坚持过久"或者"这都取决于你对待生活的态度"或者"谁也不能伤害你，除非你允许这种情况发生"）来代替对你真正感受的支持。

3. 随着时间的流逝，他会逐渐开始指责你无法满足他的生活要求，而你的负罪感也会不断加深。

4. 他开始展现自己卑鄙的一面，这一面从来没有人看到过，但是有可能变得很有威胁性。

"敏感先生"有转变成肢体恐吓者的可能，和任何类型的施虐一样——不管他把自己标榜得多么仁慈。在伤害性事件发生后，他会说自己的行为是出于"愤怒"而不是"施虐"，好像两者之间没有区别一样。他把自己的攻击行为归咎于你或者是自己的情感"问题"，说他的情感受到了深深的伤害，所以别无选择。

几年以前，我的一位叫狄安娜的情感恢复小组成员焦虑地找到我。她解释说，她的前伴侣布拉德，在小组活动开始几天前打电话给她说，他也会在同一天参加这个小组的活动。她觉得很不舒服，告诉他如果他出现，她就离开。但他保证不会打扰她，不会因为想挽回他们的关系而做什么。他是带着新女朋友来的，这减轻了狄安娜的担忧。

我花了一点时间和布拉德谈了谈，没有提到狄安娜，他看起来很可爱、和善，而且——该怎么说呢——敏感。不过，我观察了几个小时后，发现只要别人提起他和狄安娜的过去时，他会对"躲避问题"很激动。周日早上，他终于在所有人面前发表了一场关于他们关系的对话，那简直就是在羞辱狄安娜。

　　故事到这儿还没有完。我叫了暂停，把布拉德叫到一边，告诉他说，他承诺过不提起这件事情，但是现在很明显，他参加这个周末小组活动的目的就是要做他承诺不做的事情。然后我进一步指出他把狄安娜的周末活动搅黄了，我觉得这样的行为已经可以称为是虐待了，特别是指向了前伴侣。

　　对一个有施虐倾向的人提起虐待这个词，就好像往火绒箱里扔了一个火星：当你提起一个不能提的秘密时，他跳了起来。布拉德大声叫嚷着，转着眼珠看着我这个被他称为"歇斯底里的夸张者"的人，然后采取受害者的姿态，说："我求你，别再这样做。"然后最重要的部分出现了：他尖叫着："我之前只和她一个人交往过，我就是不能让她这样离开我。"他用力地抓着我的肩膀，"她曾经管我母亲叫疯女人。"

　　那么，为什么在我还没有提到暴力时，布拉德否认曾经发生过攻击的事实呢？（曾经对某人承认过）我之前从没有发现他有肢体施暴的可能，但是现在，的确显现出来了。各种表现都有：在那个周末对狄安娜的欺辱；认为自己可以违反重要的承诺；把自己的攻击行为归咎于前女友，还想把它最小化——他在摇晃着我肩膀时的力度也会用到攻击其他一些女士身上。我现在怀疑他提到的那次攻击事件，并不是唯一的一次。

　　到了这时候，我只能请布拉德离开小组。接着我不得不面对一场小型的骚乱和情绪辅导。他不会因为晚餐准备晚了发神经，但是他可能会因为对方没有满足他的需求而生气。他会为自己的脆弱，并为受到的伤害而分神。

"敏感先生"行为的核心观点

- 我不认同赳赳武夫，所以我不可能有施虐倾向。
- 因为我懂很多"心理学专业术语"，谁也不会相信我在虐待你。
- 我可以分析你的心智和情绪，你的问题源自于童年。我可以进入你的心灵深处，不管你愿不愿意。
- 在这个世界上，没有什么比我的情感更重要。
- 女性应该因为我不像其他男性那样对待她们而心存感激。

第I部分　什么是虐待

"游戏者"

"游戏者"通常都外表英俊，也许还很性感（但是有时候只是自己这样认为）。在和女性交往的早期阶段，他好像深深爱上了对方，并希望和她尽可能长时间地待在床上。他是个很不错的情人，你会觉得遇到这个能让你欲火焚身的人是自己的幸运，当别人看到你们在一起的时候，你会觉得很骄傲。

过了一段时间，你察觉有些事情在困扰着你。你注意到除了性，他对你的兴趣在不断减弱，而即使是在这方面他的能量也有所降低。他的眼睛好像总是牢牢盯在路过的女士身上。他会和服务员、下属甚至是你的闺蜜调情。似乎他在接触大部分女性时，都会有性暗示出现，除了那些他觉得完全没有吸引力的。你会听到一些流言，说他和某人上床了，说他在追求其他的女孩而她对他还不感兴趣。刚开始你会把这些看成是无伤大雅的流言蜚语，但是过了一段时间你会产生疑问。

"游戏者"开始时经常会安顿下来，搬来和你同住或者承诺对你专一，即使之前他不能认真对待。他会说他曾经受到伤害或害怕作出承诺（"我还没准备好"），但是真正的问题在于他不希望自己的自由受到束缚。他生活中的很多满足感来自于猎艳，并觉得自己好像是一头性感野兽。"游戏者"周围的女性彼此都怒目而视，当然是因为他，甚至出现肢体冲突。这些紧张关系对他来说是种享受，可以转移人们对他不诚实和不忠诚的关注。他通过以下几种技巧或者混合在一起形成自己的行为动力。

1. 他知道如何让每一位女士觉得自己是特别的那个并因此神魂颠倒，也就永远无法确定她在他心中所处的地位。
2. 他告诉每一位女士，别人在骗她，因为她们嫉妒她，或者因为他拒绝了她们，抑或是他曾经和她们交往过，但是已经中断了关系。
3. 他向每一位女士讲述之前的伴侣如何虐待他，或者告诉她们一些信息——大部分是编造的——为的是让之前的、现在的，他生活

075

中的女士听上去都是放纵或者沉溺于物质享受的人。
4. 在和一位女士分手后，他还会回来，因此没有人知道到底发生了什么。
5. 在他的生活圈子中，会有1~2位女士，觉得自己不是那么有魅力，因为他知道这样做会让自己更加有权力，会让她们憎恨那些更有魅力的女士。

如果你的伴侣是这样的人，你不用非要确信他是否真的和别的女性上床或者只是调情，因为他喜欢受到关注，也喜欢让你感受到威胁。他可能会激烈地否认他曾经欺骗过你，并想通过指责你太过疑神疑鬼而转换话题。但是如果他说了实话——可能不会——他不断的调情行为其实和真正的外遇伤害一样严重。不管怎么样，他都会伤害到你与其他人的关系，因为你猜想那些女士会对你产生威胁。如果他还曾经殴打与你亲近的女士，比如你姐姐和朋友，最终你可能会成为孤家寡人——失去最关心你的女性朋友，除非你把她们赶得远远的，否则他还是会和她们搅在一起的。

长期的不忠行为本身就是一种虐待，但是"游戏者"无法停下来。他不负责任，在处理与伴侣的关系方面麻木不仁。一旦双方关系有所进展，他就会长期对伴侣采取忽略态度，几乎不和她说话，让她觉得自己被闲置在一边。他还可能拒绝为安全性行为承担责任（比如使用安全套），他可能还有孩子，却不尽抚养义务。如果伴侣发现他的不忠时，他的虐待行为可能会突然升级。在这样奇怪而危险的转变中，"游戏者"有时候会因为自己的行为被发现而殴打伴侣。

"游戏者"不断的调情和不忠可以帮助他掩盖其他的虐待形式。伴侣因为他的不忠而受到伤害，就会全力阻止他继续拈花惹草，在这个过程中，会失去对他的行为模式的认识。当她问我他还能不能安定下来对她专一时——比如，他们结婚——我回答道："有一天，他可能会安定下来，但是你得到的将是一个专一的施虐者。"他混乱的私生活表明了一个更深层的问题：他无法把女性当人看，只是把她们当成动物，甚至别的什么东西。带着这样的思维定势，不管他是不是欺骗伴侣，都是一个毁灭性的伴侣。

第I部分 什么是虐待

我所接触过的"游戏者"有时候会声称自己深受"性瘾"之苦，然后他们会加入性与爱上瘾者匿名小组（在这里，他们可能会发现这是一个挑选女性的好地方）。但是"性瘾"不会造成不忠、言语虐待或者威胁行为。"游戏者"根本就没有"性瘾"问题。一定要说他对某件事情上瘾的话，也应该是丝毫不考虑自己的行为对她们会有什么影响。

"游戏者"行为的核心观点

- 女性来到这个世界就是为了和男性做爱——特别是和我。
- 想要性的女性太过放纵，拒绝性的女性太放不开。
- 女性觉得我无法拒绝不是我的错（这是一位客户的原话）。当到处都是诱惑的时候，让我拒绝有点不公平；有时候她们会诱惑我，让我情不自禁。
- 如果你的行为好像想从我这里获得什么，我就会忽视你。当我觉得合适的时候，我们才可以交往。
- 那些希望自己与性无关的方面受到赞许的是泼妇。
- 如果你能够满足我的性需求，我就不会去找别的女性。

"兰博"

"兰博"类型的人对所有人都具有攻击性，不仅是对伴侣。他会让受到威胁的人感到害怕，还会明里或暗里制造各种恐惧来应对生活中的各种情况。他对男性的看法夸张而陈旧，相对应的，他把女性看成是纤弱的、低层次的、需要保护的人。"兰博"类型的人一般都是自身家庭或者所处社区的暴力目标，并由此认为只有更加强壮、更有力、不在乎别人才能感受到安全。他对于软弱、脆弱或者犹豫不定的人的耐心相当有限。这样的人通常会有暴力、偷窃、醉酒驾车或者贩毒等犯罪记录。

在相处的早期阶段，"兰博"对伴侣来说是充满爱意并且友善的，就像多数的施虐者一样。因为他的大无畏——或者看上去是这样——能让女性感到安全和受到保护。这样的施虐者在一定程度上会对在暴力家庭中长大或者刚刚脱离一段充满虐待婚姻的女性产生吸引。"兰博"可以让你觉得尽管他有点攻击性，但他永远不会指向你，因为他爱你，希望像照顾女儿那样照顾你。他喜欢扮演保护者的角色，感觉就像一位英勇的骑士。不过，他对于女性缺乏尊重，结合他总体的暴力倾向，意味着：即使他是你寻求保护的人，受伤害也是时间早晚的问题。

很多"强壮的家伙"其实对人都很友善并会尽可能避免与人发生激烈冲突，他们不过是喜欢举重、热爱对抗性高的体育运动和打猎。女士们需要提防的不是这样的男子汉。暴力和不加区分地对人进行威胁、对女性表现出不尊敬和高人一等的态度才是危险信号。

有时候，"兰博"可能是精神病患者或者反社会的人，这会让他在情感上更加具有暴力倾向，在涉及肢体暴力时也是如此。

"兰博"行为的核心观点

- 强壮和攻击性是非常好的；同情和解决冲突不好。
- 女性和温柔是低等级的。女性来到这个世界就是为男性服务的，是要受到男性保护的。
- 男人永远不应该殴打女人，因为这不是男人应该做的事情。不过，这条规则的例外取决于我的伴侣，如果她的行为非常恶劣。男人应该让自己的伴侣坚守规矩。
- 你是属于我的一件物品，和战利品类似。

"受害者"

对于"受害者"来说，自己的生活是艰难而又不公平的。他这样说，是因为他认为自己的智慧长期被低估了；他受到他所信任的人的伤害；他的善意也被人们误解。"受害者"吸引了女性的同情，强烈地认为自己能够让他的生活有所不同。他经常会说一些关于自己受到前伴侣虐待的有

第I部分 什么是虐待

说服力而又令人心碎的故事，有时候还会添加一些悲情元素，诸如她不让他和孩子们见面等。他的倾诉会让这位女士开始痛恨他之前的伴侣，并成功地让她也加入到骚扰、传播谣言或者为了探视权而进行的斗争中来。

作为施虐者的咨询师，我多次和客户的前伴侣进行交谈，然后会和他的新伴侣交谈。新伴侣通常会把之前的女士说成是一个邪恶的巫婆。我不能告诉他我所知道的，虽然我很想这样做，因为我有责任保护客户的隐私和前伴侣的安全。我只能说："不管什么时候，总会有人声称受到了情感或者肢体虐待，女性间可以进行坦诚相见的交谈而不要简单接受男性的否认。"

女士们有时候会问我："但是如果和我约会的男性真的是受到了前女友的伤害呢？我怎么能够判断出不同呢？"以下是一些要注意的事情：

1. 如果你仔细听，会经常发现他对前伴侣的不尊敬或者轻蔑，而这两种情绪是警示标志。如果他用贬低对方和高人一等的方式对待她，或者是把在他们交往过程中所有的问题都归咎于她，当心，这个人很可能是个施虐者。

2. 试着让他说说在交往过程中自己的行为，特别是围绕着分手前后这段时间。如果他把自己的行为错误归咎于女方，这就是个不好的信号。

3. 对于声称自己曾经受到过之前女性伴侣家庭暴力的受害者，要特别注意。大多数这样说的男性都是肢体施虐者。要询问他关于暴力事件尽可能详细的细节，并试着与她或者任何能够向你提供不同观点的人取得联系，以了解到底发生了什么。

4. 注意他是如何谈论受到虐待的女性的。一个真正的男性受害者会对受虐待的女性怀有同情并认同她们的理由。"受害者"则不然，经常会说，女性夸大或者编造她们受到虐待的故事或者坚称男性受到的虐待和女性一样多。

"受害者"可能会采用虐待受害者的言语，比如，他的前伴侣"专注于权力和控制"，不尊敬他，并总是有自己的一套。

在交往过程中"受害者"是高度以自我为中心的。好像所有事情都要以他的伤疤为中心，而他也会让自己处于注意力的中心，他尝试让所有人为他感到遗憾。

他似乎永远在说："你不了解我，你不欣赏我，你总是在用错误打击我。"而你觉得找不到原因所在。如果你开始因为这些困扰而想要反抗，他会说你在虐待他或者说"你就是受不了我反抗你的威胁"。这样颠倒黑白和"敏感先生"的情况有点类似。如果你离开他，你需要面对的是他要求孩子的监护权，他会在法庭上把自己表现得像个受到你虐待的受害者，而你却是想尽各种努力用孩子来打击他。

"受害者"通常会说自己不仅受到你的虐待，还受到老板、双亲、邻居、朋友和街上陌生人的虐待。几乎所有人都会伤害到他，他自己永远是那个最无辜的人。

在"受害者"加入施虐者辅导小组时，他的故事一般会这样开始："我忍受了多年的来自于伴侣的虐待，而我从没有反击甚至尝试保护自己。最后，我实在忍受不了了，我也让她尝尝受到虐待的滋味。所以，现在我被贴上了施虐的标签。女人就可以做那样的事情而没有人去管，但是只要男人这样做了，就成了暴君。"

反复多次这样的陈述，在社会上形成了男性是如何成为女性的受害者的讨论，因为女性在掌控着世界。鉴于男性几乎控制着司法、警察、审判、商业等所有行业，这可真是一个让人吃惊到作呕的扭曲。当我向"受害者"指出这一事实时，他又向我描述了女性是如何身处幕后、垂帘听政，并让所有男性都对她们畏惧三分的。他把事实颠倒过来的能力成为他施虐行为的核心诱因。

如果你正在和一个"受害者"交往，虽然他那样对待你，你还是会觉得自己对不起他，而不忍心结束你们之间的关系。你会觉得他的生活已经很不容易了，实在不愿意再抛弃他来增加他的痛苦。你会担心，如果你离开了他，他就无法再照顾自己，他会因为抑郁而一蹶不振，不吃不睡，或者可能会想到要自杀。受害者知道如何把自己表现得无助、可怜，这样你就更加难以重新获得自己的生活。

第I部分 什么是虐待

> **"受害者"行为的核心观点**
> - 每个人都在伤害我,特别是和我交往过的女性。我真可怜。
> - 当你指责我有虐待倾向时,你也加入了对我无情、不公的行列。这说明你和其他人一样。
> - 以彼之道还施彼身是完全有道理的,即使更过分一点也没有什么,只要能够让你感受到这样的信息就可以。
> - 那些抱怨曾经受到我的虐待的女性,比如交往中的虐待或者性骚扰,都是生来就反男性的人。

"恐怖分子"

我曾经花费几个月的时间来辅导一位受到虐待的女士,她叫格罗利亚。格罗利亚想知道自己还有几个月可以活。她的丈夫,杰拉德会盯着她,若有所思地用手指敲着桌子,说:"你只有6个月的时间了。最好把身后事先打理好。6个月。"她的头会摇得像拨浪鼓,心脏会因为恐惧而猛烈跳动,然后她会求他告诉她在最后时刻他会怎么做。而他,有时候还会伴随一个冷酷的微笑,回答:"等着瞧吧,到时候你就知道了。6个月,格罗利亚。"杰拉德在他们相处的5年时间里,从来没有打过格罗利亚,但是她却怕得要死。她开始向我寻求帮助,想带着她2岁的儿子从这个家庭中逃离出去。

"恐怖分子"类型的人通常都是高度控制和极端需求并存。他最糟糕的一面是时刻提醒伴侣:他会对她进行肢体上的施暴,甚至有可能会杀了她。不过,通常他不殴打伴侣。一些施虐者知道如何恐吓自己的伴侣,采取具有陌生含义的言论和奇怪的行为。我的一位暴力客户从报纸上剪下一段文章:上面报道的是一位女士杀死了自己的丈夫,他把这张简报贴在冰箱上。另一个男性,他对伴侣要离开他的回应就是把动物的血洒在房子前面。另一位客户则在愤怒的时候拔出了枪,但是他坚称他只是想擦擦枪,而不会对她采取任何行动。

和其他的施虐者不同的是,"恐怖分子"总是给人以虐待狂的形象:

他会以造成痛苦和恐怖为乐，而且不断在寻求残忍的威胁。很可能当他还是个孩子的时候受到过严重的虐待，其他的施虐者情况可能并非如此。不过，你还是想要治疗他。他可能难以接受，因为希望帮助他克服自己的问题，会让你在与他生活的过程中经历恐惧。"恐怖分子"的问题对于他的伴侣来说，太过深刻，仅凭她一己之力是无法解决的，因为他们处在施虐者典型的毁灭性本质的复杂漩涡中。你需要注意的就是保证自己的安全。

"恐怖分子"的最高目标就是用恐怖震惊你，这样你就不敢想离开他或者欺骗他了。大多数施虐者会对伴侣发出致命的威胁，虽然一般不太会实施，但是还是会有很多施虐者真的走出了那一步。噩梦般地和这种人生活在一起所造成的伤害是非常深的，也使你很难清晰地思考如何逃脱以获得安全的办法。不过，多数女士还是能够摆脱噩梦的。关键的第一步是要尽快寻求秘密帮助。只要安全状况允许，可以从拨打受虐者求助热线电话开始。本书第9章还提供了更多建议。

当女性真的离开了"恐怖分子"，他会跟踪或者威胁她，这样的危险骚扰会持续很长一段时间。如果他们有孩子，他会争取监护权或者不受监督的探访权，所以他可以通过孩子对她进行恐吓或者控制。他还会利用自己掌握的关于对方的信息，比如她在哪里工作、她父母住在哪里等，跟踪她以威胁她所爱的人。对于她的朋友、亲戚、追求者和熟人们来说，关键是要理解这种情况带来的这些风险，并给予女性以全部支持，如果可能，要提供保护，同时还要尽可能采取措施使施虐者的行为受到控制。要让他知道跟踪和威胁前伴侣是不可接受的行为，他需要为自己的行为负责，如果他的威胁行为不立刻停止，就把他送进监狱。

"恐怖分子"行为的核心观点

- 你无权反抗或者离开我。你的生活掌握在我的手中。
- 女人是魔鬼，必须要不断地恐吓她们以防止恶魔出来作祟。
- 我宁可死也不要看到你有权独立。
- 孩子是我能够让你感到害怕的最好工具。
- 看到你害怕的样子，我感到很满足和兴奋。

第I部分　什么是虐待

精神上有疾病或者成瘾的施虐者

最后这一类其实是很难和其他类型区分开来的。任何在前面提到的有虐待倾向的类型里都会有精神问题或者物质虐待的人，当然大部分人并没有。即使适当精神疾病或者成瘾是其中一个因素，也不能成为虐待伴侣的原因，当然这会导致问题的严重性，让他拒绝改变。当这些额外问题出现时，就有必要注意以下几点：

1. 一些特定的心理疾病会增加施虐者的危害及使用肢体暴力的几率。这包括偏执狂、严重抑郁、幻想和错觉（精神错乱）、强迫——强制失调和反社会性格失调（也叫精神失常或者孤僻症）。这些精神疾病也会造成施虐者的不可转变，至少是在病情通过治疗或用药得到控制之前，他的虐待行为是无法得到控制的。

2. 处在或者脱离治疗的施虐者的反应都是不可预测的。亲人们应该对自己在这段时间的安全特别当心。施虐者可能不久之后就停止服药——我的一些客户就需要长期进行治疗和服药。他们不喜欢用药的副作用，他们也自私到无视自己的精神疾病对伴侣和孩子意味着什么。

3. 有精神疾病的施虐者的潜在危险，可以通过观察他的精神疾病症状和虐待行为特征的严重性进行评估。只考察他的精神疾病特征会低估他的危险性。

4. 反社会性格失调只出现在很少一部分施虐者中，但也是非常严重的。受这种疾病困扰的人缺乏道德感，也因此会不断做出伤害别人的事情。这种疾病的特征包括：（1）在还是少年的时候，就可能有过违法行为；（2）他的不诚实和侵略行为会在与伴侣无关的情况下发生，而不仅限于她；（3）工作时他会不时地陷入麻烦或者在其他情况下会因为偷窃、威胁或者不服管教，在30岁之前，就已经拥有相当惊人的犯罪记录，尽管可能都是一些轻微罪行；（4）他会严重并长期地使他人的生活处于混乱状态，或者造成各种危险；（5）他可能会欺骗女性，让她们彼此为敌，还会和她们保持不正当的关系。和一般的看法不一样，精神疾病患者的肢体暴力不会很严重，但是也非常危险。反社会人格失调通过治疗是很难改变的，目前还没有有效的治疗办法。

5. 那些自恋人格失调症的患者对于自我形象的认识是非常扭曲的。他们无法接受自己会有不足，因此也就无法想象别人如何看待自己。这种疾病和虐待的契合度相当高，尽管只会在很少一些有施虐倾向的人身上表现出来。这种失调症状的表现是：（1）他的自我中心感觉非常严重，在与你无关的情况下也会显现出来；（2）他好像能把所有事情都与自己扯上关系；（3）当面对批评时，他会暴怒，除了善意和慷慨，他想不出自己不能做什么其他的事情。这种失调对治疗的抵触是很大的，通过药物也是无法治疗的。受到这种失调病症影响的施虐者通过辅导小组也是无法真正改变的，虽然有时候他会有些微小的进步。

6. 很多没有精神疾病的施虐者却希望人们认为自己有病，这样做的目的无非是想逃避自己的观点和行为所带来的责任。

无知虐待和精神疾病一样，不会导致伴侣的虐待，但却会增加暴力的风险。就像有精神疾病的施虐者一样，成瘾的施虐者除非着手处理自己的瘾症，否则他是不会改变的，即使只是第一步。

患有精神疾病或者成瘾施虐者的行为观点和其他施虐者大同小异，而且他们还会遵循上述9种行为模式中的一种。此外，下面的一些观点也会出现：

- 因为我有精神方面的问题，我不用为我的行为承担责任。
- 如果你对我的虐待行为提出反对，考虑到我其他的问题，你对我的态度就非常卑鄙。这也表明你并不了解我其他方面的问题。
- 我没有施虐倾向，我只是_____（酗酒、对毒品上瘾，患有狂躁抑郁症，沉溺于酒精的大小孩，或者任何其他可能）。
- 如果你怀疑我，就会引发我的瘾症或者精神方面的疾病，所以你要为我的所作所为负责。

虽然我集中研究了很多种施虐者的虐待模式，其中一些人还会使用肢体暴力，包括性侵犯。虽然"恐怖分子"和"军训官"类型的人可能会变得非常危险，但他们不是唯一能这样做的类型。很多施虐者会在感觉对你的权力和控制降低的时候使用肢体暴力，暴力对他们来说有点像在心理虐待不能达到控制效果时所使用的"制胜牌"。

须要牢记的关键点

- 施虐的方式多种多样。你有施虐倾向的伴侣可能是我没有遇到过的，但这并不意味着他的行为不是真的。很多人都是不同方面的混合体。
- 施虐者是很善变的，他可能不属于任何一种。这种施虐者很难预测，他的伴侣可能永远无法想明白自己到底和一个什么样的人生活在一起。
- 任何一种施虐者都会有充满爱心、具有吸引力并考虑周到的时候。在这时，你可能觉得他终于解决了那些虐待问题，你们又回到了最开始的浪漫时光。不过，施虐者的虐待最终总是会回来。

Why Dose He Do That?

第 II 部分　那些有施虐倾向的人

第 5 章　虐待是如何开始的

我不知道到底出了什么问题，我们以前很亲密的。
我不知道是他有什么问题，还是我有什么问题。
他真的很关心我，我希望能够一直和他在一起。
我的朋友们向我抱怨，现在很少能够见到我了。

"伊甸园"——这就是我给予同施虐者交往的最初阶段所下的定义。在最初的几周、几个月或者更长时间里，你就好像是在"云中漫步"。还记得我们在第 1 章里提到的克里斯汀和莫瑞吧？莫瑞当时已经头晕目眩了——充满了欢乐、好奇和活力。她最喜欢他的一点就是他对她爱得非常深。他热烈地追求她，喜欢她的所有，还总觉得不够。她觉得自己好像走进了由经典爱情金曲组成的世界，就是那种"我遇到你之后，一切都完美了"。这种模式在充满虐待的交往过程中是非常普遍的：一个有施虐倾向的男性在交往的开始阶段都会非常集中地表达自己的关心，这会让你觉得自己很特别，是被选中的——就好像你是他最看重的那个人。

不是所有有施虐倾向的男性都像莫瑞那样神魂颠倒地投入爱情中。我们在第 1 章中提到的弗兰，在交往的早期阶段是安静而又怯懦的，追求者是芭芭拉。她被他强烈地吸引了，因为他的甜蜜、敏感还有他提出的各种质疑。当她最终让他敞开心扉的时候，芭芭拉肯定觉得非常有成就感！她能够看出来，悲伤和不信任正在啃噬着他的心，但是她觉得自己能够帮助他恢复，就像一位温柔的护士。她被自己充满信心的想法激励着：自己能够帮助他成为他能够成为的人。

梦幻般的开始几乎是所有有虐待倾向关系的一部分。除此之外，施虐者还能怎样追求到一位伴侣呢？女士们可不笨。如果来到一家餐厅赴一次比较轻率的约会，在上了甜点之后（晚餐结束），对方管你叫"自私的婊子"，还把你的水杯满房间乱扔，你就不会说："嘿，你下周有空吗？"如果从一开始她就知道了这个男人是个混蛋，却还要和他交往，那她简直就是个傻子。

开始几个月甜蜜时光的力量

我客户的伴侣向我描述过与他刚刚开始交往的美好时光，这足以让一位女士深陷其中，包括：

- 她觉得施虐可能来自于他内心某些不正常的方面——想想在开始的时候，他是个多么出色的人，她还能得出什么样的结果——所以她把全部精力都放在了了解到底发生了什么上面。
- 放弃自己的梦想，让她觉得很难过，因为她觉得自己找到了一个很出色的人。
- 她忍不住想知道自己到底做错了什么或者有什么性格上的缺陷把他们的关系从天堂打到了地狱，所以她尽力想要找到解决自身问题的方法。

问题7：刚开始的时候他的表现非常好，他是慢慢才变得有施虐倾向的吗？

我提出的最多的问题之一就是：如果一个有施虐倾向的人在交往开始的时候非常优雅迷人，他是不是已经想好要虐待女性了呢？他有没有什么计划呢？他是不是故意用感情来引诱她，所以在后来的交往中会对她非常无情？答案经常是"不"。施虐者不会想象自己大吼大叫、贬低她或者向她扔东西。当他爱上她时，只会想象婚姻生活的幸福未来，和女性一样。

如果他没有预设伤害计划，那么，后来他是怎么了？

首先，他对未来充满了美妙的幻想，在幻想中，女性会满足他所有的需要,她不论白天黑夜都会美丽性感,还不会有自己的需要,还要对他的智慧和风度心存景仰。他想要的是一个能够满足他所有衣食住行的需求,却永远不会对他所做的任何事情抱怨的女性,也不会因为自己的挫折或者不高兴而影响他的情绪。

有施虐倾向的人不会向伴侣表现出这些以自我为中心的妄想。事实上,他会非常小心地把这些深埋在自己心里。所以她是无论如何也不可能知道他对于伴侣的期望不仅限于生活上的照顾。实际上,施虐者在约会阶段会更多地使用共同的语言:

"我们会对彼此非常好的。"

"我希望一直和你在一起。"

"我真的希望能够在那里等着你。"

"你现在可以不去工作,这样就可以完成学业,而且我的收入足够养活我们俩了。"

"我会帮你准备助理医师的考试,这样你就能通过考试,顺利升职了。"

他可能真的相信自己会兑现承诺,因为他希望自己成为一个慷慨、周到的伴侣,一个不会利用或者不尊敬女性的人。然后,当他开始控制并利用她之后,就会找各种理由说服自己这并没有发生,或者那是她的错。施虐并不是目的,控制才是,而且他发现自己可以通过虐待获得想要的控制。

另一方面,一定数量的人在开始的时候就会有意识地进行操纵。这样的人会以一种"不解释,你懂的"的微笑看着我,他们想每个人都会用这一招,并且说:"当然你必须迷住这位女士,并听她们没完没了的胡扯,她们喜欢这样。你说点好听的,就会让她们心花怒放。你知道是怎么回事。"但是,就算是这样的人也不会计划好要虐待女性。他利用自己的魅力和欺骗与女性建立交往,并希望这样的模式能够一直持续下去。操纵给这种类型的施虐者的感觉是干净和满足,而贬低的言辞和肢体威胁则不会有这样的感觉。当他开始打击她,并在以后恐吓她的时候,会把这些归咎于她,并且因为她不让他撒谎和以自己的方式操纵生活而认为她是个"泼妇",而他根本没有把操纵当成是虐待。

施虐者既不是魔鬼也不是受害者

我们现在可以知道两个关于施虐者最重要的概念。首先:

> 施虐者也是人,不是邪恶的魔鬼,但是他极度复杂并具有绝对不能低估的毁灭性问题。

对于施虐者,大家普遍的观点是:他们是魔鬼。他们的老谋深算和残忍难以被女士察觉。所以她总这么想:我的伴侣非常关心我,这是他非常好的一面。他有感情,他不是一个虐待狂。他不可能是施虐者。而她没有发现的是:就算有如此之多的优秀品质,他也存在虐待问题。

在虐待定义范围的另一端,我们同样会发现——同样也是很让人费解的——施虐者的观点:作为施虐者,温柔的性格只藏在虐待行为表面之下,它们可以通过爱、同情和洞察力表现出来。某天早上,当他醒来时,突然发现自己行为的伤害性是多么大,从此便痛改前非,放弃自己的无情,特别是当他的确对一位出色的女士产生了爱意。这样的情景通常只会出现在电影、浪漫小说和肥皂剧中。

让人心痛的事实是让施虐者改变是件非常困难的事情。施虐者早就把同情深深埋藏起来了,目的就是避免内心深处与生俱来的厌恶:不得不看到同类遭受不幸。他必须紧紧抓住自己的各种借口和理由,来培养自己不受干扰的能力,把自己和自己造成的痛苦隔离开来,然后享受权力和控制伴侣带来的快感。所以,希望这样一个经过15或者20年形成的复杂结构,在一瞬间烟消云散是不切实际的。而你也经常受到朋友、家庭或者专业人士施加的压力:"再给他一次改变的机会"或"对人要有点信心"。

> 施虐者的行为从根本上来说是故意的——他故意这样做而不是偶然为之或者因为自己失去了控制——但暗中驱使他做出

这样行为的想法却是下意识的。

施虐者可以从很多地方学到操纵和控制的行为，包括主要的男性角色模式和具有说服力的文化信息。当他成年时，已经养成了完整的操纵行为，程度之深基本上已经是能自动地作出反应了。他知道自己在做什么，但是不需要知道为什么要这样做。下面是我接到的来自切尔西的电话，她是我的一位客户的伴侣：

> 兰斯希望我周末和他去滑雪，但是我真不想去，因为这周我已经筋疲力尽了，而且我希望能够和朋友们待在一起。当我拒绝他的建议时，他就开始批评我。他说我之所以不能成为一个优秀的滑雪者，原因就是我没有坚持练习滑雪，而且，我不愿意抓住机会尝试一下并努力掌握，我很懒，还有我到现在还是一事无成，诸如此类。我觉得很难过……但是，我觉得他说的可能是对的——也许我应该在学习滑雪方面更努力。

兰斯那些滔滔不绝的贬损从哪里来？他真的是在关心切尔西？不，正常人是不会通过击碎伴侣的自信来帮助她的。真正的问题在于，兰斯这样做是为了自己：他希望切尔西能够在周末陪着他，因为他不希望独自去滑雪。他不喜欢切尔西把她的友谊作为自己生活的中心——这是有施虐倾向的人通常都会有的想法——还认为她的责任就是陪在他的身边，以他为中心。他会利用各种理由迫使她放弃自己的想法（同时还可以让她陷入困惑）。当一些施虐者辅导小组的成员对他这种行为提出质疑的时候，他的动机就变得非常明显。我研究施虐的大部分工作都是在帮助有施虐倾向的人意识到这一点，并要他们面对这个问题，自己这样做的真正原因到底是什么。

早期的警告信号

当女性听到施虐者是如何的优雅、有魅力——或者她们直接接触——

都会若有所失。她们会想："这是不是意味着无法避免虐待性的交往呢？我怎么知道他是不是有虐待倾向？"幸运的是，多数施虐者都会在自己的行为完全暴露之前有所表示。这些需要注意的标志应该成为每一个女孩在开始约会前进行的必修课之一。

问题8：怎么才能知道和我交往的人是否有施虐倾向？

下面的警示标记意味着虐待可能就在你们交往的过程之中，也许就在不远处：

- **他对他之前的伴侣出言不逊**

对于分手的伴侣，每个人都会有一定的怨气或者愤怒，这是很正常的，但是如果他非常纠结于自己的痛苦或者在你们刚刚开始约会时就告诉你这些，你就要引起警觉了。特别是当他贬低之前交往的女友或者他把自己当成是受害者时。当他说自己受到了前妻或者前女友的伤害时，也要提高警惕；大部分关于虐待的抱怨是准确的，当你听到另一位女士认为他有施虐倾向时，想方设法去了解她的故事。即使你已经打消了对他的不信任，至少也应该留心他的行为，以防万一。如果对方承认自己曾经虐待过前伴侣但又声称那次情况是例外，并且把责任归咎于她，或者归咎于酒精或者是自己的不成熟时，也要当心。

如果对方告诉你，你和他之前交往的女孩都不一样，你是第一个对他好的女孩，他之前交往的女孩都不理解他时，也要引起警惕。因为如果你认为他说的是真的，你会加倍努力证明你的确和其他女孩不同，那么你就已经有一只脚步入他的陷阱了。不久以后，他就会告诉你"你和其他女孩没什么区别"。因为他的认知系统告诉他，和他开始交往的女孩没有好人。

有一些人则会采用相反的办法，就是称赞他们的前伴侣，让你觉得自己永远无法和她们相提并论。如果他开始痛心疾首地说你不如他之前的伴侣性感、不如她有运动细胞、不如她会操持家务或者成功，我可以向你保证：不管你如何努力，你们以后也不会相处融洽的。他想要的就是让你觉得他有一个前伴侣比你强很多，这样他就可以占得上风。

还要注意他是不是认为自己应该为之前的关系承担一些责任。如果凡事都是那位女士的错，很快，你也会在你们的新关系中成为被苛责的对象。

- **他对你不尊重**

不尊重是虐待的温床。如果一个男性贬低你或者对你的观点冷嘲热讽，如果他当着很多人的面对你非常粗鲁，如果他言语尖酸刻薄，在交流中就表现得缺乏尊重。如果这些行为不断出现，或者你抱怨这些行为对你产生不良影响，而他百般为自己辩护，控制和虐待也就会接踵而至。不尊重也会以这样的形式出现：把你理想化，将你置于完美女性或者女神的神坛上甚至会把你当成一件珍贵瓷器一样对待。男性这样尊崇你的原因是他看到的不是你这个人，而是他自己的幻想，当你无法成为他幻想中的完美形象时，他就会变得情绪恶劣。因此，贬低你和抬高你的男性其实没有什么本质的区别；他们都无法对你这个真实的人表示尊重，这也意味着你们的交往凶多吉少。

- **他在你并不需要帮忙的时候热心帮助，并将这个称之为慷慨，这让你很不舒服**

这可能是一个男性想形成一种不可争辩的感觉的信号。以我的客户艾伦为例，在和托莉交往开始的两年中，花了大量时间帮她兄弟修理汽车，帮她姐妹粉刷新公寓，送她的父亲去医院就诊。当托莉的家人开始为他对待托莉的方式感到不满时，艾伦就让托莉认为她的家人占了艾伦的便宜然后又来和他作对。他说："他们现在不需要我的帮助了，所以就一脚把我踢开，然后你就又会回到他们身边。"艾伦成功地让托莉为此感到难过，并由此在托莉和她的家人中间造成了分歧，多年后，托莉才看清了艾伦的控制。

一个名叫罗伯特的男子，把前面提到的两项警示结合在了一起：他告诉拉娜他的前妻对他暴力相向只是为了不让他再探视孩子。他说："如果一个女人在民事法庭上说她希望孩子的父亲在有人监督的情况下探视孩子，法庭自动就会认同她的要求。"拉娜自然而然地就开始同情罗伯特。但是接下来发生的两件事情让她觉得不舒服。第一件事，罗伯特在暴风雪过后打电话过来，主动提出帮她把车道清理干净，她说："哦，请不要这样，不用麻烦你了。"因为她不确定他们之间的关系有多认真，她不想让罗伯特有什么误会。那天下午下班后，从通勤火车上下来时，拉娜发现自己的车道被彻底清理干净了。第二件事，拉娜碰巧有一位女性朋友正在和她的施虐狂丈夫离婚，她从朋友那里了解到民事法庭需要大量的暴力证据，以确定是否要对父亲探视孩子进行监督。拉娜开始好奇，罗伯特的前妻会说些什么。

- **他控制欲很强**

开始的时候，和一个掌控一切的男士交往会是一件很激动人心的事情。这是一个客户的伴侣告诉我的故事：

> 我们最开始的几次约会非常让人兴奋，也很有趣。我记得他到我家的时候，已经把整晚的事情都安排好了。他会说："我们要去帕克酒吧喝一杯，然后我们去吃中国菜，我搞到了一个喜剧俱乐部的票。"我们的一切都要按照计划行动。开始的时候，我喜欢一切由他决定。但是，后来我发现他很少会考虑我想做什么。我们出去时的节目都是他喜欢的，比如看曲棍球比赛，我也喜欢曲棍球，但那不是我的最爱。几个月后，如果他想做什么事情而我没有兴趣，他就会心烦。

控制总是从不知不觉的时候开始的，这个阶段还根本算不上你所说的虐待。他会对你的衣着或者外表偶尔发表一些评论（太过性感或者不够性感）；对你的家人或者你的好朋友略有贬损；向你施加压力——要求你花更多时间陪在他身边或者辞掉这份工作去找一份报酬更高的；开始给你过多关于如何管理自己生活的建议，而当你拒绝了他的推荐时，他会显得有点不耐烦，或者开始因为你与他不同的政治见解、个人关系，音乐或其他方面的品位而烦恼。

- **他的占有欲太强**

充满妒意的行为是出现虐待的最确定的信号。占有欲可能会伪装成爱情。他可能会说："我很抱歉，因为你谈论你的前男友而大发雷霆，但是我从来没有这样失态过。我只是一想到你和别的男人在一起就无法忍受。"他可能一天会打 5 个电话来检查你的行踪,每天晚上都要和你在一起。他对你的感情可能的确非常强烈,但这并不是他想和你保持联系的原因;他是想把你归类,就是要形成你属于他这一核心概念。考虑到他会有什么样的朋友,他也会向他们炫耀他如何把你控制在股掌之间。所有这些行为都是出于占有欲而不是爱。

嫉妒的感情和行为是有所区别的。如果一个男性没有安全感,当你和别的人,特别是前伴侣有交往时,自然会感到焦虑,也就会需要一些保证。可如果他所指的是他希望你能够为了他的嫉妒心而放弃自己的自由,控制的阴影就会慢慢显现。你的社交生活不应该因为他的不安全感而有所改变。

男性的嫉妒可能会让你觉得受宠若惊。如果有一个人疯狂地爱着你,那感觉一定很甜蜜,他非常想拥有你。但是正常人是可以不怀嫉妒心地真正爱你的。占有欲表明,他不是把你当成一个独立的人来爱的,而是要守卫一件珍贵的宝物。一段时间后,你就会觉得被他 24 小时不断的监控压得喘不过气来。

- **他永远不会犯错**

他会把所有错误的事情都推到别人身上。随着时间的流逝,他的目标变成了你。这样的人总想做出自己无法兑现的承诺,然后会有一大串让你失望的理由,或者完全逃避责任,也许还会在这个过程中,让你在经济方面受到严重的损失。

- **他以自我为中心**

在交往最开始的几个月中,施虐者的自我中心感通常并不明显,但是你还是可以看到一些迹象的。要注意他是否做得少、说得多,在你说话的时候,是不是很少倾听,是不是总是喜欢把话题转到自己这里来。以自我为中心是一种天性,很难改变的,因为这种性格是以深刻的权力感为基础的(对施虐者来说)或者之前他曾经经历过严重的情感伤害(对于非施虐者来说),或者两方面原因都有。

- **他滥用酒精或者药品**

如果他向你施加压力,和他一起滥用药品——就要特别当心了。虽然药物不会造成虐待伴侣的行为，但是这些行为通常都是相伴而来的。他可能想让你觉得自己可以帮助他摆脱药物和酒精；滥用药物的人总是"马上"就要戒掉了。

- **他要强行和你发生性关系**

这一警示信号通常是非常重要的，多数是出现在青少年和年轻人交往之中。不尊重你的愿望，或者认为性能够代表自己的特权感，但是结果却是施虐的体现。发生性行为的要求也是男性把女性看成性目标而不是人的体现。如果他说你应该和他发生性关系来证明你真的爱他、关心他，直接让他走开。

- **他太快就对这段交往认真对待了**

因为很多人对于作出承诺心存恐惧，如果伴侣不害怕谈论婚姻、家庭等事情，一位女性会感觉轻松很多。可是当他在没有对你充分了解，你们的关系没有逐渐变得亲密，就非常急于规划你们共同的未来时，你要注意——因为这可能意味着他想把你紧紧陷入一个他能够拥有的包裹中。你需要采取措施，放慢脚步。如果他在这方面不尊重你的希望，将来你可能会遇到麻烦。

- **在愤怒的时候，他会威胁你**

威胁，即使不是故意的，也是情绪虐待即将开始的信号——或者已经开始了——也可能是肢体施虐的警告信号。以下任何一种行为都要引起你的注意。

- 在他生气的时候，向你靠得很近，把手指放在你的脸上，用手捅你，推搡你，堵住你的去路或者约束你。
- 他告诉你他正在"努力让你听他说话"。
- 他举起拳头，用自己的声音盖过你的声音，或者其他各种让你恐惧或者害怕的方法。
- 他说出一些暗含威胁意味的言语，比如，"你不想看到我生气的样子吧"或者"你不知道自己在惹谁"。
- 他在愤怒的时候不顾后果地开车或者加速。

第II部分 那些有施虐倾向的人

- 他用拳头捶墙或者踢门。
- 他把东西到处乱扔，即使没有打中你。

和一个有威胁性的人交往越深，你就越难摆脱这段关系。不幸的是很多女士的想法正好相反：她们认为，好吧，有时候他的确吓到我了，但是我想等等看是不是情况还会更糟，如果是这样，我就离开他。但是离开一个让人害怕的人要比想象的复杂得多，而且每过去一天，离开他就变得更加困难一点。不要再等下去了。

- **他有双重标准**

看看这个人是不是对自己的行为和你的行为有不同的标准。双重标准是施虐者生活的一个重要方面。

- **他对女性的态度非常消极**

刚开始交往的时候，他觉得你和他之前认为的女性有点不一样，但是这种"不一样"无法持续太久。如果你是一个女性，为什么要和一个看不起女性、认为她们愚蠢、放纵或者只是为了性的人交往呢？他不会忘记：你，是个女人。

- **当有人在场的时候，他对待你会有所不同**

成年施虐者当有外人在场时，会把伴侣当成金子一样珍视，把自己的虐待行为掩藏起来，这样就没有人能够看到了。而青少年施虐者的情况则相反。在有旁人的情况下对伴侣非常粗鲁冷漠，目的是想给朋友们留下一个"掌控"和"酷"的印象。但是当只有他们两个人的时候，他的态度则会好一些。

- **他似乎很容易吸引弱者**

当一个男性被一个比他年轻很多的女孩吸引时，这种警告信号就显现出来。比如，为什么一个21岁的人会追求一个16岁的未成年人？是因为他受到她的鼓舞和挑战？显然不是。他们生命的成长点完全不同，知识和经历也是相当不对等的。他只是受到了权力的吸引才会去追求一个能够完全仰视他，并允许他领导的伴侣。当然，他会告诉她相反的事情，坚持说他希望和她在一起的原因是她所表现出的非凡的成熟以及与年龄不符的世故。他甚至会称赞她在性方面的勇猛，告诉她她对他有很强的控制权，让年轻的受害者建立这样一种想法，使她无法发现到底发生了什么事情。就算没有年龄差别，一些有施虐倾向的人也会去吸引那些没有什么生活经历、知识或者不自信的女性，她们总会把这样的男性当作老师或者教练。

虐待的警示信号

- 他对之前的伴侣出言不逊。
- 他对你不尊重。
- 他在你并不需要帮忙的时候热心无比，并将这个称为慷慨，这让你很不舒服。
- 他控制欲很强。
- 他的占有欲太强。
- 他永远不会犯错。
- 他以自我为中心。
- 他滥用酒精或者药品。
- 他想要强行和你发生性关系。
- 他太快就对这段交往认真对待了。
- 在愤怒的时候，他会威胁你。
- 他有双重标准。
- 他对女性的态度非常消极。
- 有人在场和无人在场的时候，他对待你的方式会有所不同。
- 他似乎很容易吸引弱者。

上述单独一个信号并不足以表明某人是施虐者，当然，肢体威胁除外。很多没有施虐倾向的人也会在有限程度内表现出上述行为。那么，女性应该怎样保护自己不与施虐者交往呢？

没有十分简单的解决办法，最好的计划是：

1. 尽早向他表明那些行为或者观点是你不能接受的，如果这种情况继续下去的话，你是不会和他交往的。
2. 如果上述情况再次发生，要在相当长的一段时间内不要和他见面。不要边警告他你"是认真的"边和他见面，因为他会把这个解读为相反的意思。
3. 如果上述情况第三次发生，或者他做出了其他的警示信号中的行为，他有虐待问题的可能性就非常大了。如果你给了他太多次机会，你会后悔的。

最后，还要当心的是当施虐者开始滑向施虐的状态时，他会坚信你才是发生改变的人。之所以产生这样的观点是因为他觉得自己的行为完全正确，他无法想象问题出在自己的身上。所有他注意到的东西都是你无法满足他对于完美、无私奉献、顺从的女性的想象。

虐待始于何时？

既然虐待能够悄悄缠上一位女性，随着时间的流逝，细微的控制和不尊重便逐渐开始显现，一些让人痛苦的问题也出现了：我怎么才能知道伴侣有施虐倾向？有没有让我注意的明确界限，这样我就能够知道他什么时候会越界？多少虐待才算是过分？我如何才能知道"他就是个混蛋"和"情况变得有点糟糕"之间的区别？

的确，每个人在交往过程中都会叫喊那么一两次，而对于多数人来说，不论男女，都可能会辱骂伴侣一两次，行为变得混乱甚至不近人情。这些行为很伤人也应该受到批评，但是它们不算是虐待。被一位你敬重的伴侣吼，感觉肯定不好，但是这并不会形成施虐者的叫喊所形成的冷硬、令人厌恶的情形。

虐待这个词和权力有关。它意味着一个人利用权力的不平衡以剥削或者控制另一个人。不论权力的不平衡存在于哪里，比如男女之间，成年人和孩子之间，贫富之间，有些人会利用一些环境的优势来为自己的目标服务。因此，虐待的界定点就是当男性开始通过对女性产生伤害，然后显示自己对女性的权力，并认为自己已经有了特权地位的时候。

问题9：他对待我的方式是虐待吗？

以下是对虐待的更详细分类，且包括一些后续行为：

- **因为你对他的一些行为发出了抱怨，他就会报复你**

假如有一天伴侣管你叫"泼妇"。你很生气，你告诉他你很不喜欢这个词，并请他不要再这样叫你，但是他对你不快的回应是更加频繁地叫你"泼妇"。他在这样做的时候眼睛里含有这样一种神情，他知道这样会伤到你。同样，你对伴侣在争论的时候说："别冲我大喊大叫，我讨厌别人冲我叫喊。"他反而把声音提得更高来指责你。这就是虐待的迹象。

他报复的另一种方式就是通过把自己伪装成受害者以维持自己的控制。比如你在争论中不断被他打断而无法发表自己的看法。他随后会用一种不友好的语调，就好像你的意见对他很不公平，他会挖苦地说："好吧，我会只听你说。"然后就好像是你在强迫他做这些，这是一种想让你觉得内疚的努力，目的在于维持自己的控制，这也是虐待的开始。

还有的人在女性对所受到的虐待表示不满时会嘲笑对方，可能是公开的也可能是模仿她的行为。这些行为消除了所有关于他是否有虐待倾向的疑虑。

报复可能不会很清晰，在这些案例中效果也不会立刻显现。但是你的伴侣行为的目的是出于惩罚你对他的反抗，这种惩罚的作用要在几天后才会明显。他觉得你不应该有权反抗他，如果你下次还想要反抗，他还会伤害你。

- **他告诉你：你对他的虐待的反抗是你的问题**

当一位女性尝试要为伴侣的控制或者感觉迟钝的行为设定限制时，他希望她对自己的想法感到困惑，所以他会说这样一些话：

"你太敏感了，一点小事就能够让你困惑，这没什么大不了的。"

"男人发怒的时候，谁也不会怯懦，就像你希望的那样。"

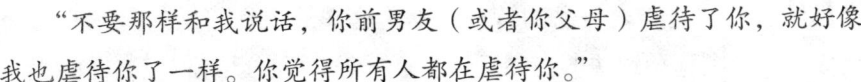

"不要那样和我说话,你前男友(或者你父母)虐待了你,就好像我也虐待你了一样。你觉得所有人都在虐待你。"

"你生气的原因只是因为事情没有按照你预期的那样发展,所以你就说我在虐待你。"

通过这样的言论,施虐者会尝试说服你:1. 你对他的行为有不合常理的期许,你应该接受他所做的事情;2. 你其实是对自己的所作所为有所反应,而不是他的所作所为;3. 你在用自己的不满作为反抗他的武器。所有这些伎俩都会降低你对所受虐待的指控的可信度,这就是虐待。他无信用的行为揭示了核心观点,就是他永远不会明确地声明,甚至不会意识到自己:"你没有权利反对我对待你的态度。"而你如果不能有效表达自己的不满,你就永远无法拥有平等、健康的关系。

- 他的道歉并不真诚,还含有怒气,但是他还是要求你接受他的道歉

以下的交流勾勒出这一动力是如何发挥效用的。

克莱尔:我无法理解为什么我对你所做的事情感到不高兴。你甚至都没有道歉。

丹尼(愤怒而大声地):好吧,好吧!对不起,很对不起!!!

克莱尔(摇头):你不明白。

丹尼:你到底想从我这里得到什么??我已经道歉了!怎么,直到你得到了一磅肉,才会满意吗?(《威尼斯商人》里的"一磅肉")

克莱尔:当你没有表现出歉意的时候,你的道歉对我来说没有任何意义。

丹尼:我没有表现出歉意,你什么意思?不用你告诉我我的感受,分析女士!你不了解我在想什么。

这种反应不禁让克莱尔感到非常难过。当丹尼在断然否认她已经为之难过的事情之外,还要对她进行羞辱。但你觉得克莱尔应该为他的所作所为道歉并感谢他,即使他的语调和所表达的意思完全不搭;事实上,他自己认为有权利宽恕别人,他也需要这样做。(他还认为坚持让她接受

自己所认为的现实是自己的特权，不论这样的现实与她的所见所闻冲突是多么大。在这种想法的控制下，他显然会觉得自己有权控制她的想法。）

- **他会因为自己的行为所产生的不良影响而责备你**

虐待咨询师会这样形容有虐待倾向的当事人："每天早上，当他从镜子里看到的是一张肮脏的脸时，他会开始擦洗镜子。"也就是说，当他的伴侣因为长期虐待产生后遗症时，他会变得非常沮丧和难过，然后他会因为觉得自己的感情受到伤害而嘲笑、伤害她。他甚至不会用她所经历的情感伤害作为进一步虐待她的借口。如果他的言语攻击使她失去了与他做爱的兴趣，他会辛辣地讽刺说："你一定在别的什么地方做了。"如果她因为受到的虐待而慢慢变得不再相信他，他会说正是她的不信任才使她认为他在施虐。如果某天早上，她因为前一天晚上他造成的伤害而哭泣时，他会说："如果你今天想要过得这么累，为什么不回到床上，这样我就不用再看到你了！"

如果你的伴侣因为你受到他的虐待而深受影响，会批评你或者贬低你，这就是虐待。同样的，当他把自己的无情所造成的影响当成借口，比如我的一位当事人用严苛的语言赶走了自己的伴侣，然后又声称她在情感上的疏远造成了他的施虐，这就是在颠倒因果关系。当你摔倒的时候，他还会给你补一脚，而他也清楚知道自己在干什么。你要迅速为自己寻求帮助，因为这种心理伤害会让你的情绪更加恶化。

- **你提起事情的时间永远不对，方式永远不对**

在任何一种关系中，都能找到一些办法可以说出你的不满，而又不会显得好像你是在进行人身攻击，如果你在其中掺杂一些欣赏，伴侣能够听进去你说的话的机会就会大大增加。但是面对施虐者，不表达不满情绪才是正确之选。你可以等到最平静、最放心的那个夜晚，为伴侣准备好充足的甜言蜜语，来表达你的不满，但是他肯定还是不会听进去的。

- **他破坏你的成长过程**

干扰你的自信或者独立也叫虐待。如果他让你丢了工作或者从学校中途退学；不鼓励你追求自己的梦想；破坏你和朋友或者亲戚们之间的关系；在经济上占你的便宜，阻止你在经济方面的发展或者安排；或者告诉

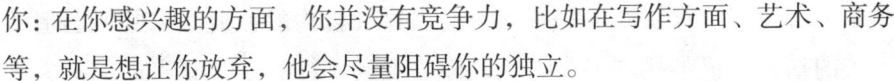

你：在你感兴趣的方面，你并没有竞争力，比如在写作方面、艺术、商务等，就是想让你放弃，他会尽量阻碍你的独立。

- **他否认自己的所作所为**

在交往过程中，有些行为对评判是很重要的。同样一种行为，有人说是"提高音量"，有的人就称为"叫喊"。又比如辱骂某人或者用拳头猛击桌子，没有施虐倾向的伴侣会和你争论，而施虐者则是完全否认自己的行为。

- **他会用你"逼他这样做的"来为自己的伤害行为和恐吓行为找各种理由**

当你告诉伴侣，他的叫喊让你害怕时，他的反应是他有一切理由叫喊，"因为你没有听我在说什么"。这就是虐待。施虐者利用你的行为作为自己行为的借口。他也就可以拒绝承诺无条件地停止贬低或者威胁行为。实际上，他一直想要的是补偿，他说他会停止一些虐待，如果你同意放弃一些让他觉得困扰的事情，这些经常会成为你完全应该做的事情。

- **在愤怒的时候，他会拉扯你，并让你感到害怕**

对于伴侣的肢体威胁当然是虐待，哪怕只发生过一次。如果他举起拳头；在墙上砸出一个洞；向你扔东西；限制你的自由；霸占、推搡或者戳你；威胁要伤害你，所有的这些就是肢体虐待。他会制造恐惧，利用你想要真正的自由和安全来控制你。

有时候，你的伴侣可能没有意识到这会吓到你，因为他不知道自己的行为已经对你产生了影响。比如，他可能来自于一个习惯于在争论中大声喊叫、挥舞拳头的家庭，而你则是来自于一个书香世家。没有施虐倾向的人在这种环境下听到你的提醒时会非常注意，也愿意慢慢改变自己的习惯——不让这种情况再次发生。

肢体暴力是很危险的。一旦双方开始了肢体虐待，这种情形就会不断升级，比如扇耳光或者勒脖子。就算没有发生，所谓的"低烈度的"肢体虐待也会让你害怕。任何形式的肢体虐待对于孩子来说都是一种伤害。交往过程中，任何攻击行为都不应该被当作"小事一桩"而被忽视。

我经常会被问到一个问题就是女性对男性进行的肢体侵犯，比如说扇耳光，算不算是虐待。答案是："要看情况。"女性的推搡或扇耳光多是出于愤怒或者恼火，而不是威胁，所以这种行为的长期结果并不会造成太大的伤害。很难找到一个男性，因为受到女性的步步紧逼而逐渐失去自由或者自信。我反对在交往过程中任何形式的肢体侵犯，除非是为了自卫，但是我把"虐待"这个词保留给控制和威胁行为。

- 他会逼迫你与他发生性行为，或者对你进行性攻击

我曾经接触过一些当事人，他们在交往期间，强奸了自己的伴侣或者不断地对她们进行性虐待，但是却从没有对她们动过粗。研究表明女性被亲密伴侣强奸所遭受的伤害和长期的影响，要比那些被陌生人或者没有威胁性的熟人强奸大得多。如果你已经经历过性攻击或者在长期的交往中有过性压力，请给相关部门打电话吧，即使你还不觉得强奸这个词适合伴侣的所作所为。

- 你已经表现出受到虐待的记号

所有这些虐待的暗示都与这个男性所做是否与他所想有关。我们可以用以下这些问题检验一下：

你是不是害怕他。

因为他和你朋友或者家人慢慢疏远了，他让你和别人的关系也变得很紧张？

你觉得抑郁吗？

你有没有发现因为他的关系你的时间被占得很满，但你还要努力维护他？

你是不是觉得自己无法做对任何事情？

你是不是觉得你们在交往中遇到的问题都是你的错？

你有没有放弃争论，觉得是你搞砸了却无法搞明白到底是为什么？

如果他觉得抱歉

几乎每次我一说到虐待，大家便纷纷举手提问：

（1）当施虐者的行为变得消极时，那是真的吗？

（2）如果他的确感到抱歉了，会不会减少再次施暴的可能？

问题10：他真的会觉得抱歉吗？

消极通常都是真心的，但几乎没什么帮助。为了让这种冲突更能够让大家理解，我们需要先来看看最重要的部分，施虐者的心中到底发生了什么样的问题：各种相互矛盾的观点和想法在同时发挥着作用。以下是一些典型的相互矛盾的例子：

"女性很脆弱，她们需要保护，但是她们也应该不时受到一些威胁，否则会变得难以控制。"

"我的伴侣和我应该有同等的话语权，但是当遇到对我很重要的事情时，我的决定应该成为最终的决定。"

"我觉得我对她的态度很不好，但是在交往过程中永远不应该觉得对不起谁，不管我做什么。"

"我不应该大喊大叫，但是我应该控制我的伴侣，有时候我不得不对她施加压力以控制她。"

"你永远不应该打女人，但是有时候你别无选择。"

当一个男性为自己的虐待行为感到抱歉时，他的歉意和自己的权力发生着撞击，头脑中相互矛盾的对话会是这样：

在我对她说"去你的"的时候，我很难受，说这样的话不好，特别是当着孩子的面，但是我失控了。我希望我给家人的形象永远是强有力而且能够掌控全局的，而不是在争论中的那种糟糕情况，这伤害了我的自信，但是她居然说我"不负责任"！她这样说我，还能指望我怎么做呢？她不能对我说那样的话。现在孩子们肯定会觉得，我是个坏人，而她是这种想法的始作俑者。如果他们和她站在一起，我就要让他们知道为什么我会那么生气。她让我非常难堪，太过分了！

我们顺着这个人的内心对话来理清一下思路。首先，他的懊悔不是因为他的言语攻击对伴侣产生了伤害。他觉得糟糕主要在于：（1）他破坏了自己在别人心目中的形象；（2）他违反了自己应该如何作为的感觉；

（3）他觉得自己不应该借助虐待去控制伴侣。出于这些想法，他不知不觉对自己的伴侣发了脾气，他觉得这是合情合理的，通过这种方式，他摆脱了自己的内疚感。在自我谈话的最后，他把所有的责任都归咎于自己的伴侣，包括对孩子们造成的不良影响。施虐者的自我关注和替罪羊的想法可以让他的懊悔情绪慢慢消失。

在早期虐待事件发生后，施虐者的表现可能会很激烈：我遇到过当事人痛哭流涕，请求伴侣的宽恕，并说："我应该对你更好的，我不知道为什么你会和像我这样的混蛋在一起。"他的懊悔形成了一种急切寻求真正亲密行为的感觉，特别是之前，你从没有见过他如此的悲伤。但是没过几天，他的负罪感就消失了，又显现出"找借口"的技巧了。而这类事件对受虐者所产生的影响会长得多，当然，很快施虐者就会突然说："怎么，你还没完没了了？别想了，大声哭出来吧。我们得把这件事放下，我们得向前看。"他的观点是："我都已经放下了，她为什么不能？"

真正的懊悔和不自然是不会相互排斥的。多数施虐者真的感到抱歉——虽然可能主要是为了自己——但是他们的表现也会赢得一些同情分。一个男性强烈的懊悔倾诉会把注意力的中心移回到他身上。他的伴侣可能会因为他的内疚和自责而忘记他之前对自己的所作所为。她会很快保证自己不会离开他，她依然爱他，她没有想过他是个坏人。如果他们有孩子，她可能会帮助他掩盖事实，这样孩子们就不会责备他，因为她不想让他觉得更难过。他也因此获得了让人宽心的关注，并作为他施虐的奖励，全家人都开始关注他的需求。

懊悔的程度会随着虐待事件的逐渐增加而慢慢减少。真正的问题会随着施虐者慢慢习惯这种行为而淡出他的视线，也会无视伴侣受伤的情感。不合常理的部分也随着他慢慢不再在乎是否会失去伴侣而消失，他现在非常自信：她不会离开他。

如果在事件发生后表示了歉意并没什么用，该怎么办？

从某种程度上来说，当道歉解决不了什么问题时，以下步骤可以阻止他下一次的虐待行为：

- 给自己一些空间，要对他的所作所为表现出愤怒，不要对自己说：你已经愤怒了太长时间或者把自己的怒火憋回心里。
- 仔细聆听自己内心的想法，别找借口，或是把他的行为归咎到自己身上。
- 补救他的行为，比如把他扔的东西收拾好，向朋友们诉说他欺骗了你，或者告诉孩子们他的行为是不能被接受的，而且这并不是你的错。
- 达成无条件协议，尽快让他改变。
- 在不给他施加压力的情况下，让他去寻求心理帮助。

如果在虐待之后他愿意接受所有这些步骤——而事实上也是这样做的——他就还有得救，不至于变得更加暴虐。如果没有这些清晰的行动，虐待还会再次发生。

尽快采取自我保护措施

很多女士在伴侣的行为出现虐待信号时，采取"等等看"的态度。她们会对自己说："现在离开他很难，因为我还爱着他。但是如果他的情况变得更糟，就会减弱我对他的感觉，那样我离开他就容易多了。"这是个危险的陷阱。你和施虐者在一起的时间越长，他的破坏性就越大，你也就越难获得解救，原因有以下几点：

- 他破坏你的自我观念时间越长，你也就越难相信自己应该获得更好的对待。
- 他伤害你的感情时间越长，你的力量和动力也就越容易降低，那么也就越难获得离开他的力量。
- 他对你与朋友、亲戚的关系破坏越多，你在结束这段关系时经历的困难阶段所获得的支持也就越少。
- 你被虐待的时间越长，在被称为创伤关联的过程中，他就越觉得你友善，你好欺负。

针对以上这些，你只能尽早采取行动。

如果你已经和一个施虐者相处了 5 年、10 年甚至是 30 年的时间，此时你还想要离开，获得自由，一点都不晚。只要你需要，不管你们在一起的时间有多长，他对你产生的伤害有多深，你都能获得帮助。

我还想再说一句：如果你和施虐成性的伴侣没有孩子，这其实是挺好的事。有的女士觉得有了孩子就能让有施虐倾向的伴侣改变自己的行为，其实不然。孩子不会让他安定下来、让他变得更有责任感或者是成熟。孩子的出现，不会让他有任何改变。和施虐者有了孩子，只会让你的生活充满更多压力，因为你要开始担心他的行为对孩子的影响。当你决定要离开他时，孩子就是个问题，而且他可能会利用孩子的监护权对你进行威胁。至少到目前为止，我还没遇到一个案例是孩子的到来解决了女性的受虐问题，或者能够缓解问题的严重性。

须要牢记的关键点

- 如果你清楚自己想要的是什么，那么早期交往中就能发现一些警示信号。
- 如果警示信号已经出现，你要迅速采取行动设置界限或者尽快摆脱这段关系，你陷得越深，要想摆脱就会越困难。
- 你的伴侣逐渐会采用虐待手段，这不是由你引起的，你也无法通过了解困扰他的原因或者通过提高你自己的能力，以满足他的要求来阻止虐待行为的发生。情绪上的不安和无法满足的要求对虐待而言，根本起不了什么作用。
- 某些行为和观点就是虐待，比如嘲笑你因为受到虐待而发出的抱怨，肢体上的威胁或者性攻击。如果出现上述行为中的任何一种情况，虐待就已经开始了。
- 施虐者造就了这种虐待关系。这跟他们的伴侣，也就是受到虐待的女士毫无关系。

第6章 日常生活中的施虐行为

我觉得我快要疯了。

有时候,不论我做什么,早晚都得做到。

其实他就是一个大男孩。

我从来就不清楚自己究竟想要什么;他可以瞬间把我点燃。

不可否认,他是个施虐者,我的意思是,他只是有时候那么做,一周可能会有那么一次,其实,他对我真的很好。

我真的很爱他。

在过去的15年里,我一直在研究有施虐倾向的人,也花费了上百个小时和施虐者的伴侣们进行电话沟通,以了解他们的生活状况。我的工作就是通过伴侣们的眼睛来看这些施虐者,用我的想象进入他们的家庭生活,观察他们每天给家庭带来的影响。通过她们的想法,我试着了解当事人的内心。

我看到的并不是受虐女士们看到的单个男性,在这样的环境下,我发现了很多不寻常的方面:

- 如果是我对他提出质疑或者反对,是很安全的,因为我坐在一个满是目击者的房间中,包括我的助手。在很多情况下,我对于这些男性有一定的权力,因为他正在服缓刑,所以我的一份评估报告就可以送他去见法官。
- 我了解他的技巧的名称和描述。他发现很难让我感到困惑或者威胁,或者让我对自己感觉很糟糕,因为我不断地指出他的行为和他的动机。当你能够说出武器的名字,虐待的作用就会减弱。
- 我没有和这些人生活在一起,所以他很少有机会能够因为我反对他们的意见而报复我。
- 小组中有些人想通过采用活动中的一些想法或概念，这些概念可能会挑战他的行为和观点。这些来自于其他施虐者的挑战使他更难把错误归咎于伴侣或者全体女性。

我可以在小组讨论的反应中了解到每个人的情况。比如，这个人更愿意对其他施虐类型的当事人表达自己的不认同态度——因为他认为，真正的虐待他是不会去做的——而愿意对采用了同样伎俩或者借口的相同虐待类型的人表达同情的支持，然后对我说："他处在那样一个环境下，你还指望他能怎样做呢？"

受虐待的女性和我因此想组成一个团队，这样我们就能分享彼此的观点并帮助彼此分辨虐待的模式和动机。我很想从她那里知道他是什么样的人，同时也想和她分享我的观点。

我从之前的受虐待女士那里学到的最早一课就是要理解虐待并不只能着眼于爆发的那一刻，你应该认真查看爆发之间的距离。施虐者在平静期的想法和行为会造成他杀伤力巨大的爆发。在本章，我们要走进施虐者的思想，从日常生活的诸多方面来对他为什么会爆发虐待行为进行更好地了解。

争论中的施虐者

当争论发生在施虐者和他的伴侣之间时，我想从细节处去考察一次争论。以下这种争论是我从当事人那里听到的最常见的一种争论。杰西和比走在一起，杰西有点不高兴，很明显他生气了。

比：你到底怎么了？我不明白你为什么不高兴。

杰西：我没有不高兴，我只是现在不想说话。你就不能让我安静一会儿吗？不是每个人都像你这样，总喜欢说个不停。

比：我没有说个不停啊。你这么说是什么意思？我只想知道你的烦恼是什么。

杰西：我刚刚告诉你了，没有什么事情烦到我……你别说了，让我消停一会儿。在和你的哥哥、嫂子吃饭的时候，我不知道你怎么会没完没了的说起你那愚蠢的新闻课程。你已经40岁了，看在老天爷的份上，这个世界对你想要成名的梦想不感兴趣，你就不能成熟点吗？

比：想要成名的梦想？我想要的是一份工作，杰西，因为旅行的工作需要到城里去。我也没有在没完没了地说。他们感兴趣，问了我很多问题——所以我才就这个话题聊了一会儿。

杰西：哦，好吧，他们真的很感兴趣。他们那只是对你表示礼貌，因为你完全沉浸在自我当中。你还真是天真，看不出他们是在敷衍你吗？

比：我可不这么认为。再说那顿饭已经是两周前的事情了。你这段时间一直在想着这件事情？

杰西：我没有想，比，你在想。你喜欢让我们摸不着头脑。我现在对这些破事真的没有兴趣。

比：对什么破事有兴趣？我什么也没做！我一到这里，你就对我说这些！

杰西：你居然冲我吼，比。你知道我讨厌别人冲我吼。你应该去寻求帮助，你的情绪失控了。我们先分开一会儿吧。

比：你去哪里？

杰西：我走着回家，谢谢。你来开车吧。我想自己待一会儿。

比：你走回家要半个多小时呢，今天外面很冷。

杰西：哦，你怎么突然这么关心我。随你吧，再见（走开）。

受虐待女性的生活总是充满了这样的对话。杰西没有说任何贬低比的话，他没有叫喊，他没有打她或者威胁她。当比对朋友们解释自己为什么这么沮丧时，会非常困难，因为杰西的行为很难描述。她该怎么说？他的挖苦？他的顽固？他太过苛刻？一位朋友回答道："嗯，听着感觉不怎么好，但是我不会管这个叫'虐待'。"然而，杰西走开的时候，比觉得自己好像被扇了一个耳光。

在这次争论中发生了什么？

首先我们来看看杰西都做了些什么，然后再看看他是怎么想的。首先要说明的是：

> 施虐者的问题不是他对冲突的不当回应，他的虐待行为是先于冲突出现的：这种行为总是会造成冲突，它决定了冲突的类型。

治疗师经常会试图通过分析施虐者对于反对声音的反馈来让他采取不同的方法去应对冲突。但是忽略了一点：他的虐待行为才是造成关系紧张的元凶。

杰西和很多施虐者一样，使用了一连串的交谈控制伎俩：

- 尽管他已经很愤怒了，但是他依然否认自己的愤怒。他没有去寻找干扰自己情绪的问题，而是将自己的愤怒转嫁到比和其他事情上。
- 他用各种方法去羞辱、贬低比，说比在不停地唠叨，整天做着想出名的白日梦，说她应该"长大"了，并告诉她自己：她指责他总是在回味过去，其实回味过去的人是她。
- 他告诉她，比没有意识到朋友们看不起她，还说她太"天真"，不严肃对待她自己。
- 他批评她提高嗓音以应对他的一连串羞辱。
- 他告诉她：是她在虐待他。
- 他摔车门而去，然后感觉自己独自走路回家就是一个受伤者。

比觉得自己很可悲——就好像一根刚被猫抓伤的磨牙棒。一部分原因是她被这样的经历吓到了，她从不知道这些言语攻击会发生在自己身上或者这样的攻击会造成什么后果。几天前，她还和杰西一起开车回家，有说有笑地谈论他一天的工作，所以她认为也许杰西在工作中遇到了什么不顺的事情，迁怒于她——有时候情况的确如此，但是实际上这些和事情如何发生的并没有太大关系。

那么,到底是怎么了?事情发生在两周前,当时杰西和比,还有杰西的亲戚在一起吃饭。我们在争论中听到的就是杰西不喜欢比长时间地成为众人注意的中心。为什么不?有几个原因:

1. 他把比当成配角,自己才是主角。这和"在每个成功的男人背后,都站着一个女人"的看法是相同的。所以,如果他们之间要有人成为关注的焦点,那也应该是他。如果他觉得她应该保持安静,那么她就应该待在他的阴影中。
2. 他总是关注于她的缺点,所以他认为每个人也都有同样的关注。
3. 他不喜欢她在众人面表现得很聪明、有能力、有趣,因为这和他心中隐藏的想法恰好相反:她是毫无条理的,能力有限的,应该被忽略的——这个想法才是他觉得大家应该有的。
4. 他害怕如果她有了一定的能力且得到了足够的支持,会离开他。

请读者注意这几点完全相反的看法:他认为她的行为恶劣,让他觉得难堪,但是又在意她可能会表现得很好,因为别人会认为她是个有能力的人。他对这两种可能反应都很强烈。

我们看到杰西认为比的新闻学课程威胁到了他对她的控制。实际上,这可能是他在过去两周中一直纠结的事情,让他变得爱抱怨。有虐待倾向的人会在看到伴侣萌发出独立的想法时非常不舒服,经常会寻找各种机会来破坏女性的进步。

回到争论发生的那天,我们可以发现杰西把自己的很多特质赋予比,说她总是自以为是,说她不满,说她叫喊,说她不关心他。施虐者的这种行为有时候被误认为是投射——这是一种心理过程。人们习惯于把自己的恐惧或者错误归咎于周围的人。可是我们在第 3 章中看到了,施虐者讲述的和事实不符。杰西认为比对他叫喊,是因为他的核心观点之一是不管他做了什么,她都不应该对他发火。他认为她不关心他,因为在他看来,她只能关心他,不能关心她自己或者其他人。他认为她自以为是,当他认为她应该为了他所做的事情感到非常激动的时候,她却因为自己的目标或者行动而感到激动。

杰西还会利用投射作为控制的伎俩。部分原因是杰西指责比的自私和虐待行为，而这些其实是他自己的所作所为。很多当事人都告诉过我："哦，我知道我说的很多关于她的事情并不是真的，但总是能够让她生气。"（让我惊讶的是施虐者如此轻松地就承认了这种行为——如果他们放松了警惕——故意使用虐待和控制行为。）所有这些原因，简单来说，就是"他的投射"不足以充分地为施虐者歪曲事实的指责提供理由。

我们需要了解的最后行为是，杰西的决定自己走回家。为什么他要让自己成为受害者？

- 他想让比觉得对不起他，这样他的感受依然能够成为注意力的中心，把她自己的感受挤出去。她会觉得自己不应该抱怨刚才他的语言攻击，因为他已经够难受的了。

- 他还希望别人有"负罪感"。在他向朋友或者亲戚们描述这场争论时，他最后不得不悲惨地走路回家。他可能还会把故事改成对自己更有利的版本——施虐者经常会调整他们的陈述——也许会说她当时很生气，扔下他开车走了，所以他只好自己走回家。他不是有意识地事先计划这些行为的。但是经验告诉他在更深层次上应该充当受伤者的角色，以增加别人对自己的同情。

- 他可能希望她担忧别人会怎么想。她不会希望被看成是那样的，所以她会逐渐平息争斗。

- 从一定程度上来说，他喜欢独自走上半个小时，因为这会帮助他觉得自己更加有理由再次利用无情和贬低的方式对付比。这种方法可以再次证明她才是坏人。施虐者也是人，也有一颗明辨是非对错的心。这颗心会定时地要跳动一下，想穿透那些权力和不尊重，所以施虐者不得不压制自己的心。

每次和施虐者言语的交锋都像是横穿雷区，每块雷区还各有不同。杰西的表现就像是"水刑者"和"受伤者"的混合体，微微有点"正确先生"的影子。同样的主题,"军训官"和"游戏者"的争论是完全不同的。不考虑这些不同的类型,施虐者在争论中所表现出来的不理智和情绪化绝非实际情况那么简单。

有施虐倾向的人争论的 4 个重要特征

可能你已经发现了,每次和伴侣的分歧都不一样,它们会以各种不同的形式出现最终却只会有 4~5 种不同的结果,当然,大部分都是不好的结局。无用和不可避免的折磨人的感觉来自于施虐者对于言语冲突的看法。他的观点会让争论沿着其他方向进行,而不是按照他原先设想的那样。有施虐倾向的争论的 4 个特征由此显现:

1. 施虐者把争论看成是战争

在言语冲突中,他的目标不是探讨不同的愿望、理解对方的经历,或者想出对双方都有利的解决办法,他想要的只是赢。赢的标准是谁说话多,谁能说出最具破坏作用或者最有"幽默感"的侮辱词语(对伴侣来说,所有这些都很无趣),谁控制了由争论得出的最终的结果。他不会为了胜利之外的其他东西进行争论。如果他觉得已经在争论中失败了,可能通过策略性的撤退来进行回应,并积蓄力量进行下一次的反击。

在这样的行为下面,很多有施虐倾向的人甚至还有更深的一层想法:他认为整个交往过程就是一场战争。在这样的思维定势的支配下,交往关系中出现了两个角色:统治者和臣服者。胜者王,败者寇。而且他一直都是这么认为的。

2. 在他眼里,她总是在不停地犯错

和一个永远不会产生困惑的人争论,会让人很沮丧,并最终变得迷茫。他总是认为自己的观点是正确的,对方的观点总是错误和愚蠢的。你们之间的交往又能走向何方呢?

问题的关键不是他争论得是否有力。很多没有施虐倾向的人在表达自己的观点时也会具有很强的说服力和情感,但是他们能够允许自己受别人观点的影响。然而，当一个人不想和你争论，只想抓住他认为能够对你产生最大打击的观点时，这种动机是很容易被判断出来的。当你的伴侣蔑视地对你说："哦，你抱怨我争论方式的真正原因是你应付不了我强有力的观点。"他其实是在分散你的注意力。当他不想接受你的观点或不希望自己的思维受你的影响时，他会颠倒黑白（在很少情况下，他会接受你的观点，他会说这是你们争论的起点）。

3. 发生冲突时，他的一系列控制伎俩

我的很多当事人会在争论中使用恐吓的办法。虽然我不能一一叫出他们的名字，但是施虐者们普遍使用的伎俩，我总结如下。

- 讽刺。
- 嘲笑。
- 故意曲解你所说的。
- 曲解交流中发生的事情。
- 愠怒。
- 指责你做了他做的事情，或者按照他的思考方式去思考。
- 使用一种绝对肯定的口气和最终的权威性——"定义现实"。
- 干扰。
- 不听你说话，拒绝回应。
- 大声嘲笑你的观点或者想法。
- 把对你的不满用来指责你。
- 把话题转换到他的不满上来。
- 提出尖锐、不应有的或者经常性的批评。
- 引发你的内疚感。
- 把自己扮成受伤者。
- 傻笑、转着眼珠，轻蔑的面部表情。
- 大吼、叫喊。
- 发誓。

第II部分　那些有施虐倾向的人

- 辱骂、侮辱、贬低。
- 俯视你。
- 以一种带有威胁意味的方式走向你。
- 堵住门口。
- 其他形式的肢体威胁，比如在愤怒的时候靠你太近。
- 威胁要离开你。
- 威胁要伤害你。

不管是谁，在交谈中使用控制伎俩都是令人恼怒的，但是因为当时的情绪和实际环境，当有施虐倾向的人使用时，就变得特别有虐待意味并使人难过。我很少遇到一个不会在冲突时广泛运用上述各种伎俩的施虐者；如果认为和伴侣的争论是一场战争，为什么不用能想到的所有武器呢？受这种潜意识的支配，各种虐待行为也就不可避免了。

有施虐倾向的人特别希望能让你的观点尤其是你的不满变得毫无道理。比如，他会告诉你，你抱怨他这样对待你的真正原因是：

- 你不想让他自我感觉良好。
- 如果他很愤怒或者他是正确的，而他的想法又和你不同，你就无法应对。
- 你太过敏感，你曲解了太多意思，或者事情并不是像你理解的那样。
- 你小时候受过虐待或者曾经被前伴侣虐待过，所以你认为所有事情都有虐待的意味。

他所用的所有策略都是为了不用认真思考你的不满，因为如果认真思考，他可能就要被迫改变自己的行为或者观点。

施虐者在一场激烈的争论中的目的是想让你停止为自己考虑，并让你保持沉默，因为对他来说你的观点和你的抱怨对于他把自己的愿望以及他的权力感强加给你是障碍。**如果你看得足够仔细，就会开始注意到他有多少控制行为是为了最终降低你的可信度并让你闭嘴。**

4. 他要确保事情按照自己的方式进行——通过各种方式

在争论中，施虐者的底线是他希望得到自己想要的——无论是今天、明天还是每一天——他觉得自己有权力这样做。

有施虐倾向的人的循环

和施虐者生活在一起，就好像是由美好时光到充满言语、肢体甚至性虐待的痛苦时期交织起来的令人眩晕的浪潮。你们的关系持续时间越久，好时光就会变得越来越短。如果你已经和一个有施虐倾向的人交往了很多年，那美好的时期可能早就没了，他成了一个不变的痛苦之源。

关系相对平静了几天之后，施虐者会变得越来越暴躁。随着他的紧张感的不断加强，他会说出大量的羞辱之词。越来越多的借口，他的批评和不快也变得越发频繁。很多女士告诉我她们已经学会了在他的情绪积累期间对伴侣察言观色，并且能在他即将爆发的时候有所察觉。让他的情绪最终越过警戒线的只是一些很琐碎的小事，他会尖叫、说一些伤人的贬低你的话语或者做出一些让人害怕的举动。如果他是一个暴力的施虐者，他会完全放松对自己的控制、撞翻椅子、乱扔东西、在墙上打出个大洞，或者直接攻击伴侣。

在他发泄完之后，肯定会为自己的无情和暴力行为感到羞耻和悔恨，至少在两人交往的早期阶段。当他进入了下一个阶段，知道自己是你所爱的人时——优雅、有吸引力、有趣、温和。他的行为已经把你拖入了一种不断受到伤害的循环，每次你都希望他最终能够改变。然后，你又会看到他再次不知不觉地陷入到虐待的循环中去，而你的焦虑和困惑也会再次出现。

她们通常会问我："他脑子里到底在想什么？为什么他的状态不能长久保持呢？我能做些什么让他保持住现在的状态呢？"为了回答这些问题，我们可以从他的角度来看待每一个阶段：

- **紧张形成阶段**

在这个阶段，你的伴侣积累着关于你的消极观点，并把它们妥善保管。你做错的每一件小事情，他经历的每一次失望，你每次破坏他心目中完美无私的女性形象——都让他对你失望。

施虐者会照顾自己的不满。我以前的一位同事把这种习惯归为"怨恨花园"，在这个过程中，施虐者会不断种下小的抱怨和不满，然后慢慢把这些微小的不满小心培育起来，直到形成巨大的规模，值得他施虐和发怒。以杰西为例，他把餐桌上的交谈形成的不满种植在自己的"怨恨花园"中，两周以后收割，把很多其他方面的不满集结在一起，并用来攻击比。

为了阻止你做出任何抱怨，施虐者会像收集武器那样把自己的怨恨收集起来，以保护他珍贵的自私领域。他对你的一些忽视完全是出于习惯。施虐者会自然而然地想到伴侣的各种缺点，他觉得你有责任为他打理好一切，他合乎逻辑地选择你作为生活中遇到的困惑、沮丧和失望的垃圾筒。

- 爆发

他们会一直在心里积累对你的不满，直到他认为应该对你进行惩罚了。一旦他准备好要爆发，即使是最小的火花也会让他发作。有时候，受到虐待的女士会决定去点这个火，尽管这很让人害怕，但等待他会怎样爆发和他什么时候爆发同样很糟糕。

在他爆发之后，施虐者承认自己失去了控制，原因是伴侣的挑衅或者他自己无法忍受的痛苦。或者他会说男性表面上要更强壮，而情感方面却要比女性脆弱。现在，他又转换了说法，"男人承担的太多"或者"她真的伤害了我，我实在是太伤心了"。我的那些自称为"强壮的家伙"的当事人毫不害臊地把自己的痛苦感受当成他们无情行为的借口。

- "爱心与鲜花"阶段

在认错之后，施虐者会进入一个相对平静的时期。他好像已经通过释放自己的情绪而得到了净化。他觉得自己年轻了，也能够以全新的语调和别人进行沟通了，从而他们的关系也转向了新的方向。当然，对他的伴侣来说没有什么得到了净化，因为她是他施虐的目标（每一次循环，她都会觉得情况更加糟糕），但是在施虐者以自我为中心的角度来看，她应该觉得更好了，因为他的感觉改善了很多。

在这一阶段，施虐者会想和伴侣重修于好。他想重新获得伴侣慷慨的恩惠；他想和她发生性行为；他还想寻求她不会离开他的保证——或者让他曝光于众人的视野中。各种贺卡和礼物在这个阶段是很常见的，因此这个阶段也被称为"爱心与鲜花"阶段。施虐的人从未想过要认真面对自己的问题。他几乎无视被自己打坏的墙壁，尽管那个洞被墙纸遮住了。一切好像又回到了老样子。他的虐待习惯、他的双重标准、他的轻蔑从未改变。循环还在继续，因为没有理由停下来。

对于美好时期的近距离观察

当一个酗酒者有一两个月滴酒未沾时，我们会说这个人"正在戒酒"。无酒岁月脱离了他之前的生活模式，并可能让人产生积极的希望。但是，对于施虐的伴侣来说，当他行为良好时——或者至少不是最坏的时候——并没有脱离他的生活模式。

良好阶段的功能是什么呢？作用有以下几种，包括：

- 他不时迸发出来的善意和慷慨会让他对自己感觉良好。你会说服自己才是把一切搞得一团糟的人，"因为，看看我，我是个了不起的人"。
- 你会慢慢觉得温暖，并开始信任他。美好阶段的重要性就是要让你回到这段关系之中，特别是如果他没有别的办法阻止你离开，比如经济控制或者威胁说要带走孩子。
- 当你觉得更加信任他时，你会向他表露出更多关于你的生活的真实感情，你会向他表示出更多的关心，这造成了之后他可以用来控制你的软弱之处（虽然他可能并不是有意这样做的）。比如，在杰西的恶劣阶段，比可能会告诉他自己要去上"新闻学课程""只是为了能够获得学位而修的英语学分"来保护自己。但是在一个更加亲密的时期，她可能会告诉杰西，自己的梦想是从事新闻业，他会说这是个了不起的主意。不过稍后，当他仍旧处于虐待模式时，他会用比在私密生活时的话来伤害她，就像我们在争论中看到的。
- 他利用美好时期塑造自己的公共形象，这让你更难以说服大家：他有施虐倾向。

虽然辅导过2000多个当事人，但是这样的案例对我来说还是不多见的：除非他也对自己的虐待行为有深入的了解，施虐者的美好时期会持续很长时间。充满爱心和待人和善只是另一种控制和操纵的方法，并最终会逐渐融合成更明显的虐待。这样的行为对受虐者来说是非常痛苦和恐怖的。因为考虑到他从她那里剥夺的，这些随之而来的善意、希望，就好像是你最终所拥有的和为之坚持的，但是当他又旧症复发时，改变的幻想还会让你深陷其中，并会让你感觉更加的无助或者失望。真正的改变好像和美好时光相比非常之不同，以至于你都把它们两个搞混了。

保持原样的原因

在回答"他为什么要这样做？"这个问题之前，我们先来看一下虐待行为的基础。在施虐者观点的第一层，信念和习惯——这种想法驱使他每天都采用这样的行为，也就是我们看到的。第二层是学习过程，在这个过程中，一些男孩变成了有施虐倾向的人，也就是说，虐待观点来自何方。

还有第三层，是在虐待讨论中很少被人提及的，但是这一层其实是最重要的：就是施虐者所获得的收益使他的行为不可遏制。虐待是通过什么样的方式获得收益的呢？破坏性的模式是如何得到支持的？

想象一下下面的场景：妈妈、爸爸和孩子们在周三晚上围坐在饭桌前吃晚饭。爸爸说话的语调严厉而且急躁，他在吃饭时批评了每一个人。吃完饭后，他转身走出了房间。10岁的女儿问："爸爸，你去哪儿？周三该你洗碗了。"听到这些，爸爸怒火中烧，尖叫着："你这个没礼貌的小杂碎，怎么敢教训我该做什么！"他抓起一个盘子，作势要扔向她，然后便狠狠地摔在地板上。他掀翻了一把椅子，咆哮着离开了房间。妈妈和孩子们呆坐在那里，哆嗦着；女儿则被吓得大哭起来。爸爸再次出现在走廊里，怒吼着让她闭嘴，她只好抽噎着忍住眼泪，但她还是止不住不停地颤抖着。只是一件小事，爸爸就对家人发出了让人痛苦的冲击波。

下一个周三，晚饭进行得相当顺利，完全不见了上周的紧张，但是爸爸在吃完饭后，慢悠悠地走出了厨房。还有人敢提醒他今天该他洗碗吗？当然没有。之后的很多很多个月都没有人敢再次犯这个"错误"。他们安静地一起收拾着桌子，或者小声商量该由谁来洗碗。爸爸让人害怕的行为让这个家庭形成了这样的潜规则：如果他不愿意，任何时候他都不用洗碗，没有人敢要求他完成这项工作。

任何施虐行为带给施虐者的收益和上述事件一样。**随着时间的流逝，男性逐渐迷恋上他不断膨胀的舒适感和特权。**他为什么如此痴迷于欺负人，还有以下几个原因：

1. 对权力和控制欲有本能的满足感

有施虐倾向的人通过他的虐待和威胁行为获得权力——这种感觉可以创造出一股强有力的让人害怕的冲击波。权力的行使者会感觉自己很重要。女性的痛苦吸引不了他们的注意，多数施虐者并非施虐狂。实际上，他会隐藏自己同情她的本性，他觉得自己控制的感情才是快乐之源。

权力带来的兴奋劲完全是施虐者通过虐待伴侣获得的。如果奖励停止于此，这要比迫使当事人进行改变简单得多。

2. 按照他的意愿行事，尤其是在对他而言特别重要的时候

一段浪漫的关系包含了双方对不同的需求、希望和偏好的妥协。不断磨合双方的不同之处才是维系双方情感生活至关重要的问题。比如：

- 我们和亲戚们一起过圣诞节吗（或者是别的特别重要的节日）？我喜欢这样，或者和你的亲戚们，即使他们会让我感到紧张，而且他们好像不太喜欢我。
- 我们今天晚上是在我最喜欢的餐厅吃饭，还是我已经厌烦的地方，

第II部分　那些有施虐倾向的人

孩子们好像还很紧张或者兴奋?
- 我得独自参加公司聚会，这让我感觉很不好，或者你要和我一起去吗，即使你想去做别的事情?

不要低估这些日常决定带来的不利影响，因为它们非常重要。你交往关系的幸福很大程度上依赖于让自己的需要被听到并得到认真对待。如果这些决定是由施虐者做出的，你会不断地经历失望，不停地牺牲掉你的需要。相反，如果他享受着关系的福利而不用妥协，他能够做喜欢的事情，那么其他的对他来说都是浮云。当付出较低时，他炫耀着自己的慷慨，朋友们眼中的他就是一个一流的好人。

施虐者在亲密关系中获得了大量的收益，还不用付出什么，这真是一种享有特权的生活方式啊。

3. 有人会提出他的问题

你有没有经历过什么绝望的事情或者惨痛的损失，让你想迁怒于某人? 比如有没有在对自己的工作感到沮丧时觉得一个商店店员很讨厌? 多数人都有把消极情绪转嫁给别人来缓解——哪怕只是暂时的——自己的压力或者挫败感的倾向。过了一段时间，你就会知道你能做的只有调整自己，而不是抨击别人。

有施虐倾向的人却不愿意调整自己。事实上，他认为自己有权力把伴侣当作垃圾堆放场，在那里他可以随意丢弃自己平常生活带给每个人的痛苦和挫败感。她就是一个靶子，她经常被骂——因为没有哪个伴侣是完美的——而她也无法阻止他向自己丢"垃圾"。一旦她试图阻止，他就会变本加厉。当他在把自己的沮丧、压力丢给她的时候，借口就是他的生活非比寻常的痛苦——即使情况是真的，这也是无法让人接受的理由，但通常情况下，这就是一个借口。

4. 他可以随意支配她这个"免费保姆"

有施虐倾向的人不会在与人交往的过程中分享自己的工作成果。他可能会让伴侣在家里努力工作、操持家务、准备饭食、照顾孩子、打理生活中的各种琐事。或者如果他是那种在这方面举止温文尔雅的人，就会在情感上压榨她，占据她全部的精力，但回报仅仅是不合情理的那么一点点。

伴侣这个免费保姆包揽了所有的活，而对于他来说什么都不用干。在他夸夸其谈的时间里根本就懒得去倾听对方所说的。长长的周末，她在照看孩子的时候，他却可以去看体育比赛、去攀岩或者写自己的小说。我的当事人没有想过是谁在关心这些事情，他们觉得很多事情"很神秘地"就做好了，却还认为女士们"懒惰"。但是在更深层次上施虐者又好像意识到伴侣的工作有多么辛苦，因为他们会尽力抗争以避免承担这些工作。他习惯于自己的悠闲生活，还总是夸大自己的筋疲力尽，为的只是逃避家务。

研究表明大部分女性认为，伴侣没有承担适当的家务责任。但是，一位没有虐待倾向的男士的伴侣至少有这样一种选择：反对自己承担全部家务并要求男士去做他自己的那份。可是，对于一个有施虐倾向的人来说，如果你坚决反对，结果只有两种可能：要么无视你，要么让你付出代价。

施虐者可以按照自己的意愿行事，可以一时兴起地满足或者忽视自己的责任，跳过任何他觉得不高兴的事情。实际上，对于一些施虐者而言，那个所谓的"家"，不过是他定期"加油"的地方罢了。

5. 他就应该是焦点，有优先满足要求的特权

当一位女性的伴侣长期虐待她时，她满脑子想的会是谁呢？他，当然是他。她审时度势地安慰他，他才不会发脾气。怎样提高自己在他心目中的地位？如何巧妙地向他提出一个敏感的问题。留给自己思考、自己生活的余地实在太少了。这正中施虐者下怀，他希望她为他着想，他获得了自己生活、情感和性方面需求的合作和满足。如果他们俩有孩子，那么全家都要努力促进他的好情绪、稳定他的坏脾气，只希望他不要把谁撕成碎片。总想着自己就是焦点并按照自己的意愿行事，就可以确保自己的需求得到满足——这是一项他不愿意分享的奢侈。

6. 经济控制

金钱是造成现代关系紧张的主要原因，至少是在家长与孩子们之间。

谁掌管家里的财政大权意味着对生活质量的影响，包括：谁进行采购；对于未来如何准备，包括退休；想要进行什么样的休闲活动和旅行；谁出去工作；如果不愿意工作，谁留在家里；还有孩子们的愿望如何得到满足。但是，你的意见不出现在这些决定中，对你的权利来说只能否定。比如，我所知道的最常用的伎俩，就是施虐者通过哄骗，把自己的名字登记在伴侣所拥有的财产上——比如她的房子或者她的车——共有或者替换她的名字。事实上，我知道有这样一类当事人，他们的虐待几乎都是以经济形式出现的，他们从伴侣那里获得了数千美元，或者直接获得，或者通过各种花招。

如果关系破裂了，施虐者在经济上压榨的过往会让他在经济状况方面占有优势。这种不平衡使她很难离开他，特别是如果她要想办法抚养孩子。他也会威胁利用自己的经济优势聘请律师争夺抚养权，这是受到虐待的女士需要面对的最让人害怕的一点。

7. 确保自己的事业、教育或者其他目标有优先权

和经济控制紧密相连的是谁的个人目标应该优先实现的问题。如果施虐者需要为提升自己事业水平而获得证书，每周有几个晚上去上课，他就会去上。如果有一个很好的工作机会，但是需要他搬到另一个州，他会忽略自己的决定对伴侣所产生的影响。他自己的目标在任何时候都是优先的。

8. 伴侣的公众地位和不负责任的父亲

在公众眼中，他有高超的取悦技巧和活力，有施虐倾向的男性总是被当成非常有趣、友爱的伴侣和甜蜜能够承担各种义务的父亲。他获得了从亲朋、邻居和对他私下行为毫不知情的路人的微笑和欣赏。

9. 亲朋们的认可

施虐者习惯选择对虐待观点持支持态度的人做朋友。更重要的是，这样的朋友可能也来自于一个存在虐待的家庭。实际上，他的父亲或者继父可能就是他对待女性伴侣的"楷模"。如果这些就是他的社交环境，他在了解了如何控制伴侣时会震惊，比如不时地"让她安于其位"，或者嘲笑她的抱怨。他的亲朋好友甚至会因为全体女性都是不可理喻、应该

得到惩罚、贪得无厌的观点而与之结成同盟。让这样的人放弃虐待，首先要让他放弃自己的啦啦队。

10. 双重标准

有施虐倾向的人会或隐藏或明显地应用一种体系，在这样的体系中，他可以不受强加给你的规则和标准的限制。他可以允许自己偶尔有些外遇，"因为男人有自己的需求"。但是如果你盯着别的男人看，你就是个"荡妇"。他会在你们争吵的时候尖叫，如果你提高声音，你就是那个"歇斯底里"的人。他可以揪着孩子的耳朵，但是如果在孩子打你的腿后，你抓住他并以不许看电视作为惩罚，那么，你就会被他认定为"虐童者"。他可以让自己的计划灵活多变，而你则必须迁就他的改变。他可以指出你的错误，而把自己置于批评之外，所以他就不用面对你对他自私而又有破坏性的行为所发出的抱怨。有施虐倾向的人有特权生活在一个由自己设计的特别规则的环境中。

现在我们很快地来回顾一下关于这些特权的集合。如果施虐者不愿意改变，是不是很奇怪？通过虐待获得的收益是一个公开的秘密，很少被人们提起。为什么，部分原因是施虐者很善于分散我们的注意力。他们不希望任何人注意到这样的体系为自己服务得如何之好（通常情况下，他们自己都不愿意承认）。只要我们把施虐者当成是受害者，或者是失去控制的魔鬼，他们就可以侥幸逃脱继续去毁掉别人的生活。**如果我们希望施虐者能够改变，就必须要求他们放弃这种通过压榨别人获得的享受。**

当你和控制欲极强的伴侣发生对抗，满心伤害或者困惑的时候，你要问问自己：他这样做，到底是为了得到什么？最终他能够得到什么好处呢？通过思考这些问题，可以帮助你理清自己的思路并认清他们的伎俩。

当然，在施虐的过程中，施虐者也损失了很多。比如，他失去的是在这段交往中获得真正亲密的可能性，他的同情和同感的能力也受到了伤害。但是这些都不是他珍视的东西，所以他感觉不到它们的缺失。即使他想要进一步的亲密关系，也会被他对于从施虐中获得收益的迷恋而盖过。

他会变得有暴力倾向吗？

有施虐倾向的人可能会让人感到很害怕。即使他从来没有动手或者进行威胁，他的伴侣也会有疑问：他是不是真的会这样。她看到了他的变化，有时候会突然爆发。他想摧毁她的情感的想法每次都是很明显的。他有时还会通过无情的言语让她痛哭流涕，这在他们交往的前期是从没有过的。受到虐待的女性会不断地追问我："你觉得我的伴侣会不会变得有暴力倾向？我是不是有点太敏感了？我的意思是，他不是个暴徒或者类似的人。"

在我带你详细阅读一份观点清单以检查这个问题之前，先要在头脑中记住：

> **研究表明，女性关于伴侣会对自己暴力相向的直觉其实是比任何其他警示信号更加准确的预测。**

所以，仔细倾听自己内心的声音吧。

当一位女士问我她的伴侣是否有暴力潜质时，我首先会鼓励她要更加关注自己的感受。如果他让她感到害怕，她就必须认真对待自己的直觉，即使她不相信他让人害怕的行为是有意为之的。下面，你可以确认更多的已经发生的事情。

他有没有把你堵在房间里，不让你出去？
他有没有举起拳头，好像要打你？
他有没有向你扔东西，或者将要这样做？
他有没有把你按倒在地或者抓住你？
他有没有推搡你、用手指着你或者抓住你？
他有没有威胁要伤害你？

如果上面这些问题中有的答案是"是"，那么我们就不用再去想他是不是会变得很暴力，因为他已经变得很暴力了。在超过半数的案例中，女性告诉我,她的伴侣只是言语虐待,但我发现他其实也会对伴侣拳脚相向。

按照常理是很关键的——还有法律方面的——暴力都包含了哪些内容,而不是施虐者的定义是什么。施虐者会通过与更加不堪的、暴力的"施虐者"进行对比,从而把自己的行为轻描淡写化了。如果他从没有威胁过自己的伴侣,那么对他来说,威胁才意味着真正的虐待。如果他只是威胁,但从没有真正动过手,那么真正的施虐者是那些动手的。任何施虐者都会用这种心理当挡箭牌:如果他打了她,但从没有用拳头打过她……如果他用拳头打了她,但没有让她骨折或者住院……如果他把她打得很严重,但后来道歉了,又把她送到了医院(就像我的那些当事人所做的)……在施虐者的头脑中,他的行为永远算不上是真正的暴力。

也就是说,如果他有足够的理由,那么他的行为就不是施虐。他们希望潜入对方的内心,就像绦虫。我的当事人的伴侣会告诉我:"我真的把他推开很远了"或者"他从没有打过我,只是推过我几次。"那显然是来自于施虐者的教唆。

为了能够拨开这些干扰视线的浮云,我们首先要做的是把施虐者手中的定义扭转过来,并形成正确的定义。暴力应该包括以下的行为:

- 对你进行肢体伤害或者恐吓你,或者利用与你身体产生的联系威胁或者控制你。
- 剥夺你行动的自由,比如把你锁在房间里,或者不许你下车。
- 让你相信自己可能受到肢体上的伤害。
- 强迫你与他发生性行为,或者进行你不愿意的肢体亲密接触。

通过上述定义,我们可以回答很多重要的问题:

问:他对我说过,他要"踢死我",但是他从来没有这样做过,这算是暴力吗?

答:是的。肢体上的伤害是肢体虐待。女性躲闪或者退缩,她从房间里跑出来,她和孩子们躲起来。还有很多情绪影响,当然,肢体虐待的

第II部分　那些有施虐倾向的人

本质是心理虐待。

问：如果他用手戳我，这算是暴力吗？

答：可能是。从我的经验来看，没有施虐倾向的人不会用手指戳自己的伴侣。如果这让你害怕，让你感觉疼痛，控制了你，或者让你担心下次他会做什么，这就是暴力。有没有产生影响，部分要依赖于他在过去有没有做过威胁的行为，还有他的行为是否针对于某种特定事件。如果他重复出现情绪虐待，那么指戳的行为就是暴力。

施虐者显然会否认他是想威胁伴侣，他只是"失去理智了"或者"无法再忍受了"。他会嘲笑她的沮丧："你管指戳也叫暴力？那也算虐待？你才是这个世界上最歇斯底里、唯恐天下不乱的人。"对我来说，这种行为更加明确了他的确是有权力动机的。

问：我曾经扇过他耳光，他也把我打得眼冒金星。他说他那是在自卫。是这样吗？

答：不，这是报复。我的当事人经常会向我汇报，他们打了自己的伴侣，"这样，她就知道她那样做的后果会怎么样"或者"告诉他不能这样对我"。这不是自卫，自卫意味着使用最小化的暴力来保护自己。他把她的暴力行为当成自己暴力秀的开始，让她知道只要她一不小心就会发生什么。他的反应总是要比她对他做的激烈也更加具有威胁性，这让他"自卫"的借口更加站不住脚。他觉得自己在情绪或身体上受到伤害时，就会以这个"充分"理由对你施加更加恶劣的行为。

问：他说，我有暴力倾向，因为我扇过他耳光，还推搡他。他说得对吗？

答：如果你的行为未造成伤害、恐吓或者控制，就不能被称为暴力。他说你具有暴力倾向，是为了把你的注意力转移到你做错了的事情上，这样，他可以更好地掌控你。不过，我还是建议你不要再攻击他，因为这可能成为他对你造成更严重伤害的借口。一些女士说服自己，她们通过暴力也能够保护自己，"我能承受，我也能够严厉惩罚他"。但是一段时间过后，你就会发现，你才是受到控制、伤害和惊吓的人。此外，殴打伴侣绝对是错误的，除非是为了自卫。

问题11：他的言语虐待会变成暴力吗？

如果你的伴侣还没有使用肢体暴力，你怎么能判断他会否最终发展成为暴力施虐者呢？下面这些说法，能够帮助你判断。

- 当他对你表现出非常生气的时候，他的反应是扔东西，砸门，或者踢汽车。他使用了暴力的姿势，比如咬牙，揉捏自己的衣服，或者用其他类似的方式表达着自己的愤怒。你有没有被他的所作所为吓到？
- 他是不是想为自己的行为负责？并答应不再这样做了，或者他愤怒地为自己找借口？
- 他会向你扔东西，然后说是你造成了他的这些行为，不能因为你害怕了，就要把错误归到他身上。
- 他有没有想用自己的行为作为交换的筹码？比如，如果你不和朋友们出去，他就不会用拳头捶墙了？
- 他是不是否认他已经做过的各种恐吓行为，比如声称破了的门是被别人打破的，或者夸大事实？
- 他有没有做一些隐性的威胁？比如"你不会想看到我生气的样子的吧"或者"你不知道你在惹祸吗"。
- 他有没有进行严重的言语虐待？

尽管这些问题能够帮助你确定伴侣暴力倾向的程度，但不论结果如何，你都要向受虐女性组织寻求帮助。

须要牢记的关键点

- 有施虐倾向的男性在争论时通常会使用有攻击性的语言来降低你的话语的可行度并让你哑口无言。总之，在争论中，他会对你的观点置若罔闻。
- 似乎要"脱离控制"的争论经常被有施虐倾向的男性用来达到某

第II部分 那些有施虐倾向的人

种目的，虽然他并不总是有意识地这样做，但是他的行动和言论看起来似乎更有道理。
- 一个有施虐倾向的人的美好时期是他虐待过程中获得的重要和完整的一部分。
- 有施虐倾向的人会得到奖励。他们获得的优越地位才是他们不愿意改变的重要原因。
- 有施虐倾向的人只有在所有事情都按照他的计划顺利进行的时候才会觉得快乐。这是他们每天出现严重情绪波动的主要原因。
- 暴力不仅仅是拳打脚踢和扇耳光；只要是让你处在真正恐惧或者利用你的身体控制你的各种行为，都可以被称为是暴力。
- 施虐者在日常生活中给你带来的纷扰、不安全和恐惧让你难以发觉他行为和观点的模式。
- 要小心，并要懂得寻求帮助。你不应该过这样的生活。尝试把他的言语从你的头脑中剔除出去，相信自己，你可以做得到。

第 7 章　性代表着权力和主宰

我对他来说已不再有吸引力了,这是最让我伤心的。

有时候让步很容易。

他从来没有打过我,但是他强迫我和他发生性关系。

我们现在都被感染了,他说这一定是我传染给他的,但是我从来没有过外遇,所以我知道是他传染给我的。

好像只有在做爱的时候,我们才会感到真正的亲密。

在说起和自己已经分手3年的施虐男朋友时,丽比·斯科维尔德脸上和脖子上的肌肉还有点微微绷紧。"阿诺德从来没有打过我,但是他总有一种让人感到神秘和恐惧的紧张感。有一天,他向我详细描述了他要折磨并杀死我的猫的计划,因为他知道宠物对我来说是多么的重要。还有一次他给我发了一条短信,说:'我在军队服役期间,了解到人的脖子上有一个穴位,如果以很快地速度用力地戳在那一点上,就能让他们瘫痪。'"丽比后来发现阿诺德从来没有在军队服役过。他还对她撒过其他的谎,比如他的病入膏肓的祖母要留给他几万美元。不过他的故事还是很有说服性的。"他让我供养了他一年,并借给他很多钱。因为他我已经损失了五六千美元了。""如果不是为了他,我现在的经济状况会很不一样。当他说以后会还给我的时候,我就相信了他,他总是说钱还没有到手。他真是个说谎的天才!"然后,她告诉我阿诺德会不停地说她太瘦了,所以她开始为自己的身体感到害羞。

接下来,丽比的面部表情突然缓和下来了。她的嘴角露出了一丝微笑,"但是有一件事和其他不一样。性。和他做爱的感觉非常棒。他会全情投入。他会点燃蜡烛,营造气氛,然后会持续很长时间。他总是充满激情。总有一些情趣会让我喜出望外。我之前从来没有过这样的经历。后来也没有，真的。我希望我能够保留这段关系的这部分。只是其他的部分太糟糕了。"

丽比的故事和你想的差不多。当我访问当事人的伴侣时，总是问会不会有性虐待的情况发生。对我来说，女性在说到这方面时，声音都会变得轻快，就像丽比的面部表情一样。"哦，好吧，在那方面我们从来没有什么问题。"然后她会露出满足但是有点难堪的微笑。实际上，在性方面的良好印象让她们在离开施虐的伴侣之后，成为想再给他们一次机会的原因。

也有另一种极端情况。我遇到过一位当事人，他对于性的兴趣就是主宰和贬低对方。对于那位女士来说，和这样的人同床共枕简直就是一场噩梦。他想要的时候就要，想要怎样就怎样，完全不顾及她的需要。对他来说性是有趣的事情，但是对她而言则意味着攻击。就像我当事人的伴侣说的："我真的不愿意去回想，太丑陋了。"

有性虐待倾向的人不用夸张地采用威胁或者伤害方式对伴侣进行强奸——虽然有人会这样做。但是可能会在她拒绝他的要求时侮辱她，辱骂她是"性冷淡"或者"女同性恋"，以挖苦的方式咆哮说："你一定在外面有人了，所以你才不想和我做了。"他会让她因为拒绝他的要求而感到内疚，他告诉她他觉得好像她不再爱他了，或者说有人能够满足她的需要了。他还会威胁对方："如果你不想和我做，我就去找别人，外面有很多愿意和我做的人。"然后他会把这种威胁付诸实践，很多当事人都利用外遇来惩罚伴侣。

一位名叫辛西娅的女士回忆她的伴侣如何无情地虐待她时，说："当我不愿意和阿尼做爱时，他会不断地要求，直到我改变主意。他会求我，然后他会变得很粗鲁说我会和别人做，然后就是无休止地侮辱。如果我睡下了，他会叫醒我。有几个晚上我实在是筋疲力尽了，但是我能怎么做呢？最后都是我让步。我实在是受不了了。做了总比拒绝要好，虽然很讨厌，但是完事后，他毕竟能让我睡个安稳觉。"

一说到强迫性行为，大家想象到的就是肢体攻击。可是当施虐者通过强迫、操纵或者剥夺睡眠来强制对方和自己发生性行为时，女性不知道该管这个叫什么。她们有可能还会责备自己。很多当事人的伴侣，包括辛西娅，都曾说过："是我的错，我不应该答应他的。"女性通常需要经过一段时间后才能认清伴侣的性虐待行为。我的一位当事人的前妻在离婚两年之后对我说："现在回头看，我发现自己在10年的婚姻中不断遭受到强奸。"

有多少施虐者会把注意力放在性上面？

阿诺德，那位在性方面表现出色的施虐者；还有阿尼，那位在性方面贬低伴侣的人，他们的差别其实并不明显。施虐者早期的交往阶段，在性行为方面可能是很得体的，很快他会用有攻击性、贬低性的性行为去对待伴侣，甚至会直接强迫她。女性的感受则是震惊、心碎和受到了背叛，觉得自己的生活被完全颠覆了。有些女士甚至告诉我在新婚之夜或者几天之后遭受到性攻击的痛苦。对于其他的施虐者来说，这样的改变可能是循序渐进的，从开始时的兴奋、有爱的水乳交融慢慢变成抓扭着胳膊和各种丑陋的景象。

在带你了解施虐者在性方面的典型手段之前，我希望了解到的是很多施虐者的性心理，这是其他结构部分的支持。

1. 以自我为中心

施虐者的性取向其实是以自我为中心的。性对他来说就是为了满足自己的需要。他会作出些努力让伴侣感到快乐，但是让她得到满足或者分享这份共同的经历并不是他的目的。他很投入地让她达到了高潮，那么他就可以把自己看成是了不起的情人。他希望成为好色之徒，因为他相信自己的勇猛能够帮助自己掌控女性。当然，任何情人都会因为能够给伴侣带来快感而感到骄傲。不过对于很多施虐者来说，他所做的一切，其中包括让女性得到满足，所有这些最终都是为了他自己。

施虐者通常会把自己所有的情感需求打成一个包，然后，希望通过性去满足他所有的情感需求。他很少和伴侣进行心灵交流，因为一个施

第II部分 那些有施虐倾向的人

虐者是不会和他虐待的女性亲近的,(虽然他的伴侣会觉得通过创伤修复会对他产生依恋,他也因为她能够满足他各方面的需要而对她产生依赖,依赖和紧密是两码事。)所以他通过把性提高到最高层次而弥补真正亲近的缺失,还要承担满足他在其他的交往过程中得不到的所有情绪的满足感。

2. 她欠他的

我的当事人通常都认为一个女性开始和一个男性交往后,就放弃了拒绝性行为的权利。和他做爱,让他觉得自己被爱,满足他的性需求是她的责任,或者简单点说就是她的工作。在失去权利这一点上,施虐者们的看法没有什么差别。对于某些人来说,性主宰的途径是在他第一次发生性行为的时候。也就是说,只要她永远说不,就有权利说不,但是当他们做爱之后她就丧失了拒绝他的权利。我发现这种情况在更年轻一些的当事人中更普遍。对有些施虐者来说,结婚才是她的身体完全奉献给他的时刻。而对于其他人来说住到一起就是边界线了。

大部分当事人都坚信,如果自己认为上次做爱是在"很久以前"的话,女性是没有权利拒绝他的。对于"无性"生活的定义因人而异,但是他关注自己内心的锁,当警报解除的时候,就要穿过去。她不想做爱的决定在任何时候都是需要尊重的,但是他的权利可能会践踏对她的尊重。

有一种典型的施虐者观点,当事人经常想试着说服我,他们才是交往过程中的受害者。一个人说:"我的伴侣通过性来控制我的行为,女人就是这样把男人耍得团团转的。女人才是真正掌控男人的,因为她们知道她们有我们最想要的东西,而她们有权利把我们拒之门外。我的妻子希望我当她的小哈巴狗,对她摇尾乞怜,这是我唯一能得到性的方法。"他的言外之意就是:妻子不想和他亲近的时候就是想从他这里把什么东西拿走。他觉得对于女性的性权力就像是矿产权对于土地——他拥有它们。

3. 性是权力和主宰的象征

我们曾经了解过施虐者的观点:"我们做爱是因为我有权力这样做。"这种看法轻率的一方面是对于施虐思想具有相同的广泛性的看法:"对你,我可以享有权力,因为我们做爱了。"在这般思想的支配下,他的性行为就好像是公猫的"划地盘行为"。一旦他被某位女士"迷住"他就觉得自己拥有了她，或者至少拥有她的一部分。施虐者性行为更温柔和更残忍的一面都体现在用性建立支配地位的目的。

在我的当事人中，超过 1/4 的人都会不断地欺骗自己的伴侣。这些人希望通过性行为证明自己的能力，从而在建立对女性的支配中获得极大的快感。施虐者可以通过所有这些性行为为自己建立一个了不起的情人形象；他对每一位女士说，他爱她而且想要离开他的伴侣，"我会尽快向她摊牌，但是我还需要一点时间让她能够轻松接受这个现实"；通过使用毒品或者酒精以破坏女性拒绝的决心，或者强迫威胁。

和不同的女性有染不仅会让他觉得自己对女性有强烈的主宰感，在与别的男性的交往中也会有影响。他涉猎的女人越多，就越有高人一等之感。他周围可能会有很多和他观点相同的男性：能够控制或者剥削更多女性的人，在食物链中往往占据着较高的位置。

对伴侣长期不忠的施虐者来说，男性之间的竞争也同样会存在，拥有最漂亮或者最性感的伴侣，并希望其他男性看到他如何掌控她或者控制她。他的伴侣开始时可能会被他的甜言蜜语哄骗，但是逐渐地她会觉得自己只是被当成了展品，而自己的人格则被忽略了。

4. 她就是一个泄欲工具

关于性的态度，只要有以上提到的一点的施虐者，为了避免让自己产生在利用性去伤害伴侣的内疚感，通常会让自己的想法和感受与伴侣的保持一定的距离。方法之一就是把伴侣看成泄欲工具，就好像她是一张色情图片而不是一个活生生的人，没有情感或者抱负，没有任何人格尊严或者要求。施虐者只会把伴侣当成是满足自己性需求的机器。这种对伴侣的去人格化的虐待行为会对伴侣造成长时间的心理伤害。我当事人们的妻子有时候会告诉我：

"他真的让我很恶心。"

"我感觉自己很肮脏且毫无价值。"

"他让我觉得自己很廉价。"

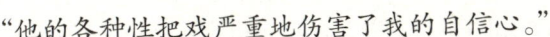

第II部分　那些有施虐倾向的人

"他的各种性把戏严重地伤害了我的自信心。"

"很多年了,我在做爱的时候都是自愿的,因为我真的感受到了爱意。但和他做爱的感觉更像是他赢了一场战争,就像是在入侵,我讨厌这样的性行为。"

失去人性的行为会让承受方觉得是一种病态、恐怖的行为。如果和一个性剥削伴侣交往,你会发现性有时候会成为一个噩梦。盘剥、虐待、毫不在乎对方的性行为和肢体虐待在效果方面是类似的,在某些方面可能会更糟。一部分原因是女性感觉自己在伴侣的心目中,连人都算不上的时候,会产生极大的自我贬低感。

施虐者有时候会拒绝避孕或者进行安全性行为。我的很多当事人都是在性攻击的过程中故意让伴侣受孕。用这样的行为对女性进行虐待——还有对孩子的虐待——是非常严重的。

"惊奇先生"

我们已经列出了很多在性方面有思维定势的施虐者最恶劣的方面,现在让我们重新来了解一下阿诺德,这个在性方面非常兴奋也非常投入的施虐者。具有讽刺意味的是,他在性方面如此充满活力的原因是他是个非常自我的人。因为他非常强烈地认为自己能够让人产生敬畏之情,所以对方才能拥有活色生香的爱情体验。(不仅是施虐者,很多严重以自我为中心的人,都是非常具有魅力和诱惑力的。)当"惊奇先生"点燃蜡烛、放着精心挑选的音乐,用他那磁性的声音调情时,你可能会想:"哦,我的天啊,真是太浪漫了,我们要一起经历。"但是,实际上,施虐者已经悄然进入了自己的世界,在那里,他投入的精力要比和你在一起的时候更多。

"惊奇先生"让人着迷有很多原因:他发现占有就是奴役。当你完全属于他的时候,他好像进入到一个充满魔力的王国,在那里他是终极主宰者,而你则只能是无条件服从、顺从的奴隶。总之,他渴望的是没有自己的思想或者愿望的性伴侣。

最终，他希望自己让你欣喜若狂的能力能把你捆绑在他的身边，这样他就可以在其他不涉及性的方面也能拥有权力。另外，在其他方面，施虐者相信自己在性方面的权力是能够自动转换的：如果余下的大部分时间，他的行为冷酷而又恶劣，做爱阶段就是你唯一能吸引他注意力的时候，这让人成瘾的作用就会变得更大。通过这种方法，他可以把你拖入和他一样的对性的依赖，尽管原因完全不同。

性冷淡的施虐者

当然，不是所有施虐者都很迫切或者需要性生活。其实，我接触过的当事人中有相当一部分抱怨的是相反的事情：男性几乎对性失去了全部兴趣，而女性则经常被拒绝、对性充满了渴望和喜爱。他的性冷淡可能有很多原因，包括：

- 相当一部分有施虐倾向的人对性的认识是相当肤浅的。女性只有在未与他们发生性关系或者只交往了几次的时候才会被他们吸引。他对需要通过长期投入、真实的性支持的深入关系不感兴趣，只想追求他想象中的完美性关系。他的身体没有出轨，但是心灵已经开始了。
- 同样，他没法对某一个无法满足他夸张的理想型的女性维持长期的性关注。他希望女性能拥有完美的身材和无瑕的身体，就像杂志上的模特。他会因为时间的流逝，而对体型发生改变的活生生的女性迅速失去兴趣（比如因为生孩子，或者仅仅是因为年龄的增长），或者通过仔细考察，发现有缺点、不完美——和真实的人一样。他永远找不到他的梦中女孩，因为她根本就不存在，但是他会投入大量的时间和精力去寻找——也会因为你不是"她"而惩罚你。
- 他会完全被性主宰的感觉吸引，这被一些研究者称为性的附属。

第Ⅱ部分 那些有施虐倾向的人

随着你们关系的发展,他失望地发现,你并不符合他对"姬妾"的幻想——服从、卑屈。你有很多种方式来反抗他,拒绝放弃自己生活的某些部分或者想法以服从于他的控制。有些施虐者发现女性想成为自己的主人时,很容易失去性趣。

- 他会因为你在某些方面质疑他而惩罚你,或者有时候,你不愿和他发生性行为。这在把性作为控制伎俩的施虐者中是很常见的。
- 如果他真的有了外遇,在家中对性的热情显然会外流一部分。他为此被感染危险疾病的机会也会增加。如果你注意到伴侣有可能背叛你,要确保实施安全措施。如果他对被要求做安全保障措施的反应让你觉得很危险,立刻给求助热线打电话以寻求帮助。
- 他可能会沉溺于毒品或者酒精。一些瘾症施虐者会失去性冲动。
- 在他觉得你希望在做爱过程中让他为你倾倒而想特别取悦于他的时候,会把性进行分配以作为获得权力的途径。

我在前面已经介绍过了,施虐者会在两个极端之间游走:从充满爱意、密切关注到威胁谩骂、痛恨,从对你生活的细枝末节都过度关注到毫无兴趣,从什么对你才是最好的全部关注到毫不掩饰的自私行为,从充满性冲动到毫无性趣的转变让他能够瞬间提升自己的权力。

万能的性

我的一些当事人的伴侣会不断提出一个让人困惑的问题:"为什么在发生了一件让我感到害怕的事情后,他立刻就想和我做爱呢?在那个时候,性是我最不想面对的事情。"

问题12:为什么他在虐待我之后会想到性?

和施虐者不同,女性觉得虐待并不性感。当他管她叫"泼妇"或者"妓女"、嘲弄她、对她进行肢体威胁的时候,他们缠绵在一起的景象迅速从她的头脑中褪去。当一个人刚刚还像仇人似地对待你,你怎么能和他"做爱"？有施虐倾向的人不知道自己行为无情的时候有多么丑陋。

所以，为什么他的感觉会如此不同？是虐待让他性趣倍增？有可能。有的人的确把主宰和性联系在了一起。但是他在虐待完你之后想要和你发生性行为的其他原因更多，包括：

- 他在寻找一种为自己的虐待行为快速修复的方法。他觉得如果你们一起享受性，就证明他的言语贬低或者暴力没有那么严重，你并没有被他的所作所为伤害到，那么所有这一切都是可以被原谅和忘记的。
- 他希望自己的虐待行为并没有让你在情感上或者性方面远离他。实际上在虐待后就求欢是一种男性对自己权力追求的表现，就好像在说："就算我对你很不好，我也可以和你发生性关系。"

虐待事件也会让施虐者感觉不太好，他希望能够尽快消除。性帮助他做到了这一点。但是女性无法那么容易地解除自己的愤怒，因为它太过深刻了。不幸的是，施虐的自我关注让他不愿意理解这样的不同。

性能让女性精神分裂

我的一些当事人还会处心积虑地让身边的女人们彼此之间深恶痛绝。他通过性方面的不忠、向很多女性承诺他想寻求与她们长期稳定的关系、说彼此的坏话、使她们怀孕或者让她们觉得对不起他。通过把女人们的精力引导到彼此的争斗中，他就可以逃避直接面对或者为自己的行为负责，还能让女人们专心于满足他的需要、让他快乐。以下是我的一些当事人们经常使用的方法：

克里斯和唐娜

克里斯经常盯着别的女性或者和她们说一些充满挑逗性的话以及花费大量的时间在电话上，而给出的解释又非常奇怪，这让他的妻子唐娜觉得很不安心。他喜欢让唐娜知道，他得很多女性的欢心，于是，他会时不时地给她一些建议。他装着对这些女性态度不友好，他说这些人

"想和我在一起,都快把我撕碎了"。当唐娜听到他到处留情的流言时,当有人告诉她克里斯和她有外遇的时候,克里斯告诉唐娜这些都是谎言,目的是想让他们之间有隔膜。唐娜的大部分时间都在纠结克里斯是不是告诉了她实情,并痛恨那些想把她的男人从她身边夺走的女人。

山姆和南希

几年前在和南希交往的同时,山姆和一个叫佐伊的女士发生了为期几个月的外遇。最后,他和佐伊结束了这段关系,并向南希坦白了。他说是佐伊引诱他,其实他一直知道他们不应该见面,但那时她非常沮丧,他担心拒绝见面会伤害她,所以他决定暂时推迟结束这段关系。"佐伊说,她和我才是最般配的一对,但是我知道,我只属于你。可她就是听不进去。"他说最终促使他迅速和佐伊结束的是因为她对南希恶语相向。南希在听到佐伊对自己的羞辱时非常愤怒。

大约一年后,南希觉得山姆和自己渐行渐远了,包括对性也没了兴趣。她暗地调查了一下,发现他又和佐伊在交往。她要求山姆停止和佐伊见面,他不情愿地答应了。但是两个月之后,他又和她在一起。"我不知道怎么向你解释,"山姆说,"我对她没有那种对你才有的感觉。她对我来说只是有一点同情。这和性无关。我好像就是没法说不。"南希开始对佐伊破坏她和山姆的关系越来越痛恨。

同时,山姆以"被夹在两个女人中间"痛苦的感觉作为借口不断加大他的施虐行为。比如,南希有一天指责他偷拿她的钱。山姆道了歉,并解释说他为自己和佐伊的关系感到内疚和撕裂。他说偷拿这些钱是想给佐伊买点东西,因为她情绪非常低落,他担心她会做出什么伤害自己的事情。几年过去了,他依然没有在两位女士之间作出选择,他们共同的痛苦还在不断加深。

这期间,山姆对南希的态度逐渐恶化,包括有一次他推倒桌子砸了南希的腿。他对佐伊没有表现出任何施虐的迹象,这让南希对佐伊更加恨之入骨。与此同时,佐伊告诉周围的人:"南希对山姆非常不好,他被她伤得很深。他告诉我的都是她对他如何不好,这也是他愿意和我在一起的原因。他现在难以摆脱南希的原因是他们结婚多年,而两家又是世交，不过他已经做好随时离婚的准备了。"

上述两种情况都是在说一个有施虐倾向的人能一直让女性的注意力集中在另一个女性的行为上，而不是他的行为上。同时他可以逍遥自在地当他的游戏者，这就是他想要的。我的同事和我会听到当事人在一起交流如何让女性上当的诡计，就好像这种能力可以增强他们的男子汉气概一样。

如何停止这种游戏

如果她们能把这些原则记在脑子里，就可以阻止这种摆布：

1. 施虐者经常撒谎。不要相信他说的他与其他女性交往的事情，包括那些女性可能会如何谈论你。
2. 直接联系那位女士，并尽可能对比他的所言所行，这样他就不能在你们之间搬弄是非了。
3. 如果男性欺骗你，那完全是他自己的责任。不要让他把你的怒火转向另一个女性，就好像他是一个无助的受引诱的受害者。施虐者喜欢把自己描述成无法控制性冲动的人，这些都是胡言乱语。
4. 运用"事不过三"原则。当一个男性，特别是一个有施虐倾向的男性第二次欺骗了你，这意味着后面还会有更多的外遇，不论他如何保证。
5. 很多女性希望拥有一个性欲很强的伴侣，这样很好，但不欺骗伴侣的男性才是最性感的。施虐者喜欢给人造成这样的印象：他的摇摆不定是因为他们的激情所致。但是实际上，性方面的激情和忠诚完全是可以并存的。他欺骗你的原因是：他只是一个操控者，并不性感。

性和隐私

对于多数女性（可能还包括多数没有施虐倾向的男性）来说，性是情绪脆弱的一片区域。在交往的更亲密阶段，施虐者的优雅风度会使伴侣向他袒露内心深处的个人隐私，由此性关系则又增加了一层易损性因素，因为施虐者了解了对方在性方面的好恶和她之前的经历。比如，早些年她遭受过性方面的伤害，或者她所经历的混乱期，或者是关于"交往的朋友"或是性方面的困难。施虐者会把这些非常私人的信息加上精神方面的标签。到了交往的另一个阶段，当情况变得糟糕时，她发现自己的隐私居然被对方用来攻击自己。如果她之前向他袒露自己很难达到高潮，现在他就会说她"性冷淡"。如果她告诉他一些性方面的难堪，现在他就会说她烦躁或者抑制自己，特别是当她的爱好和他有所区隔的时候（对于施虐者来说，性解放就意味着他想要什么都可以）。如果她告诉他自己在孩提时期曾经受到过性虐待或者之前遭受过强奸，他现在就会认为她被之前的暴力永久地毁掉了或者用她的过去来诋毁她现在的不满："你觉得我对你不好的原因其实是你之前受到过虐待，不是我造成的。"在我经手过的一些案例中，施虐者甚至会向公众散布伴侣的隐私，包括她羞耻的来源，以此来羞辱她，并让她难以继续和周围的人相处。这些都增加了女性对于暴力的恐惧。

女性把自己之前受到过的伤害告诉某人是因为她信任他或是爱他，而不是想让这个人借此在日后羞辱自己。所以这种伤害要比别的伤害更有杀伤力。

性攻击就是暴力

在过去的几年中，我偶尔会接触这样的当事人，他们不会在肢体上伤害自己的伴侣，但是他们会通过不断地威胁或者用肢体力量将女性按倒在地，强迫她和自己发生性行为。这类施虐者的伴侣通常会说，"他从来没有对我暴力相向"，即使是在描述他让人不堪的性虐待经历时。但是性攻击的确属于暴力行为。施虐者违背伴侣的意志，强迫她以任何形式和自己发生性行为就是肢体虐待。如今的社会存在着一种观点，认为性攻击中不存在暴力因素，这种观点让女性更加难以了解自己的反应和向外界寻求帮助。如果你觉得自己受到了施虐伴侣的性攻击，相信自己的判断，给相关部门打电话。

不断有研究证明对于强奸抱有某种幻想的男性更容易进行性攻击。比如，认为强奸可以让她们兴奋，她们用自己的穿衣风格和行为举止诱发了强奸，以及强奸者失去了对自己的控制等，都是错误的观点。不过这并不奇怪，受到虐待的女士被自己的施虐伴侣性攻击的几率很高。我还遇到过一些当事人，直接把性攻击作为对伴侣的惩罚，有时候是因为与性有关的事情，有时候却不是，包括因为伴侣想离开他们而强奸她们。这种攻击所造成的影响是毁灭性的。

性行为是施虐者在交往关系中体现自己权力的核心区域，包括主宰伴侣的生育过程。虽然他可能想把自己的虐待行为和你的性生活区分开来，对这种行为动机的更进一步研究能够让你相信：他把这种核心观点直接带进了自己的卧室。"顺从的性行为"之下微笑的涌动需要一些时间才能够发现。不幸的是，在施虐者交往的各个方面能使她不受到这种权力影响的情况很少见。

须要牢记的关键点

- 施虐者总是相信关于性方面的最终决定权在他手中。他通常把自己的伴侣看成是自己的财产。
- 与施虐者发生的性行为可能非常美好，但也可能是一场恐怖秀。这两种极端其实源自于相似的观点，那就是施虐者对于性的思维定势。
- 大部分的施虐者会把权力性别化，包括那些认为暴力具有一种能让人兴奋的想法。
- 对于大多数女性来说，性是一个特别软弱的领域，施虐者可能会利用任何你的敏感之处攻击你。
- 如果你觉得你们之间的性生活让你很不舒服，要仔细倾听内心的声音——什么对你才是有利的。有施虐倾向的人会试图告诉你这些不适是你自己的问题，而不是他虐待、不尊重或者羞辱性性行为的后果。

- 所有人都能够从受伤的性经历中恢复过来，但是这个恢复过程不可能在虐待继续发生的时候。争取不受虐待的生活是走向幸福的第一步。

第8章　不良嗜好成瘾的施虐者

如果我能让他不再抽烟喝酒，虐待应该会停止。

他只要一喝酒就完全变了一个人——变得很卑鄙。

他虽然不再喝酒了，但他却说我有酗酒的问题。

我真的很努力想让他开心，因为只要他一不开心，就会喝酒。

其实，不喝酒的时候，他才恶魔附身；反而在他喝醉的时候，更容易对付。

酒精、毒品和其他瘾症在虐待行为中所起的作用常常被人们误解。大部分施虐者并没有瘾症，甚至连那些滥用药品的人在不受药品控制的时候也会虐待伴侣。施虐者在摆脱各种瘾症之后也还会对伴侣施虐，虽然在他们最糟糕的行为之间会有一点短暂间隔。进行肢体施虐的人在清醒的相当长一段时间内会克制自己的暴力行为，但是他们的精神虐待还会继续，甚至变本加厉。瘾症不会造成伴侣间的虐待，而摆脱瘾症也不会"治愈"虐待行为。

但是，男性的瘾症会增加残酷行为和善变的程度。喝醉的或者磕了药的施虐者会让伴侣的生活变得更加悲惨。考虑到瘾症对于施虐者及其伴侣所产生的影响，我们要把谎言，包括虚构的想法和施虐区分开来。

不是所有的药物滥用者都是施虐者

我们确信施虐不是由药物引起的原因是很多沉溺于酒精和毒品的人并不卑鄙，对伴侣的控制欲也没那么强烈。有些酗酒者只是在深夜才喝，或者在外面喝醉了回到家里已经失去了知觉。有的人会变得很消极或者

第II部分　那些有施虐倾向的人

很伤感，而不是好战或者跋扈。有相当数量的成瘾者甚至会为了家庭承担起责任，很好地照顾孩子，至少是在他们成瘾的早期阶段。当然，男性的药物滥用一定会对伴侣和孩子造成严重的影响，不过这样的氛围和施虐者家庭是截然不同的。

不是所有的施虐者都是药物滥用者

通过进一步的观察发现，大量的施虐者并没有沉溺于酒精、毒品或者其他瘾症，这就能把瘾症从造成虐待行为的原因中区分开来。即使把讨论仅限于肢体施虐者，依然发现瘾症的出现几率不到一半，而多数研究者所获的报告也显示了类似的结果。

总之，虐待和滥用药品是两个不同的问题。它们在当代社会都很普遍也很严重，所以当这两种问题出现在同一个人身上时，恐怖程度可想而知。

虐待是一种瘾症吗？

不是。虐待伴侣有自己的原因和机制，和瘾症无关，即使它和瘾症的一些症状是相似的。近年来涌现出的一些咨询组织，声称可以同时辅导滥用药物和虐待，请相信，他们的希望是海市蜃楼。虐待女性和滥用药品之间的区别非常明显，足以让人们将它们区别对待。

虐待伴侣和瘾症的相似之处

虐待伴侣和瘾症的相似之处主要有以下几点：
- 逐步上升

酗酒者可能会发现自己喝得越来越多，或者越来越频繁了，也有可能两者兼备。这种上升的原因一部分是由于耐受力增强了，也就是说他的身体接受了这种物质，所以为了得到相同的效果，就需要更多。"我能够应付自己的酗酒问题。"其实，是下面说法的简单形式："我喝得太多，

149

喝的时间太久，所以需要喝很多才能让我喝醉。"（有些成瘾者有相反的效果，所以随着时间的流逝，逐渐减少的量也能够让他们喝醉）药物滥用也会因为某种原因而加剧，包括成瘾者对现实不断增加的恐惧感，因为瘾症造成了越来越多的生活问题，这些都是成瘾者需要逃避的事情。

虐待伴侣的程度也会逐渐增加，至少是在交往的开始几年。不断上升的原因之一是施虐者为自己的虐待行为所造成的影响感到强烈的挫败感。比如，你是一个施虐者的伴侣，可能会变得越来越沮丧（因为长期遭受虐待而产生很强的压抑效果），他对你越来越没兴趣服侍他而感到愤怒。类似的，施虐还能降低你对性的渴望，也让他对你对他不断降低的渴望感到很受伤、很愤怒。

耐受力的概念也可以应用于虐待伴侣中，但具有不同的含义。当施虐者习惯于在一定程度上虐待伴侣，他的负罪感对自己的折磨就会变得越来越少，由此就会继续加重他的虐待行为。他逐渐习惯了无情和对伴侣的攻击。在某些情况下，耐受力的概念也适用于受到虐待的女士，当她习惯了他的虐待行为，并开始反抗。他就会增加虐待的行为，因为他觉得需要更多努力才能恐吓她或者让她习惯于现状。这种增加和军方独裁者的群体控制是类似的，军队会向示威者发射橡皮子弹，只是为了驱散他们，但是当人群适应了橡皮子弹而不再躲闪时，他们就会用实弹进行射击。

但是，很多女性（以及孩子）对虐待造成的伤害已经习惯了，也就不会很难接受了。近期对于肢体虐待的研究表明，大约有1/3的男性会逐渐减少他们的暴力行为，因为女性已对他们的行为感到足够惊恐，男性通过恐吓的言语或直视她们就可以达到控制的目的，所以实际的攻击就变得没有必要了。

- 否认，最小化和指责

成瘾者和施虐者都有一种能力，就是让自己认为自己没有任何问题，并向其他人强烈地证明这个。酗酒者会说，他只是"偶尔"在晚上出去喝几杯，而实际上他喝了3个40盎司装的啤酒和两杯威士忌；或者坚称酒精对他来说绝不是问题，因为他从没有喝过酒，尽管他每个周末都会搬回两箱啤酒。成瘾者还会像施虐者那样把责任具体化。在药物滥用的治疗方面，人、地和物是成瘾者用来把酗酒或者使用毒品的责任推给某人或某物的方法。

- 选择同道中人

药物滥用者更愿意花时间和其他药物滥用者在一起，他们向彼此诉说自己成瘾的借口。施虐者根据自己的社交圈子，也会做出类似的选择。他们的男性朋友也虐待自己的妻子或者女朋友，他们的女性朋友则相信他们是歇斯底里或者精神不正常的妻子的受害者，并相信他编造出来的《可怜的我》的故事。

- 缺乏预见性

施虐者和滥用药物者都让伴侣和孩子过着容易崩溃的生活，永远不知道未来会发生什么。这种动力使得家人们因为希望他有所改变而被拴在他的身边。

- 为家人定义角色

施虐者和成瘾者都会让家庭成员在虐待情节中扮演对应的角色。一个是抚慰者，另一个是保护者，而其他的可以是家里的替罪羊，就是那个施虐者总能把自己给家庭造成的各种麻烦都推到他或她身上的人。

- 旧病复发率很高

施虐者和滥用药物者都有一个很普遍的问题，那就是半途退出治疗或者在"成功"完成一个阶段的辅导之后，还会继续虐待或滥用药物。深刻和持久的改变只有通过长期的、痛苦的一系列步骤才能完成，虽然药物滥用者和施虐者的改变过程相差很大。

虐待伴侣和瘾症的不同之处

虐待伴侣和瘾症有以下几个不同之处：

- 施虐者不会"探底"

滥用药物是自我毁灭。随着时间的流逝，成瘾者的生活逐渐变得不可控制。他可能无法保住自己的工作，经济情况变得非常糟糕（部分原因是他的爱好的开销），他没有什么朋友。除非亲戚们也是药物滥用者，否则他会被边缘化。消沉的生活轨迹会让成瘾者到达低谷，生活最终会变得一团糟，让他再也无法否认自己的问题。

施虐者不太具有自我毁灭的特征，只会对别人产生伤害，一个对女性进行长达 20 年虐待的人，依然会有稳定的工作或者事业，经济情况良好，深受亲朋好友的欢迎。他的自信、良好的睡眠、他的自尊和健康情况似乎都非常稳定，和正常人没什么区别。受虐者人生中最大的痛苦就是孤立感和挫败感，没有人能注意到她的伴侣所做的事情都是错误的。她的生活和她的自由会因为他对她的理智所产生的影响而逐渐下滑，但是他的生活情况却并非如此。

的确，虐待会让施虐者失去与伴侣之间的亲密感，因为真正的亲密和虐待是相斥的，所以这也是一种损失。他们只能通过和亲朋好友亲密的情绪交流来表达两人之间的亲密，就像很多当事人那样；要么他们本身就认为亲密既非目标也不看重这些（这对很多施虐者来说，倒是事实）。你不会因为失去了你不感兴趣的东西而心存怀念的。

近年来，进行肢体攻击的施虐在某种意义上第一次触及了底线：他们会面对自己行为造成的令人不快的法律结果。不幸的是，多数法庭依然宽大地对待家庭施虐者，所以要"触底"还要经过很长一段时间。

- 短期奖励和长期回报

滥用药品的回报可能是相当高的，它可以迅速、简单地带来快感和情绪压力方面的解脱。通过加入社交生活，进入追求和享受这种沉醉的朋友圈子，滥用药物可以帮助你获得友情。不过，这些回报总是很短暂的。随着时间的流逝，滥用药物引起的依赖、情绪低落会非常强烈，足以让人在一开始就对它退避三舍。建立在滥用药品基础上的友谊也是肤浅的，很容易受到来自经济上的矛盾、偏执、相互不负责任以及其他因素所产生的紧张和破裂的影响。酗酒者会越喝越多，不是因为酒好喝，而是因为它难喝。

对于虐待者来说，则是另一种情况。在第 6 章，我们了解到各种施虐者通过自己的行为获得了收益，但是不会随着时间的流逝而减少。通过告诉施虐者,他的行为给自己的生活造成了多么大的破坏(在担任虐待辅导师开始的几年里,我曾尝试这样做)来说服他改变是不可能的,因为他们获得的远比损失的多得多。只有在社会向施虐者施加压力,要他必须关注自己的行为给别人带来的伤害时,他才会真正改变。

虐待伴侣不会因为瘾症的消除而消失

问题13:如果他不再喝酒,还会虐待我吗?

很多当事人都是在参加摆脱瘾症治疗小组的同时,来参加我的辅导小组。但结果是,除了部分施虐者认真对待伴侣受虐待的问题之外,并没有显著的进展。在恢复的开始几个月里,男性尖刻的批评和控制有时候会软化下来,各种他之前使用的肢体暴力也会慢慢变少,甚至会消失一段时间,所有这些都让伴侣燃起了希望。这种缓解让她确信瘾症的确是造成他虐待的原因。

讽刺的是,驱使男性倒退的就是在他摆脱瘾症并获得了卓有成效时开始的。早期阶段完全是消耗战:想要喝酒的冲动非常强烈,所以酗酒者每天都在和自己斗争,而且几乎每次都是以失败告终。他每天会参加一个或者多个滥用药物者的聚会,这占据了他大部分的时间和精力。这种不计代价巨大投入的结果之一就是他没有时间和精力再去控制和操纵伴侣。他已经完全投入到自我的一切状态之中。但是当他完成这种早期恢复的精神高度紧张的辅导后,经历和注意力又会重新指向伴侣,想威胁伴侣的欲望又开始蠢蠢欲动了。

而且,在施虐者恢复的过程中,行为会变得更加恶劣,这种情况并不少见。一部分原因是治疗让他们变得焦躁不安,他们会把这种情绪发泄到其他家庭成员身上。还有一些施虐者在未喝醉时会更清醒,控制欲也会更强——没有因为酒精遍布血丝的眼睛更能盯紧伴侣。

也许,施虐者的康复计划本身就变成了他用来攻击伴侣的武器。比如,当他不再喝酒时,就会调转枪口,说她是酒鬼,即使她的酒量很小。在聚会中,他听到这样一个说法,他只是因为她喝酒却不让他喝而批评她，现在，他自己倒变成了这方面的专家。接下来，他可能开始因为她喝酒，而说一些有羞辱意味的言语，并强迫她也放弃喝酒，和他一起参加 AA（AA：美国嗜酒者互诚协会，以下简称 AA）。

施虐者也会使用一些从 AA 中学来的概念来驳斥伴侣。比如，AA 鼓励参加者反思自己的缺点和错误的行为，然后整理成清单，不鼓励批评或者对别人的缺点关注过多，这会被称作是"拿着别人的清单"。施虐者把这个概念用到了伴侣身上，然后，只要她抱怨他的施虐行为，他就会对她说："你应关注你自己的问题，而不是总盯着我的不足。"同样，他用喝酒的危险作为控制她的借口。比如，当他受到一些伴侣所做事情的干扰时，他会说："你让我感到压力，你知道如果你给我施加太大压力，我就会喝酒的。"这样的指责变成了施虐者用来抨击和让伴侣闭嘴的新工具。施虐者因此拥有了虐待的新借口，人们再也没办法因为他喝醉酒而指责他了。

根据 AA 的数据，酗酒者有责任对自己在酗酒阶段对周围的人造成的伤害进行修复。施虐者却选择相反的观点，他们争辩道，他们的伴侣不应该对过去的虐待表示不满，"那时候我在酗酒，现在我不再喝酒了，所以她应该放下过去"。他们认为摆脱瘾症，是一个了不起的、应该奖励的免责项目，应该使他们伴侣的不快和不信任迅速消失。

恢复中的施虐者会像喝多了一样地去指责伴侣。他们选择曲解 AA 的理念，意味着他们可以不为自己在酗酒时做出的行为负责——这可不是 AA 的初衷——因此酒精成了他充分的理由，来解释他施加与女性身上的所有无情和自私。我的当事人会利用这些恢复期逃避自己的责任，说自己无法帮助孩子、出去工作，或者在其他方面出一把力，"因为项目说我应该保持自己的注意力"。这样，恢复满足了施虐者编造各种借口的以自我为中心的目的。在听了施虐者的话后，女性们开始怀疑他是否真的改变了，而她的怀疑是有依据的。她的伴侣可能会告诉她："你对人没有信心"或者"你不相信人会改变"（就好像让她失望是一种说服她相信自己不再施虐一样），但是她的本能告诉她，他还是老样子。

酒精与虐待或者暴力没有生物学上的联系

酒精不会直接让人变得有攻击性。有证据证明一定的化学物质会造成暴力行为——比如合成类固醇，或者高纯度可卡因——但酒精不包括在内。酒精其实是一种镇静剂，它不太会引起人的攻击行为。

酒精和其他药物会从两个方面对施虐者的行为产生影响：

1. 人们相信自己可以承受大部分的药物作用。如果他相信酒精能让自己变得具有侵略性，它就会，研究也有证明。从另一方面来说，如果他没有把造成暴力行为的原因归咎于药品，即使他喝得酩酊大醉，也不会变得好斗。
2. 为了能让自己为所欲为，施虐者通常会把酒精当成是罪魁祸首。几杯下肚后，他会放松对自己的控制，出口伤人，就像他想要的那样。我们通过他第二天所说的话就可以知道："嘿，昨晚的事情，我很抱歉，我真的失去控制了。"，或者他声称自己完全忘了昨天的事情，他的伴侣、家人，甚至是法官都拿他没办法（法庭似乎对把自己的虐待行为归咎于酗酒问题的施虐者格外仁慈）。酒精是他的借口，即使他虐待了伴侣，内心也不会受煎熬，照样可以酣然入梦。

我接触过几个肢体施暴者，他们承认在摄入酒精之前就要攻击伴侣了。回家之前，找个借口喝上几个小时，然后回家开始一场恐怖的争斗。酒精为施虐者提供了一个上佳借口，并帮助他克服由此带来的各种可能让他放弃行动的羞耻感和难堪。所以要当心那些认为毒品或者酒精会让自己变得暴力的男性。

只有在喝酒后才有施虐倾向的人会是怎样的

我的当事人中能够在喝醉的情况下完全控制自己的屈指可数。不过，我接触过一些人，最恶劣的行为往往出现在他们喝完酒之后，但是他们的不尊重行为即使在清醒的时候也存在。这些施虐者更应该被归到以下类型中：

1. 言语施虐的人在喝醉的时候，会开始采用肢体暴力：当我要求这样一位当事人的伴侣描述他的日常行为时，她说，只要喝了酒，他的行为就会变得越来越恶劣、越来越吓人，而那些指名道姓的咒骂、无理行为和平常没喝醉时一样。她觉得如果让他参加恢复小组，他那些让人心烦的行为就会停止，她也就能够控制他其他的虐待行为。这种让人宽慰的希望是不真实的，原因有二：（1）当这类施虐者清醒时，他会逐渐习惯于在没有酒精帮助的情况下使用暴力，通常会持续一两年的时间；（2）即使他是个例外，她也会发现他的心理虐待和他的暴力一样对自己产生极大的伤害，这种情况又会把她拖回到"自己该怎么办"的泥潭中。

2. 言语施虐者会在喝酒的时候变得越来越无情、可耻，但是不会转变到暴力：他所做的事情和肢体暴力攻击者的行为是一样的，用酒精作为借口。如果他清醒了，会慢慢寻找其他的新借口，包括用自己处在恢复期等。

3. 攻击性的施虐者在喝醉的时候，会变得更加暴虐：我发现这种情况在滥用药品者中最普遍。施虐者在没有喝醉的时候，会克制最暴力、最恐怖的一面，比如殴打、脚踢、扼颈，或者威胁要杀了她。他的伴侣说，"他只有在喝酒的时候才会变得很暴力。"但是稍后她告诉我，他会推搡她、抓她，以一种很邪恶的方式向她靠近。甚至在清醒的时候，他在性方面也会变得很粗暴，或者采用其他方式的肢体攻击——通过这种行为成功地让她无法对暴力进行明确定义。

如果你伴侣的行为在他喝醉的时候变得更糟，你就会想要去控制他喝酒，那么你就永远无法真正发现他在清醒的时候会有多暴力。他滥用药品的问题也因此和很多关键问题脱离了联系。

第II部分　那些有施虐倾向的人

酒精不会改变人的基本价值体系。人们在喝醉时的性格就算有些改变，也依然和他们在清醒时的自己有一定的联系。当你喝醉的时候，你的行为可能会变得有些愚蠢或者让人难堪，或者毫无顾忌或者健忘。但是你会只是为了取乐而撞翻一位老太太吗？恐怕不会。你会对便利店的女店员进行性攻击吗？不太可能。人们在喝醉时的行为依然受基本的信念和观点的控制，即使结构上会有一些松弛。酒精会促使人们放松，这样他们一直想做而不能做的事情也就会浮出水面。

施虐者在喝醉的时候也能做出清醒的选择

大概在15年前，我的一位早期当事人，他叫马克思，是一个肢体攻击施暴者，在一家设备公司工作。有一天下班后，他出去喝酒了。在他到家前，已经"筋疲力尽"了。他说，他一进到房间，他妻子林恩就开始"不停地说"他。他"勃然大怒"，开始向她吼叫，很快就变成拳脚相加。马克思羞怯地向我回忆着这件事，进而承认，他撕坏了林恩的几件衣服，并把她捆在椅子上。马克思坐在我的办公室里，看上去是一个可爱的、行为谨慎的流水线工人。很难想象那天晚上他在林恩眼中是什么样子。

我让他描述了一下林恩的伤，他告诉我她的两条腿上全是青一块、紫一块，还布满了殴打留下的痕迹。我问他还有没有其他的伤，他说没有了。想想攻击的猛烈程度，这让我有点吃惊。"林恩的双臂没有淤青，她的脸上也没有伤痕，为什么？"马克思的脸有点变形了，然后他气急败坏地说："哦，好吧，当然我不会做得那么明显。"

林恩后来向我确认了马克思那天晚上的确醉得不轻。可是，是他的醉酒造成他的失控吗？显然不是。他依然能知道要保住自己的名声，并避免承担被捕的风险，所以他把对林恩的伤害局限在第二天她穿上衣服后，就能够遮盖的地方。这很难被称为"失去控制"。

我这里还有很多类似的案例。我的当事人看上去是喝醉了或是磕了药，但他们依然能保持清醒并作出决定。他们可能不会谨慎地选择措辞，也无法和自己的行动严密配合，但是他们能保护自己的利益：不会伤害自己有价值的财产，也不会让自己的亲戚朋友看到自己在言语或者肢体虐待中最暴虐的一面，或者任何他觉得用"我喝醉了"的借口无法遮盖的行为。

最后，即使药品能让人"失去控制"，施虐者还是应该为自己在喝醉时的所作所为承担责任，因为他的选择是想用酒精或者毒品来伤害自己。一个人声称因为他喝醉了，就可以对自己虐待伴侣的行为不承担责任——这只是他虐待心理的另一种表现方式。

作为虐待武器的酒和毒品

奥斯卡和艾伦

奥斯卡和艾伦正在一家餐厅里吃饭。在用餐过程中，因为很多与他们交往有关的问题，紧张的情绪在不断加剧，多数都和艾伦抱怨奥斯卡对自己的虐待有关。而奥斯卡则声称，艾伦的抱怨是因为她太过敏感并想控制他。艾伦把维系他们关系的希望寄托在奥斯卡能够解决自己酗酒的问题。在刚开始交往时，他曾经承认自己有点贪杯，但现在已经有9个月滴酒未沾，在此期间，他对她的虐待也没有升级，只是她还是找不到让他彻底改变的办法。

那天晚上，争论的焦点是钱的问题。实际上，他提走了4000美元——几乎是他们存款的全部——这笔钱来自于他们的共同账户。他"为她"买了一辆旧宝马车。这让艾伦很恼火，因为这件事情，奥斯卡根本没有和她商量过，更让她生气的是，她现在怀着他们的第一个孩子，艾伦希望有些积蓄，这样将来会有保证。可奥斯卡的怒气好像比艾伦还大，他紧咬牙关，"你从来不感谢我为你做的事情！所有事情对你来说都不够好！你就是个神经病！"他突然叫了一杯鸡尾酒，明知道这样做会让她心烦。当侍者把酒端上来时，他看着艾伦的眼睛，3大口就都喝了下去，然后又叫了一杯，很快他就醉了。艾伦开始担心起来，因为之前已经有过几次他把酒精和愤怒混合在一起，最后的结果是挥舞的拳头、捶得砰砰响的墙壁、四处乱飞的东西、还有威胁,所有这些都让她退缩、颤抖。

在我的当事人中,有很多种把酒和毒品当作武器的方式,包括:

- 喝得醉醺醺地冲出去开车,因为他知道这样做会让你难过和担忧。这种行为在有孩子和家庭依赖他收入的情况下特别有效。
- 强迫她帮助他偷运或者交易毒品,目的是让她也承担一定法律后果的风险,这样他就能够进一步控制她(部分因为毒品、酒精相关以及一些轻微经济犯罪,比如伪造支票的指控而进监狱的女性,都是直接或者间接受到伴侣的怂恿)。
- 在他不喝酒或者不碰毒品的清醒期,如果她不愿意满足他的需求或者服从命令,他会威胁重新使用酒精或者毒品,或者说她的反抗"威胁到他的清醒"。
- 把由自己的瘾症而造成的所有问题归咎于她。
- 迫使或者操纵伴侣也用药物。然后他就可以利用她的瘾症增强自己对她的控制,并让大家不再相信她被虐待的说法。这种伎俩在伴侣本身就滥用毒品时特别普遍,因为他不希望有任何东西对自己构成威胁。但是我也遇到过一些当事人,他们会让自己的伴侣使用毒品,自己却不用,或者用得很少。

谢恩和阿曼达

在另一个案例中,一位名叫阿曼达的酗酒患者曾经几次成功戒掉酒瘾,但是她的丈夫谢恩每次都会暗中破坏,他嘲笑她"依赖"戒酒互助会,一边对她说无法靠自己戒酒是一种软弱的表现。一边又故意买些啤酒回家,告诉她:"只是准备着朋友们来的时候招待用。"但是好像他从没喝过这些啤酒。它们就放在冰箱里、橱柜里,引诱着阿曼达,最后她终于没能抵住诱惑。

阿曼达最后去了一家戒酒中心,没有告诉谢恩她去了哪里,因为她知道如果和他通话,她就可能要被诱惑打败,跟他回家。谢恩动用各方面的力量想找到她,并给她带去消息。就我对这个案例的最后了解,她成功地逃脱了自己的丈夫,并赢回了孩子的监护权。

瘾症和虐待伴侣的相互强化

当某个人以酒和毒品作为武器时,他对自己的酒和毒品滥用问题就彻底无能为力了,所以虐待伴侣可以是成瘾的原因。反之则不然,这是两个不同的问题,其中任何一方都不会成为另一方的诱因,但是它们彼此确实相互依托。一个男人的虐待行为为他否认自己有药品滥用问题提供了力量,因为他可以把所有生活中的困难都怪罪到伴侣头上。他对她的恶劣态度很容易分散她对他瘾症产生的关注。同时,瘾症加强了他对自己虐待行为的否认,因为他把酒和毒品当作借口,也当作武器。

其他瘾症

我还曾经辅导过另一些当事人,他们多沉溺于赌博、可卡因、海洛因甚至是处方药。还有很多声称自己有"性瘾",但是我不会轻易相信他们的自我诊断(关于原因,我已经在第4章中介绍了)。任何瘾症对伴侣双方来说都是经济上的无底洞,还会鼓励他把自己的伴侣当作替罪羊。施虐者的瘾症虽然不会造成他的虐待行为,但的确会让伴侣的生活更加痛苦和复杂。

权力和瘾症

一个有施虐倾向的男人总认为自己使用或者滥用酒精和毒品不会妨碍到伴侣。不管是他的瘾症让他在经济上对伴侣进行盘剥(因为他把所有的钱都投入到酒精和毒品中,而且/或者他很难保有自己的工作)不论压力有多大,她都要操持家务,因为他赋闲在家,不管他在酒醉的时候对她有多么不好,在选择的时候,他还是觉得自己有权力使用酒精和毒品。如果她因为对方的自私而批评他或者因为他参加的各种不三不四的活动对她的生活产生不良影响而指责他,他觉得自己有权力管她叫"唠叨婆"或者"神经病",给她贴上"控制欲极强"的标签。总之,对酒精和毒品不负责任地使用,是施虐者对自己的另一种奖励,甚至他还会因为伴侣提出反对意见,而用冷暴力或者暴力攻击来惩罚她。

滥用酒精或者毒品会阻断自省

虽然酒精或者毒品滥用不会直接造成施虐行为的发生,但却确保了施虐行为的存在。除非他能够自觉地应对自己的瘾症问题,否则不可能看到一个滥用酒精或者毒品者对待伴侣的态度能够显著、长期地改善。实际上,我两个月前刚刚开始辅导酗酒者或者吸毒者进行恢复,如果他表现不佳,我就会把他从施虐小组中除名;我不希望给他的伴侣以虚假的希望,也不想浪费我的辅导时间。面对虐待伴侣这个问题,改变它,相当复杂而且会引起不适,这是一个需要长期投入精力的事,还需要当事人以极大勇气诚实地面对自己,重新衡量自己对于伴侣的作用,并接受自己的行为对她产生负面影响这一事实。

所以,尽管戒除瘾症并不足以给家暴带来改变,但毕竟是先决条件。只有他真心想要面对这两个问题——一些当事人已经认真对待既能保持清醒又能获得尊重的生活——才能够阻断伴侣痛苦和压抑的源头。

须要牢记的关键点

- 酒精或者毒品无法让没有施虐倾向的人变成施虐者。
- 即使酒醉,施虐者依然会基于自己的习惯、观点和自己的利益对行为作出判断和选择。
- 瘾症在虐待伴侣过程中的基本作用,是且只是借口。
- 施虐行为和瘾症是两个完全不同的问题,需要不同的解决办法。

第9章　想说再见不容易

朋友们告诉我说，我们分手后，他过得很不好。我很为他担心。

有一次我想离开他，结果他几乎把我吓了个半死。有好几次他好像要杀了我。

我不想把孩子从他身边带走，因为他是他们的父亲。

我们分手时他表现得很正常，但是直到有一天他发现我在约会。

凡，一个有着让人印象深刻的忧伤的蓝眼睛的人，一头金红色的头发，戴了一个帽子，有着粗壮的脖子和上臂的他俨然是一个摩托骑士。不过他的言语却和他的"硬汉"形象大相径庭。他会说起自己的痛楚、直面自己的需要、接受和拒绝的过程。他就像是一个严厉的自我批评家，说自己自私、不成熟还有其他的"特征缺陷"。他公开承认自己是个酗酒者，每天至少会去参加一个聚会。但到现在为止，他滴酒未沾至少有8个月的时间了。

根据凡的描述，在9个月之前的一次和伴侣盖尔的争吵中，他差点就失手杀死了她。他盯着地面，慢慢回忆那次攻击行为，懊悔不已。"这很不好！"他说，"真的很不好。我很庆幸她还活着。"他被捕了，那天晚上他在警察局过了一晚，他的母亲和兄弟第二天把他保释出来了。"之后，我开始不停地喝酒，连续喝了3周，因为我想要忘记我曾干过的愚蠢的事情。直到有一天早上我清醒过来，我发现自己全身都是淤青，我不知道自己身在何处，从那以后我就再也不喝酒了。我终于接受了一个事实，那就是我不能永远由着自己的性子了，我要面对对盖尔所做过的事情。"几个月之后，他才参加了施虐者小组，这完全是法庭要求的。

几周后，凡成了我们小组的明星成员。他会对别的组员的否认、把自己的问题推给伴侣、他们需要众人怜悯的目光等说法,提出质疑。有几次我不让他用酗酒的问题当作施虐的借口,只想让他重新审视一下他的行为,他真的虐待她了,有时他会瞬间就生气了,之后,他也会温和地说:"我知道我还有很多工作要做。"总之,他就像一个想要努力改变的施虐者一样。

凡和盖尔在那次严重的打斗之后就分开了。他们会偶尔通下电话,但却没再住一起了。凡说他觉得可能需要很长时间,盖尔才会再次信任他,他会给她留出足够的空间的。

3个月后,凡发现自己和盖尔的关系不像是自己当初设想的那种"暂停"关系,而她想结束这段关系。有一天,他当着我的面说,"盖尔真的应该再给我们双方一次机会。"我很震惊。"一个女人为什么还要和一个几乎要杀死她的伴侣在一起呢?如果是我,我肯定也不愿意这样做。"

凡说:"在交往的过程中,痛苦的并不只有她一个人。她也伤害了我。"我询问他打她的理由。他回答道:"不,我没有理由,我只想说,其实我不是一直都那么坏,她也不是一直都那么好。"

"所以你觉得她欠你一次机会?当一个女人不欠你之前,你要打她多少次呢?"听到这些,凡低着头喃喃自语起来,然后他无奈地摇了摇头。

在下一次课中,我把更多的时间花在凡身上,因为分离会对施虐者造成更大的影响。在之前的课程中,他得到了盖尔对他们关系的明确答复:他们玩完了,她要开始和别人约会了——这对他的影响非常大。他立刻投入到标榜自己如何努力想要赢得盖尔的心,"她无路可去,她不想处理自己的问题"。我问他如果盖尔回到一个施虐者的身边,她以后会怎么样。"嘿。"他说:"我现在对她要比那些和她纠缠在一起的窝囊废们要强多了。他们中的大多数人也酗酒,而且他们的行为举止简直就是幼稚至极。"

凡的小组因为他的逆转亮起了红灯,组员们都想把他拉回到正轨上来,他们向他指出:(1)他说自己已经有了很大的改变,但是他依然坚持盖尔对他缺乏忠诚,这是一个施虐者不想改变的证据;(2)他又回到了想把自己对盖尔施加的虐待和暴力行为大事化小，小事化了的状态，在极端的情况下，他会认为自己是盖尔生命中对她帮助最大的人，比任何人都大；（3）他无法接受一个女性为了能够在生活中不受虐待而宁可选择放弃"十全十美的婚姻"的事实。通过和盖尔的交谈，我很确定的是盖尔的生活不会沦落到"无路可走"的地步，她的基本目标就是从和他交往的经历中恢复过来。当他充满蔑视地提起"她的问题"时，他忽视了一个事实就是，她的问题90%都是由他引起的。在这一点上，我保持了沉默，因为考虑到他的状态。因为他越多地了解她的恢复过程，就能越有效地采取破坏措施。

凡在开始的几个月里，对小组的反馈意见拒不接受。所以我们也很难找到他的症结所在，只能看到他厌烦地摇着头和嘴唇边撇出的弧线。小组活动偶然间发现凡的权力的核心一面——这可能或早或晚都会发生在每个当事人身上的——我们在仅仅几周的时间里也是无法把他们区分开的。我们希望能够最终了解他的内心世界，而对凡来说，还要6个月的时间他才能完成法庭判定的为期11个月的心理辅导。

不幸的是，他没有再给我们机会。不到3周，被自己气愤的权力感冲昏了头脑的凡在一家餐馆里找到了盖尔，众目睽睽之下，他冲她大喊："该死的婊子！"走的时候，他还冲她竖起中指。他的言语攻击违反了法庭不允许他靠近盖尔的限制令，这次他至少要在牢里待上6个月了。盖尔根本不想去监狱探视凡，他受到监禁对她来说是件好事，因为这给了她不受干扰继续自己新生活的机会。

如果你想离开，他会怎么做

和施虐者分手是一件非常困难的事情。实际上，离开一个没有施虐倾向的人反而会容易一些，这和很多人认为的情况完全不同。没有哪个施虐者会允许自己被抛弃。当他们觉得自己的伴侣开始变得强大，开始为自己想得更多，甚至想跳出他的掌控，施虐者便会开始收拾残局。他们通常会采用如下策略。

第II部分 那些有施虐倾向的人

施虐者对于可能发生的分手会所作出的反应

- 保证改变。
- 参加施虐者辅导小组或者接受治疗。
- 不再酗酒,参加AA制聚会。
- 道歉。
- 对你说,如果你离开他,你会迷失方向。
- 以自杀相威胁。
- 对你说你抛弃了他,以此引起你的内疚感。
- 威胁要绑架或者夺走孩子的监护权。
- 威胁让你无家可归或者切断你的经济来源。
- 变得非常好。
- 通过别人来向你施加压力,迫使你再给他一次机会。
- 以自毁的方式让你为他感到担心,并觉得对不起他。(比如绝食、过量饮酒、遗漏工作、不再和朋友们说话。)
- 散布你的谣言,想毁你的友谊和名声。
- 开始和别人交往/外遇以引起你的嫉妒或者愤怒。
- 坚称他已经有所改变。
- 散布你的隐私,以此来羞辱你。
- 威胁要攻击你想要交往的人,或者任何帮助过你的人。
- 让你怀上他的孩子。
- 对你进行肢体攻击或者性攻击。
- 毁掉你的房子或者汽车。
- 威胁要伤害你或者杀了你。

每一个施虐者都会把上述的伎俩组合起来使用。但有些施虐者有时会采用恩威并施的控制策略。比如,某一天,他可能会坚定不移地声称:"你应该能够发现我的改变了。"然后第二天晚上,他会打电话来说:"如果你不给我们的关系第二次机会的话,你就会知道我的'厉害'。"某一

165

天，在电话上他可能会情意绵绵地说，他对你的爱是永恒的，但是他充满诗意的语言并没有能够打动你出去和他小酌一杯，他就会突然暴怒起来："我才不在乎你，就让你的生活沿着这个糟糕的洞滑下去吧！"他不会在乎这些片段是不是相匹配，只关注于一个愿望，那就是把你再置于他的掌握之下。

他知道他以前可以用迷人的风度、感情和承诺控制你。他也记得威胁和攻击有时候会管用。现在两种工具都失去了它们的作用，所以他想要加大强度。他可能会在两种方法间不断地转换，就像一个医生，对一个病人用了一系列的抗生素，就是想知道哪种药能控制感染。类比是具有倾向性的，因为施虐者把他的（前）伴侣不断增加的能力和独立看成是弊病而不是情况良好的预兆。

施虐者在这个阶段做出的承诺可能会非常有说服性，特别是如果还伴随和他听起来诚恳的道歉，或者真的有所改变，比如戒酒、找治疗师或者参加一个施虐者治疗小组。不过当他成功地和你破镜重圆后，他会慢慢地回到原来的轨道上，比如终止咨询，因为"我负担不起"，说自己需要重新开始喝"一点"，因为他现在能够"控制"好自己，如此等等。不久之后，生活就会又回到原来的样子。

他们会在分手期间碎碎念地说着谁该为关系的破裂负责，会在把所有责任都归在自己身上或者把一切都归咎于伴侣之间不断摇摆。把责任推给他更接近他的真实想法；归结于自己的主要目的是赢得别人的同情心，包括虐待咨询师，他们会把充满戏剧性的表现看作痛苦的内疚。而最具讽刺意味的扭曲事实是，他越说造成分手是他的错，就会有越多的亲戚朋友向女性施压，让她相信他已经改变了。

当我的当事人采取"我错了"这样的姿态时，我要求他描述一下他的行为到底是如何把伴侣赶走的。他们十有八九只能给我两三个例子，或者根本就说不上来。也就是说，他根本不认为自己有虐待倾向，而我进一步明确的要求让他露出了马脚。如果他能够列出一些自己做错的事情，那么通常情况下，他们就能够远离自己的破坏倾向。而在"我应该给她更高的地位，我们没有一起面对很多事情"这样的自我评论中，或者实际上他们采用反手战术以对她进行更多的挖苦，比如"以前她愤怒得不可理喻的时候，我总会选择走开，现在我应该认识到我把她一个人放在那里，会让她感觉更加糟糕"。

施虐者在与伴侣的关系变得亲密的时候会做出不稳定的、有施虐倾向的反应，而这种反应有时候还会变得非常危险。有人认为——特别是心理学家——这是男性"害怕被抛弃"的证据。而女性害怕被抛弃的情绪和男性一样强烈，但是他们很少在分手后跟踪或者杀死自己的伴侣。不仅如此，一些施虐者甚至在已经对复合不抱希望或者是他们自己首先提出分手的情况下，还会对前伴侣做一些非常恶毒的事。

施虐者是这么看待分手的

凡的内心经历和他的破坏性行为，体现了施虐者如何看待关系的终结。现在，让我们来看看构成他的观点的核心要素。

"虐待并不会造成关系的终结。"

凡不想接受是他对盖尔的野蛮虐待导致盖尔离开了他。为什么？首先，他相信盖尔有时候给他带来的伤害要超过他对她的虐待。如果凡能够说服自己，他也有一张平衡表，不考虑他的严重的肢体攻击，想象一下一个心理施虐者的行为（实际上精神虐待和肢体虐待的伤害是一样大的）。

第二，凡相信，男人没有施虐倾向是不可能的事情，除非他的伴侣从来没有伤害过他的感情或者满足了他一切要求。他觉得我们对于男人这种的天性太不公平和不切实际，就像我们希望一只老虎成为素食者主义一样。虽然他没有直接说出口，但是他表明了自己的观点：女性需要接受的现实是，相当一部分的虐待就是伴随着她们和男性的交往而产生的，除非她们是完美的。

"因为我承诺过将来会对她更好，这就够了。"

凡一直都无法兑现自己曾经说过 N 次的要改变自己的诺言，他依然相信盖尔这次会看到他真的想要改变，并再给他一次机会。在他的脑海中，对于到底有多少个"再一次机会"没有明确的界限，他觉得自己应该获得无数个这样的机会。

更糟的是，凡觉得盖尔应该接受他对未来玫瑰色的描述，即使他同时还会发出大声的警报表示自己丝毫没有改变。我的当事人在继续自己的侮辱、威胁行为时还要求伴侣立刻宽恕，他们只关注于自己更多的需要。根据他的思维定势，她应该相信他的虐待会在他说停止的时候才会停止，而不会考虑在她眼中的情况是什么样的。

"她应该无限制地、全身心地'投入'到我们的关系中。"

施虐者觉得自己有权力在任何他觉得合适的时间终止两人的关系，但是他不会把这样的特权交给伴侣。围绕分手的时间，当事人们向我埋怨着以下这些内容：

"现在的人，只要一出现问题，就会选择放弃。谁也不想坚持自己当初的承诺，并让它产生作用。"

"我想我们的结婚誓词对她来说，什么也不是。"

"她准备把我们所有的东西都扔了，因为她移情别恋了。"

在我所接触的案例中，没有一位女士在第一次受到伴侣虐待的时候就选择离开（不是说这样做是错误的）。当他们的关系即将结束的时候，她通常已经和他生活了好几年的时间，她一直生活在言语的虐待及控制中，她不知道要求了对方多少次不要贬低或者恐吓自己。通常情况下，她还会要求他别再喝酒，去进行咨询、和神父谈谈或者其他的什么能够起作用的帮助。有时，女性会离开伴侣几次，至少已经准备要离开了，然后又会回到他的身边。她做的这些事难道不是她兑现自己诺言的表现吗？她做得够多了，但是她获得保护自己的权利了吗？在施虐者看来，答案是否定的。

再一次，施虐的双重标准大行其道。他不会想到自己长期的言语虐待,甚至不会想到自己的暴力,才造成了"爱,珍惜"的失败,但是她为了自己的安全而离开他的决定才是。他的外遇应该自动获得宽恕,而她可能发生的任何外遇都是证明她品质恶劣,他当着孩子的面对伴侣进行贬低和威胁并没有妨碍他把自己标榜成孩子的保护者、一个想要给他们"稳定的家庭生活"的人,然而他们"自私"的母亲却想要拆散这个家。

"她对我的感受和幸福也负有责任。"

在施虐者自我服务的价值体系中,女性应该对他的需要和感受负责,即使是在她表明他不是他的伴侣后,所以如果他失去了工作,或者他的嘲笑没有产生作用,或者他的母亲生病了他还会觉得有权利要求她在情绪上对他进行安慰。特别是,他可能会要求她无休止地为他们的关系或者因为分手受到情感上的伤害负责。

"我说结束的时候,我们的关系才算是真正的结束。"

我遇到过很多这样的场景:在施虐小组中一位新的当事人,描述他最严重的一次虐待事件,这是所有参与者都要做的一件事情,而他为自己的行为找的借口则是:"之所以发生这样的事情,是因为我觉得她在欺骗我。"当我和这位女士联系的时候,我发现,尽管他对于伴侣约见另一位男性的陈述是对的,她那个时候也已经和我的当事人分手了。也就是说,在施虐者的心目中,如果发生在他依然希望两人能够重修旧好的时候,任何她进行的交往都是"外遇",因为他觉得自己有权力决定什么时候她可以自由地和别人约会。

"她是属于我的。"

施虐者对于自己的伴侣是私人财产的去人性观点在关系即将结束的时候可能会变得更加丑陋。我有时候会发现:让当事人记住他的伴侣是一个活生生的人、有自己的权利和感受,而不是一件可以任意毁坏的东西,这一点特别困难。最早的情况是,他努力想要重新建立自己的所有者身份，包括跟踪她、监视她的行动、恐吓想要帮助她的人、威胁和她约会的人、绑架孩子、对她或者和她亲近的人进行暴力攻击。对于受到虐待的女士，分手期是凶杀或者凶杀未遂风险相当高的一段时期，这段时期有时候还会出现针对她新任男朋友、她的孩子或者其他她所关心的人有预谋的攻击。

很多研究发现，施虐者对女性的虐待总会在分手以后再持续一段时间，通常还会比两人在一起的时候更加严重。最常见的表现形式是强奸或者其他形式的性攻击，这种行为体现了一种很强烈的占有意味："你还是我的，在我做出其他决定之前，你的身体依然属于我。"

如果你担心将来你的伴侣也会做出这样的事情——即使他过去还没有过这样的暴力行为——要小心并实施预防措施（见《如何安全地离开一个施虐者》）。

创伤联系

所有虐待形式中最悲剧的是，受虐的一方在经过一系列被称作"创伤联系"的过程之后，在感情上依赖于作恶者。施虐者施加的攻击作用在女性的自我意识上，他不断地贬低她、干涉她和其他男性之间的正常交往，面目狰狞地对待她，让她的心理发生变化——所有这些结合在一起，让她变得越来越需要他，这真是一个讽刺的心理学。虐待儿童的作用也是如此，实际上，孩子对有虐待倾向的家长要比没有这种倾向的家长更加依恋。从劫持或者折磨中生还的幸存者也会出现这种情况，想要保护带给他们痛苦的人不受法律制裁，坚持声称劫持者的用意是好的，甚至还会把他们描绘成心怀善意、关心别人的人。这种情况可以通过一个男孩的故事进行解释，他摸到了电线受到了电击，这让他很害怕，然后就紧紧抓住电线缠绕的围栏——因为后续的电击让他更害怕，所以他更加紧地抓着电线，直到他的姐姐把他从围栏上弄下来。

没有哪个施虐者一直都会恐吓别人。至少有时候，他们是可爱、温柔、有幽默感的人，可能还会有同情心和怜悯心。这种间歇，通常是可遇不可求的，善意对于形成创伤依恋是非常关键的。当一个人，不论男女，承受了一段时间严苛、痛苦的对待，他（她）在遇到一个带来解脱的人时，肯定会对他产生如潮般的爱意和感激，就像在一个炎热的下午，得到了一杯水一样，会有一股冲动的喜爱。但是在施虐的情况下，拯救者和作恶者是同一个人。当一个人停止向伴侣尖叫，并不再叫她"一个没用的东西"后，带着她去度假，她典型的情绪反应就是对他心怀感激。而当他半夜强迫她做爱，发泄过后才会允许她睡下，她会变得非常绝望。她觉得自己独处的时候才能够感到片刻的安宁。

有施虐倾向的伴侣的行为在最近这段时间里的变化会让你觉得和他非常亲近；经过这么长的时间后，他终于变得可爱、友善了。你觉得他噩梦一样的虐待已成为可以摆脱的过去，这是创伤所造成的危险的假象。我通常会听到一位受到虐待的女士这样说起她的伴侣："他真的很了解我。"或者"没有人能够像他那样了解我。"他了解你是因为他知道控制你的情绪和反应的很多方法。有时候，他看起来好像明白自己对你的伤害有多么严重，这会让你觉得你们很亲近，这是另一个假象；如果他能够真正了解自己造成的伤害，会永远停止对你的虐待。

整个社会好像倾向于把女性贴上"受虐狂"或者"和他一起承担痛苦"的标签，以表示对施虐者的感谢和迷恋。而实际上，研究表明，在创伤联系过程中性别差异是非常小的，男性也可以和女性一样成为俘虏。

长期虐待形成的创伤可能让女性害怕在夜晚独处、对独立生活感到焦虑，觉得和周围的人格格不入，特别是如果施虐者使她与朋友及家人产生了隔阂的时候。施虐者所造成的这些影响让女性离开他要比离开没有施虐倾向的人难得多。这时候，把她拉回到施虐者身边的力量就变得很强大。研究者发现，多数的受虐女士在最终成功之前都会有几次离开施虐者的尝试。这种持续很久的过程主要是因为施虐者一直在持续地虐待和操纵。

有一种练习可以帮助你辨别这种陷阱，这需要列出一份清单，包括情绪方面的，在这方面，你会觉得你依赖于伴侣，然后用另一张清单列出离开他的步骤，以变得更加独立。这些清单可以指引你把精力集中在你想要得到的东西上。

为什么他不接受你"休息片刻"的要求

你是否曾经尝试和伴侣短暂地分开一段时间呢？可能你一直在考虑摆脱这段关系，但又担心伴侣的反应，所以你想要"分开一段时间"而不是直接分手。或者可能你不确定自己想要什么，只是想有点时间思考下一步该怎么走，而不用应付他每天的威胁、批评、监视和欺辱。你可能想再一次向他明确你们的关系没有完结，你依然希望"通过努力，再在一起"，但是现在，你需要的就是休息一下。你可能会要求你们两个待在不同的地方一段时间（几周或者几个月），然后你们就几乎不再见面了，甚至连电话也不打了。你可能还有其他的要求，比如根本不提起这件事情，即使是电话。这样，你就可以完全结束这段关系了。你可能还会要求一些协议，以使你能够在此期间和其他人约会，或者完全相反的要求。大部分受虐女士都会不同程度地需要时间以摆脱承受重压的初始角色。

而我的那些当事人却很少能够答应伴侣的要求。开始的时候，男性会表现出支持的态度，说："我同意你的想法，我们需要分开一段时间，让事情冷却一下，然后再心平气和地讨论。"但是他的这个想法不会持续多久。他很快就开始破坏协议的一些条款。如果她要求短时间内不要打电话，他会寄贺卡。然后他会以各种借口打来电话，可能是一张需要支付的账单或者是他姐姐的邀请，并开始旁敲侧击，"那么，你怎么样？"以此开始交谈。他可能不断"碰巧"出现在她可能出现的地方。他会不断瓦解她的决心，直到她的防线彻底崩溃，和他见面。当他们面对面时，他会向她展示在他们刚交往时才有的甜蜜、优雅、怀旧的浪漫举止，然后他会看看通过甜言蜜语或者操纵能不能把她骗上床；他觉得一旦他们发生了性关系，她就会再次上钩。这是我的当事人经常使用的一招。

他为什么不允许分手的情况发生？从理智的角度，他只是想念她，但是从更深层次来讲，他还有其他的打算。他认为通过这次分手，伴侣会认为能够不依靠他而独立生活、她对什么有利于自己最有发言权，她的需求不应该总是置于他的意愿之下,她的意愿也应得到充分的尊重。这些是他最不想看到的,他觉得有必要采取行动以证明这些想法都是错误的。

施虐者担心的是,如果伴侣能够成功摆脱他的控制,采取可能发现的事情。她会发现没有贬损和压力的生活是多么美好。她会注意到世界上还有很多人,他们尊重她、待她很友善,甚至还会看到自己的一些女性朋友的男朋友是怎样平等对待她们的。她会开始思考自己的想法,而不受到他的干扰。总之,他无法容忍分手是因为在某种程度上,他认为这对于那个女人来说太过健康、治疗效果太好了。他希望她听到他的声音,看到他的脸,因为他相信他能够摧毁她的决心。

他是否仔细想过这些担忧呢?可能没有完全想过。他的反应大都是自发的,基于他多年的想法和行为的惯性。我一直在观察,想了解我的当事人是否意识到自己运用了某种策略;当他们对我感到心烦的时候,他们经常这样,总会撕掉自己的面具,暴露自己的真实想法和计划。

施虐者一方希望结束交往

如果你的伴侣是那个结束关系的人呢?或者如果他完全同意你们两个根本不属于彼此呢?好消息是,如果你没有和他生孩子,他会和你越来越疏远。也许他对另一个女性产生了兴趣或者只是想重新去追寻不对他的行为提出任何质疑的梦中女郎。后者可能还有其他的事情占据了他的头脑。

我不得不抱歉地说即使这样,获得平静也不是板上钉钉的事情。就算施虐者已经做好重新单身准备,他还会认为你伤害了他,并对此进行报复,在他扭曲的观点中这些行为包括你所有的自卫、质疑他的权威性,或者拒绝成为他的提线木偶,所以他可能会散播经过扭曲的你们交往故事,或者彻头彻尾地撒谎,目的就是让大家都反对你。他把自己看成是更强大的人,他会声称,当你"求"他再给一次机会或者你"承诺"你会有所改变时,是他结束了这段关系。施虐者这样的"余震式"行为会让你非常痛苦。

施虐者接受了关系的完结，或者甚至会期望如此，也就不会想要用老套的用孩子把你羁绊在身边的方式，我们将在第10章讨论这个问题。

当然，还有一些案例，女性是真正希望继续他们的关系的一方，而施虐者是不愿意的。我的当事人有时候会离开伴侣以惩罚她们。处于这种情境下的女性，经历这样的分离，就像是遭受之前一系列被虐行为后的最后一巴掌——不仅是语言上的，也是实际行动上的——这让她感觉更加羞耻和不可爱。因此，当人们对她说"你为什么不高兴？能离开他你很幸运"时，这样的分离对受到虐待的女士并没有什么帮助。任何人想要支持被虐女士的心理复苏并重新获得力量，是需要为她的悲伤和愤慨留出足够的空间，也需要理解他的存在只是她继续走自己路的一个方式。

除了情感和肢体上的伤害，主动提出分手的施虐者经常会留下其他方面的伤害。债务、破损的财物、怀孕，或者心灵创伤的孩子，都可能成为受虐者的负担。想要帮助受虐女士的社团需要明白，施虐者所制造的困难，可能要在他离开很久以后才显现出来。

如何安全地逃离施虐者

确定某个特定施虐者会发生肢体暴力的风险等级是复杂且无法精确进行的。如果你担心伴侣的行为会变得暴力、具有破坏性，而想离开他，要关注自己的直觉，哪怕他还没有施展暴力行为或没有升级。最近的研究发现，女性对于她们伴侣将要发生暴力行为的预测要比通过其他方式进行评估准确得多。

分离是发生暴力行为风险非常高的时候。我最近接触的案例就是一位女士离开对她进行心理虐待的伴侣。在她离开他的几个月里，他变得越来越具有威胁性和恐吓性，针对这一点，她和亲戚们甚至就她死后谁来照顾孩子达成了协议。虽然在两人交往的过程中，他从来没有打过她，但是具有悲剧意味的是，他真的藏在距离法庭一个街区的地方，在她结束为申请限制令而进行的听证会，离开法庭时，进行伏击，并杀死了她，然后他自杀身亡。

对施虐者的暴力潜质进行评估

不论你是否想离开你的伴侣,都要关注表面行为下的危险信号。当你考量以下指标的时候,要听从内心的感觉:

具有施虐倾向的人所表现出来的危险信号

- 他的嫉妒心和占有欲极强。
- 他的暴力行为和威胁不断升级。
- 他跟踪、监视你的行动或者用其他方式监控你。
- 在你一次或者几次怀孕期间,他都对你施暴。
- 他对你实施过性暴力。
- 他威胁要杀了你或者曾经严重地伤害过你,曾经扼住过你的脖子或者用器具对你进行威胁。
- 他能够获得武器或者对它们的使用很熟悉。
- 他似乎对你很迷恋。
- 他抑郁、有自杀倾向或者显示出对发生在自己身上的事情毫不关心。
- 他对所有人都漠不关心。
- 他有值得注意的犯罪史。
- 他对别人曾经使用或者威胁使用暴力。
- 他严重依赖药品。
- 他曾经对孩子施虐。
- 他对你或之前的伴侣施加的暴力曾经非常严重。
- 他曾经虐待或者杀死过动物,或使用过其他骇人听闻的虐待手段。
- 他使用色情用品。
- 当你之前想要离开他的时候,他曾经表现出极端行为。
- 他对你的日常生活、你亲戚朋友们的住址、你的工作单位地址、或者其他可以用来找到你的私人信息都非常熟悉。

遗憾的是，这些指标无法科学地量化。如果我说，"3~5个'是'所反映的为'中度危险'，6个及以上为'非常危险'"，或者给出相似的解释，这样会造成误解。因为现实没那么简单。有些人在指导评估施虐者暴力的危险时，创造了类似于"低、中和高危"的类别，通过这样的分类，会使女性忽视自己的直觉，而低估了所处的危险。少部分杀死伴侣或者对伴侣产生严重伤害的施虐者，他们的行为和上述指标很少符合或者根本没有符合项。这就是最终还要依赖于你自己的"直觉"来感觉他到底有多危险的原因。

对安全进行计划

你甚至会想，伴侣到底能危险到什么程度呢？——这一事实提醒我，你已经看到了一些他的让人不安的神秘或者让人害怕的方面。我强烈建议你寻求针对受虐待女士的组织的帮助，然后通过该组织及心理专家制定安全计划。安全计划主要涉及两个步骤，一个是你在和施虐者住在一起时的安全程度，另一个则是为你打算离开他而准备。要记住，离开施虐者的过程是有风险的，如果你要为分手做准备，就要抽出一些精力在你能采取的各种预防措施上。成功帮助那些受虐女性的专家指出，这些女性几乎都是在离开之前就已经做好各种准备和计划了。

和施虐者住在一起时的安全计划包括以下这些，有时还需要更多：

- 准备好不同的从房子逃跑的路径，以防伴侣突然施暴，并要计划好如果你要在外面过夜能够去的地方。
- 把汽车的备用钥匙、重要的文件（出生证明、健康卡、银行卡等）藏在安全的地方，同时，在你迅速离开时，能够很快把它们带走。
- 在发生争吵的时候，要尝试离开危险区域，比如要离开厨房。因为那里有伴侣可以用来攻击你的刀具和各种尖锐物品。
- 申请一个私人邮箱或者准备一个你能够收到机密信函的地址。
- 和亲戚朋友以及孩子们设定一个表示紧急情况的暗语，然后商量好如果你当面或者通过电话说出了暗语，他们应该如何反应。

第II部分　那些有施虐倾向的人

- 开设一个秘密的银行账户,这样如果你逃走,也可以有经济来源。
- 在有锁的房间放一个能用的电话,当情况紧急时,你能够打电话寻求帮助。
- 随身携带手机。
- 申请武器许可,这样你就可以随身携带胡椒喷雾器。
- 你要远离毒品或者酒精,以确保你的判断不会受到影响,如果有必要,为自己进行毒品或者滥用方面的治疗。
- 如果害怕,即刻给受虐女性帮助热线打电话;如果危险迫在眉睫,打电话报警。

在离开施虐的伴侣后,还有一些项目要添加到你的安全计划中,它们包括:

- 家里的大门要换锁。
- 通知邻居危险的存在,向他们描述施虐者的形象或者把照片给他们看,包括他的汽车。
- 把你所面临的危险告诉你工作单位的人。
- 告诉孩子们不要和施虐者说话,如果见到他要立刻寻求帮助。
- 向当地警察局报告你的潜在风险,包括前伴侣从前对你施加的虐待和暴力,请求他们能够提供特殊服务或者保护。
- 通知孩子学校的老师和管理者,向他们提供施虐者的照片和其他信息,如果你申请到了限制令,还要包括限制令的复印件。
- 教会孩子如何用座机和手机拨打报警电话。
- 改变你和孩子出行的路线。
- 如果你想诉诸法律,比如申请限制令,如果有就联系一位律师,然后和律师共同制订一份额外的安全计划。这份计划的重点在于明确你如何安全地进行法庭过程。如果得到了限制令,要随身携带一份复印件,同时,在家里、车上和工作单位都要存放一份。

这些是精心挑选出来的一些案例,供你在制订计划时参考,最理想的情况是在虐待专家的帮助下制定，这样可以提高安全性并能够保护孩子们。你也可以给虐待热线打电话，他们会帮助你制订安全计划，甚至都不用报上你的名字或者电话号码，以确保你的隐私。如果你能够参加受虐待女士帮助小组并和倡导者进行面对面的沟通，是最好不过了。我还强烈推荐两本书：《走错了方向的爱》和《现在，这是我的生活》，本书"信息资源"部分有它们的详细介绍，这两本书都是为那些和让人害怕的伴侣不断抗争的女士写的。

如果你害怕有虐待倾向的伴侣，即使不打算离开他，制订一个安全计划也是必要的。如果他已经向你证明了他施加暴力的可能，或者你怀疑他真的有这样的可能，完全有理由从现在开始就计划让他远离你的生活和你的孩子，以避免在将来出现危险。

有些受到心理虐待的女士认为自己的伴侣永远不会升级到暴力或者威胁。不过，依我的经验来看，多数有施虐倾向的男性——尽管不全是——迟早会变成肢体暴力攻击者，就算他们永远没有通过使用暴力达到自己的目的。可对于每一个受到虐待的女士来说，都应该花一些时间考虑如果这种意想不到的情况发生，她应该如何应对。

如果准备结束这段关系，安全计划就变得尤为重要。如果你害怕自己的伴侣，不要告诉他你准备和他分手，直到你有了一个清晰的计划，并确保能够通过一种安全的方法让他知道，然后切断和他所有的联系。不被施虐成性的前伴侣找到是很不容易的。你越是怕他，就越想知道他现在干什么。因为在过去，你的安全是依赖于对他进行察言观色以随时满足他的要求而获得的。但是和他保持联系可能是一件非常危险的事情，就算他在电话里听起来很友好，并保证只想和你见最后一面，也有可能利用这次机会对你进行肢体上甚至是性方面的攻击。我已经开始注意这方面的案例了，那个男人用一个听起来很无辜、真诚的理由，和女人"只见一次"面，其实就为了她的离开而谋杀了她。希望能和前伴侣保持朋友关系是很容易理解的一件事情，但是对施虐者来说，可能性几乎为零；对于肢体施暴者来说，更是绝对不可能的事情。如果他这次没伤害你，可能是想引诱你让你再次和他开始交往。

关于受虐女士和她们的孩子

结束一段与施虐者的关系，对于女人和孩子来说都是相当复杂的一件事情，特别是如果施虐者是孩子法律上的父亲（亲生的或者收养的），存在可能伤害孩子的风险，他会用孩子们来对付你，或者通过非正常的法律手段赢得孩子们的抚养权。这些问题我们在下一章中进行讨论。

如果你决定突然离开，有可能的话，带上你的孩子还有他们的出生证明、社会保险卡和护照。有的女士因为情况紧急，不得不只身逃出，把孩子留在家里，这种情况下，施虐者就会向法庭申请监护权，说她"抛弃"孩子。

须要牢记的关键点

- 当分手的发生违反了施虐者的意愿时，他会把伴侣的决定定义为气他的独立宣言，他可能会因此与你开战，以证明你属于他。
- 彻底离开一个施虐者很难，但是如果有时间和计划，你一定能够成功。
- 随着关系的瓦解，之后的很长时间，受到虐待的女士要对自己的安全特别注意并采取措施保护自己。
- 和有施虐倾向的人分手之后，至少要等上几个月再开始和新伴侣交往。用这段时间治愈施虐者带给你情感上的伤害，这样做对你选择一个没有施虐倾向的伴侣非常有帮助。
- 你的生活只属于你。

Why Dose He Do That?

第 III 部分　各种角色中具有施虐倾向的人

第 10 章　作为家长的施虐者

他对我很粗鲁，但是他真的是个好父亲。

直到我离开之前，他对孩子都是漠不关心，可是他居然去申请了抚养权。

我的孩子们被他吓坏了，不想和他见面，但是法庭不听我的。

没有他，我掌控不了局面，因为孩子们不听我的。

这是个周六的下午，特纳家里的气氛非常躁动。11 岁的兰迪和他的姐姐、13 岁的艾利克斯准备好和父母去参加双胞胎堂兄的盛大生日聚会。他们的母亲，海伦忙着帮他们把礼物包好，建议他们穿什么样的衣服，还要不时地平息姐弟两个人的拌嘴，麻烦好像是在几分钟内发生的。他们的父亲汤姆正在车库里修理兰迪的轻型摩托车，并给它上油。海伦的焦躁情绪在几个小时中累积到了顶点，因为汤姆除了不参与准备工作，还说："少跟我啰嗦，我已经告诉你了我会准时的。"兰迪和艾利克斯的争吵也不断升级，兰迪终于跳到艾利克斯身上，开始用拳头打她。海伦听到艾利克斯的尖叫声，跑进房间把兰迪拉开，这时候，艾利克斯已经被打了两拳。兰迪冲着海伦喊道："你总是向着艾利克斯，你这个坏蛋。"然后冲进自己的房间，把门撞上。艾利克斯大声哭着对妈妈说，"你得对他做点什么，我再也受不了了。我发誓，如果他再打我一次，我就杀了他。他完全失去控制了。"

海伦安抚了艾利克斯几分钟，然后就开始往车里搬东西，此时已过了出发的时间了。汤姆终于从车库里走出来，上了车，悠闲地擦着手。然后开始看报纸，海伦大声说："你在干什么？我们得走了。"汤姆瞪了她一眼，这一眼让海伦的心脏几乎停了一下，他说："我只是想看看今天晚上有什么赛事。但是既然你说话了,那我应该看看还有什么有趣的。"然后,汤姆冷笑着,把报纸拿到了沙发上,跷起二郎腿,开始认真地逐页翻阅起来。海伦狂怒地冲上楼梯。10分钟过去了,汤姆还坐在沙发上。海伦叫他:"我们迟到半个小时了,孩子们可能要错过游戏了。"

汤姆的嘴唇上挂着一丝冰冷的微笑,回答道:"我想你在分配那些垃圾的时候就应该想到了。"

海伦叫喊着:"哦!你这混蛋!"

这时,兰迪从房间里出来,一边往楼下走,一边说:"看你就和平时一样,歇斯底里。"他从她身边走过时没礼貌地说道。下楼后,他发现父亲根本没有要走的意思,他下意识地看了看表,想说些什么,想了下还是没有说出口;他发现了父亲愤怒的迹象,即使还不是那么明显,他也不希望让自己成为靶子,所以兰迪又回到了楼上的房间,告诉艾利克斯楼下发生的事情,然后他们去找海伦,她正坐在床边哭。

艾利克斯突然说:"走吧,妈妈,我们自己去,不带爸爸。聚会已经开始了,我们要赶不上了。"海伦摇头说不。艾利克斯请求说:"为什么不?我们不能去吗?"

海伦简单地回答道:"我们不能带他一起去,"她不想向孩子们解释如果他们去了,后果会是什么样子。

兰迪不耐烦地说,"那就请你去向他道歉,妈妈。你知道他想要的,然后他就会起来,我们就能走了。"

海伦止住了眼泪,她的声音又硬又尖。"我不会向他做任何事情,兰迪。为什么你不去让他向我道歉?我做错了什么?"

兰迪的声音里带着轻蔑的意味,好像他的母亲是个傻瓜。"好的,妈妈。爸爸什么时候向你道过歉?别逗了。我猜我们忘记要去参加聚会了——这基本上就是你的原话。"

这时他们的父亲在楼下叫道:"来吧,我们走。"他迅速放好报纸,把自己整理好。兰迪和艾利克斯立刻兴高采烈地跑出去拿他们的东西。海伦却几乎抬不起自己的脚,觉得心理攻击来自于四面八方,后来的几个小时她一直都无精打采。

就在他们快要走出门时，汤姆看了一眼艾利克斯的穿着，他觉得太过性感了，"你给我回楼上去，小屁孩，穿得庄重些，不能看起来像个妓女。"

艾利克斯又要哭了，因为她一直为自己将要在聚会上的穿着而兴奋。"这是妈妈和我一起选的衣服。"她反抗着，声音中有一丝无助，"她说我看上去很漂亮。"

汤姆瞪了一眼海伦，他的声音就像是法律："如果你不在2分钟内换好衣服，我们就走，你一个人留在家里！"艾利克斯哭着跑上楼胡乱套上一件外套。

开车去聚会的路上，汤姆收起了他的坏脾气，和孩子们开着玩笑。他的幽默包括尖酸刻薄地调侃海伦的过度紧张，这些从某些角度来讲的确有趣。孩子们忍不住地笑着，虽然艾利克斯在咯咯笑的时候，依然对父亲感到不满，还为母亲感到内疚。海伦沉默着。

聚会上，汤姆表现得就好像什么也没发生一样。海伦借口生病，因为对别人来说，她显然不在状态。汤姆对聚会上的大人小孩来说，都是很受欢迎的人物，后来他还在院子里抱着每个孩子转圈。海伦清楚地看到他给人们留下的良好印象，明白想要尝试向大家描述聚会之前发生的事情肯定没有用。

聚会上有很多并不熟悉的人，汤姆把艾利克斯当作他的"女朋友"介绍给大家，这在他看来不过是一个优雅的玩笑。当他向亲戚们评价艾利克斯的外表时，说"她已经是一个非常有吸引力的女孩了，不是吗？"艾利克斯就在旁边，她觉得很不好意思。汤姆看到了她的难堪，说："怎么？你就不能接受恭维吗？"然后大家都笑了起来。随后他给了她一个拥抱，亲了亲她的额头，然后愉快地对观众说："她是个很棒的孩子。"艾利克斯不得不挤出一丝微笑。

聚会结束，回到家里，孩子们都上楼了，海伦对汤姆谈起兰迪下午又打了艾利克斯的事情，而且真的伤到了她。汤姆回答道："海伦，你要面对现实。兄弟姐妹们总会打架，不是吗？可能你没有听说过，可能还没有上奥普拉的节目。艾利克斯比兰迪大2岁，也比他个子大。她只不过是喜欢假装受到伤害，因为她知道妈妈会跑进来，为她难过，然后'大坏蛋兰迪'就要受到批评了，艾利克斯却是无辜的。你太天真了。"

海伦对这些伤人的话很难过，但是她还是强迫自己平静地回答："我觉得我们应该和学校的心理医生谈谈，然后听听意见。"

汤姆迅速地站起身，快得就好像着了火。他向海伦走近了两步，点着手指，叫喊着，这让她的心脏狂跳不已。"干吗要让那些家伙搅进我们的家务事，你还觉得理所当然！你一点都不知道自己在干什么。用用你该死的判断力吧，你这个愚蠢的笨蛋！"他冲出房间去了车库，打开灯，继续摆弄兰迪的摩托车，听着收音机里转播的比赛。直到海伦睡下之后，才回到房间。

和一个施虐者生活在一起会让人喘不过气来。他们看着父母争吵，感觉到紧张气氛。当他们听到尖叫和叫骂时，会为父母的感情担心，他们认为家庭要解体了。如果施虐者是父亲或者起到父亲作用的人，如果施虐者在行为方面很恐怖，捶打墙壁、掀翻椅子、或者殴打他们的母亲，孩子心目中就会滋生一种尖锐的恐惧感，这种恐惧感即使在家庭的平静期也会占据孩子的心灵。跟随虐待事件而来的是深深的内疚，他们会觉得是自己造成母亲受到虐待，或者应该有什么方法阻止这样的事情发生。

目击虐待事件是孩子遭受痛苦的开始。虐待所造成的冲击会触及家庭生活的每一个方面。敌意逐渐渗透到母亲与孩子的关系中，兄弟姐妹们会因为需要而聚集在一起。小集团会形成和变化。孩子对每个人的感情会发展成极端状态，从痛恨施虐者转变到把他当作偶像，甚至因为母亲的反抗而责备她。在面对施虐者不断分化的时候，母亲努力想要维护和孩子们的关系，而兄弟姐妹们则会想方设法相互支持，提供保护。这样的家庭生活还真是暗流涌动。（为了方便阅读，在这章中，我称施虐者为孩子们的"父亲"，但是我所描述的多数主题都可以应用到继父或者与母亲生活在一起的孩子身上）。

第III部分　各种角色中具有施虐倾向的人

为什么虐待行为会延伸到子女的教育方面

<u>问题14：作为父亲的施虐者是什么样的？</u>

虽然我辅导过一些给自己的虐待行为明确界限的当事人，他们的孩子不会了解虐待的动机也不会被卷入其中，然而多数施虐者会因为是家长而显露出具有虐待倾向的心理。为什么人的虐待性会对他的子女教育产生影响，主要原因有：

1. 每一个父母做出的重要决定都会给家人带来影响。比如，关于一个6岁大的孩子是应该上小学一年级还是再等一年这样的决定。一年的延迟时间意味着还要有一年的时间，母亲不能在外面工作很久，这必然会影响到家庭的经济状况。如果不延迟，孩子可能要早起去赶校车，这会影响到父母的睡眠时间。年龄更小的兄弟姐妹因为突然失去了家里的主要玩伴，会变得非常情绪化，并想要在白天的时候获得更多的关注。施虐者会怎样应对这些情况呢？他会持续一直以来的看法，自己的判断高于伴侣，而且还会自私地专注于改变对自己有什么样的影响，而不是怎样的选择才是对全家最好的。因为关系到孩子，所以他作决定的出发点才会发生改变吗？不是这样的。

2. 在施虐者思想的核心，是把伴侣看成自己的私人财产。如果他把她看成自留地，又会怎样看待处在他统治之下的孩子呢？如果他是孩子法定的父亲，就会把他们看成是自己的延伸，或者把他们看成是她生命的延伸。不管哪种，他对于占有感的满足都会形成他特有的养育方式。

3. 施虐者对待孩子母亲的行为要想对孩子保密几乎是不可能的，因为他们天天生活在一起。所以他选择把孩子也扯到他虐待的行为模式中，控制他们的观点，赢得他们的忠诚。

4. 孩子最容易成为施虐者的武器。无论是男人还是女人，对于家长来说，没有什么比伤害他/她的孩子或者在亲子关系中对孩子造成伤害更让他们伤心的了。很多施虐者觉察到了这点，所以通过孩子来攻击伴侣以获得更多的权利而不用通过其他恐怖攻击或者威胁。在他们具有破坏性的心态看来，孩子在虐待中实在是一种很诱人的难以放弃的工具。

重新审视有施虐倾向的心态：特纳一家子

我又回头重新审视了一下特纳家的情况，就是本章开篇看到的那家人，让我们逐条来分析一下所显现出来的原因。将施虐倾向的心态作为我们分析的核心要素：

控制

通过观察汤姆的行为，我们看到了他一条无声的规则：

> "不要你来告诉我快点。我想拖延多久就拖延多久。如果你敢催促我，我就用拖延更长时间来惩罚你。"

汤姆并不是要放弃他的纪律和惩罚体系——对于施虐者的行为模式来说这是基本的——只是因为孩子们要承受惩罚和纪律的冲击。实际上，他对于孩子们承受了主要的惩罚感到有些欣然，因为他知道遮掩会让海伦感觉更加糟糕。

我们还发现他对艾利克斯的控制非常直接，对她的衣着进行强制规定，并推翻海伦的决定，因此来降低她作为家长的权威性。他还夺取了准备过程的权力，对此过程，他毫无贡献；如果他想对孩子们的衣着有发言权，就应该干一些能够让全家准时出发的事情。不过，施虐者不相信，他对孩子们所拥有的权威应该和他的努力成正比或者与为孩子们所做的牺牲联系起来，或者与孩子们的真实想法和感受有一定的联系。他认为：即使他没有致力于关注他们的需要，或者即使他只是在他感兴趣的照顾孩子的方面出了力，抑或只是为了让自己在公众面前看起来是一个了不起的爸爸，他也有权力做"什么对孩子才是最好"的决定。

和汤姆一样，施虐者一心只想成为独裁家长。他们不会投入过多时间，但是当他们确定插手干涉的时候，就要按照他们的方式行事。我的当事人们还执意为独裁家长制辩护，即使有大量心理学方面的研究已经证明这种行为具有毁灭性：在稳固的结构下如果依然可以存在对话，彼此尊敬地争执和妥协，父母既不会过于严格又不会过于放纵时，孩子才会做到最好。

施虐者的虐待行为却肆无忌惮地进入他对待孩子、关于孩子的行为中，包括在母亲也有同样决策权的决定过程中的恃强凌弱行为。

权利

汤姆不会接受因为孩子而要对自己的生活方式进行重大改变和重生的看法。他为兰迪轻型摩托车花费功夫，只是因为他喜欢。为孩子，其实还有很多其他事情要做——这却不关他的事。然而在聚会上，他却不遗余力地把自己装扮成为"神一样的爸爸"，因为他喜欢父权的形象和地位。

他的权利所产生的自私和以自我为中心，直接导致了和孩子相处过程中的角色颠倒，在这种状态下，他认为满足他的需要是孩子们的责任。汤姆在聚会上，对他十几岁的女儿举止轻浮，把她当作自己的"女朋友"介绍给大家，旁敲侧击地对她的性成熟评头品足，还在大庭广众下吻她，这让她很尴尬。他给艾丽克斯造成的难堪非常明显，但是他才不愿意浪费精力关注这样的事实。他通过幻想自己有一位有吸引力的年轻伴侣而满足了自己的需要，同时又能够因为她非常有吸引力而成为了一个骄傲的家长。

施虐者的孩子们经常发现，他们很难得到父亲的注意和认同。这样的缺失造成了他在孩子们心目中价值的提高，他所给予的任何关注都会让孩子们感觉特别和兴奋。讽刺的是，母亲对他们来说却不那么重要了，因为他们知道她可以依赖。

施虐者蛮横地认为，他不应该受到任何批评，这样，他的伴侣就很难为了孩子的利益而干涉他对孩子的所作所为。当海伦想让汤姆为了孩子们赶上聚会而行动快些时,他认为她太"啰嗦",并故意拖延时间以惩罚所有人。艾丽克丝和兰迪没有意识到他们的母亲所付出的代价,当然还有他们自己的代价,当海伦想反抗时,他们会紧张并认为她不在乎自己。

责任的外表化

本来是汤姆让孩子们聚会迟到了,但他却说全是海伦的错。他还说海伦对艾利克斯太过偏爱才是孩子们矛盾激化的原因。他从来没有想过兰迪对女性的行为可能就是以他自己为榜样的。家里任何问题的出现一定是有人犯了错,通常这些错误都要归咎到海伦身上。

在家庭中,直面施虐者虐待自己母亲的孩子在学校注意力会出现障碍,和同学们难以相处,或者行为具有攻击性。其实,这些孩子已经表现出所有直接受到虐待的征兆。施虐者把所有这些的责任都推给母亲——她们没有尽到教育的责任,或者是孩子与生俱来的软弱。

当受到施虐者控制的家庭最终分崩离析的时候,孩子们发现原来家里没有父亲的生活会更加快乐,所以他们可能会选择远离父亲。这是情感受到伤害和恢复的信号。施虐者这时就会臆测并声称:他们的母亲破坏了他们对父亲的看法;在他心目中,不可能还有别的原因!

操纵

在特纳一家开车去聚会的路上,汤姆突然变得非常幽默,和孩子们开着玩笑,诱使他们站在自己的一边和母亲作对。当他开玩笑的时候,很难对他表示愤怒。孩子们会为嘲笑自己的母亲感到羞耻——艾利克斯自觉地意识到了,而兰迪的感受少一些——但是他们还是被拉到父亲的联盟中来。

在一定程度上,就算父亲总是非常刻薄,孩子们和他在一起的时候,也会有轻松时光——至少随后他们就会知道自己面对的是什么状况。但是典型的施虐者总是不断变换面孔,让他的孩子感到困惑和恐惧,同时也会让孩子们更愿意相信好的一面才是他真实的一面。

控制的关键还包括施虐者能够使用很多伎俩不让孩子向外人透露自己母亲受到虐待这一情况。他们会因为孩子这样做了而对他们进行奖励，相反如果任何人包括孩子自己发现了这件事情，那就让他们觉得只是因为自己的行为才给家庭带来了耻辱。在一些案例中，施虐者会通过明显的压力，包括威胁要强迫泄露秘密的孩子留在家里承受情感或者肢体上的报复（有些孩子的母亲也要求他们不要说出去，因为她害怕如果泄露出去，施虐者可能会做一些对她或者他们不利的事情）。想要减轻任何秘密给孩子带来的压力都是要逐步进行的，这也是我在本章结尾时想讨论的。

优越感，不尊重

汤姆公开嘲笑因为担心兰迪对艾利克斯攻击行为的海伦。她的教育方法也因此成为他虐待她的原因之一。在如此环境下长大的孩子会逐渐看不起母亲，因为他们日积月累受到父亲对于母亲不成熟、不可理喻、毫无逻辑和能力匮乏的评价。甚至是那些在父母发生冲突时，站在母亲一方的孩子也会这样，尽管如此他们还是把她看得比别人低一等，当然，也比自己低一等。兰迪在对母亲说"我看你和往常一样开始歇斯底里了"的时候，就表现出了这样的苗头。他已经学会通过汤姆的眼睛看待他的母亲了。

占有欲

汤姆对待艾利克斯就好比是一件他的私人物品。当他让她在出门之前去换衣服，我们想："他只是不想让自己的女儿如此年纪轻轻就显得太过性感，这样很好。"但是我们发现他在聚会上却并不反对她的性感，原来他只是希望这些能处在自己的掌控之中，希望这些都是源于自己的满意。他要求女儿不能穿着太暴露，不是从负责任的家长的角度出发，而是更倾向于一个满怀嫉妒的男朋友。

不是所有的施虐者都会把自己的孩子当做私人物品，但是多数会这样做。一个已经认为伴侣属于自己的施虐者会发现把孩子同样对待是件很容易的事情。但是孩子不是物品，以物化的观点看待他们的父母一定会对他们产生心理上的伤害，因为他们觉得孩子们没有权利。

公众形象

在公众场合，孩子们看到在别人的眼里他们虐待成性的父亲是一个幽默风趣的人。汤姆在聚会上的表现会让兰迪和艾利克斯怎么想呢？他们会认为，爸爸在家里的行为是正常的，对他们和妈妈如此刻薄，他们感到有点摸不到头脑。

有施虐倾向的人更容易虐待儿童

大量研究已经证明，施虐者要比其他人更容易虐待儿童。孩子受到虐待的风险程度依赖于他虐待他母亲的模式，当然还有其他诸多因素，比如他自己的童年经历也是相当重要的因素之一。不断增加的风险还有以下几种：

肢体虐待

最容易殴打孩子的施虐者是那种对孩子的母亲也有肢体攻击的人。一个粗暴的施虐者对孩子进行肢体虐待的可能性是非施虐者的7倍，而风险还会随着对母亲施加暴力的频率增加而增加。不过，也有一些施虐会殴打孩子而不是母亲。这样的人可能会是：（1）一个特别严厉、家长极权的父亲；（2）控制欲很强和独裁的家长；（3）在上述环境中长大的人。

性虐待

乱伦者和施虐者在心态和伎俩方面是相似的。他们的权力感很强、以自我为中心并且控制欲极强，会利用孩子来满足自己情绪方面的需求。比如汤姆，通过对女儿的控制（或者儿子）并把他们当作自己的私人物品，利用引诱和甜头把这些受害者引进自己的圈套。实际上，汤姆的行为表现出很多有性虐待倾向的父亲才会表现出的信号，包括他对艾利克斯明显的嫉妒心理以及在和女儿互动过程中表现出来的浪漫和性暗示的语气。

在对儿童进行肢体虐待的案例中，研究发现虐待伴侣的男性犯下乱伦罪行的比例要比没有施虐倾向的男性高得多。这些研究指出，乱伦的人不会对母亲进行严重的暴力犯罪，但是某种程度的攻击是很常见的。乱伦的人心态和伎俩与施虐者很相似，包括以自我为中心，自己的需求都要得到满足，刻意建立优雅的公众形象，需要受害者保守虐待的秘密。虽然总体来说，性虐待的比例相对较低，但是，海伦还是对汤姆在聚会上所表现出来的各种行为与侵害和其他不正当性行为之间的微妙联系表示担忧。一个把自己的孩子看成是私有物品的人，比如汤姆，很容易会不考虑孩子的隐私权。

男孩也有受到施虐者侵害的风险，尽管多数乱伦罪行在可能的情况下都发生在女孩的身上。在非常小的时候男孩风险尤其高，而女孩一直会比较软弱，到青春期这种软弱还会变得更加严重。

心理虐待

施虐者的伴侣经常会和我分享她们在伴侣探望孩子时经受的心理压力。叫骂、贬低、伤害孩子的自尊心，在别人面前羞辱孩子，让男孩因为自己的男性性征感到羞耻，羞辱——或者因为她们的身体成长和外貌变化不适当地恭维女孩——在我的病人中，这样的行为是很普通的。他们通过无法出席重要事件、不能兑现带他们出去露营的承诺，或者表现得毫不关心而进一步伤害孩子的感情。看到孩子被拒绝是很多受虐待女士的痛苦之源。

以施虐者为榜样

而兰迪和艾利克斯又从汤姆对海伦的行为以及他向他们传递的关于她的信息中学到了什么？父母的言论和行为对孩子的价值观，如何看待周围的人包括他们自己影响极大——至少和父母的言行所产生的影响一样。施虐者向孩子灌输的是：

"有问题的是虐待目标，而不是施虐者。"

汤姆向孩子们明确表示，海伦因为过于情绪化、质疑他的决定，或者因为太过愤怒而自找虐待。所以兰迪（也包括艾利克斯）可能在和别人相处的时候出现问题，因为他们学会了如何因为自己的行为而责备别人，特别是女性。艾利克斯可能会觉得别人，特别是男性有权利虐待自己，如果他们这样做了，很可能是她自己有问题。

"生活的满足感是通过控制和操纵别人获得的。"

汤姆的行为向孩子们表明，对别人的控制是他向往的目标。而分享、平等、合作和相互尊重会获得满足这类的想法也就超越了他们的概念范畴。当施虐者的孩子进入青春期，通常会操纵女孩与自己开始交往，这样的交往多半是受性或者感情利用驱使的。当然他们对受伤者缺乏同情心，传承了父亲交给他们的：不要在意女性的感受。

"男人应该处在控制的位置，女人则应该服从这种控制。"

除非在亲戚朋友中找到更有力的反面案例，艾利克斯和兰迪可能会形成内在的有虐待倾向的男尊女卑的观点。因为孩子的父母是他们第一个也是最重要的对于性别角色定义和认同的来源。

"女人软弱、毫无能力、没有逻辑性。"

汤姆教育他的孩子——不论有意还是无意——对待所有女性都应该像他投向海伦的目光一样，带有贬低的意味。他通过毫不尊重地对待艾利克斯强化了这些信息。施虐者的女儿通常都会有严重的自信心缺失问题。为什么会这样？看看施虐者教给他们的关于女性是如何没有价值并毫不值得尊重即可。施虐者的儿子相应地会对女性充满蔑视，对女孩或者女士颐指气使，特别是到男孩们可以开始约会的时候。

"妈妈每天辛苦工作、充满耐心、负责任,而爸爸总是在重大决策或者欢乐时间才会出现。"

艾利克斯和兰迪可能会把他们的母亲想象成家庭运转的肌肉,而爸爸是大脑。他们把海伦与日常事务和家庭琐事联系起来,而把汤姆与特别时间和兴奋联系起来。不管他是多么脾气暴躁,父亲在他们看来还是一个有趣的家长,不信你看看在聚会上是多么谈笑风生,而他们的母亲则情绪低落、无精打采。

"我虐待你是因为我爱你。"

在施虐家庭中长大的孩子相信虐待是得到爱必须付出的代价。这样的训练会使孩子更加难以发现自己正在受到虐待,更无法反抗。随着施虐转向下一代,又把自己的孩子培养成为有施虐倾向的人。其实,他本心并不希望儿子虐待女性——毕竟,他根本不相信自己在虐待女性——但是他希望他的儿子能够像他一样思考,包括认同他的各种借口,所以结果是一样的。在相对弱一点的程度上,他也是这样训练自己的女儿的,让她成为受虐队伍中的一员。

施虐者是如何伤害母子关系的

问题15:为什么家里的每个人都看彼此不爽,唯独对他却笑脸相迎?

汤姆的行为促使家庭成员形成了秘密的结盟。他播种下的很多分裂家庭的种子结出了有毒的果实。他是怎样破坏了海伦和孩子们的关系呢?他又是怎样形成并且扭曲他们对她的看法呢?

破坏她的权威性

对于艾利克斯和兰迪来说,分清家里谁更有权威并不难,因为他们看到海伦的决定屡次被推翻。孩子们发现了这样一个不平衡的情况,学会用一方来对付另一方，并对最终有话语权的一方拍马屁，当然也学会了抵抗受虐待一方家长的权威。有些施虐者会进一步对孩子们说她的坏话，说她疯狂、酗酒或者漠不关心，以此破坏母亲的权威。

即使施虐者没有像汤姆那样明目张胆地诋毁伴侣，虐待的基本核心也是破坏对方的权威。孩子看到或者听到父亲贬低自己的母亲、让她闭嘴、熟视无睹地从她身边走过或者进行肢体暴力攻击时，他们会学习这些行为，并觉得这些都是理所当然的，也是有用的。多数受害人的孩子都注意到他们父亲的这种行为——即使双亲并不认为他们知道通过威胁受害人以尝试这样的行为会不会有效。

然后，孩子也会希望通过加入对母亲的虐待而获得父亲的认可。这样的努力有时候会获得成功，但是施虐者会很快定下规矩，不尊敬母亲只能是父亲的特权。在这种情况下，孩子会暂时搁置自己所学到的，直到父母分手；然后，随着施虐在家庭中的消失，他们就会放松，重新形成对女士的贬低和威胁，有时候，他们突然会不可控制。

这些孩子会继承施虐者需要不断受到受害人照顾的期望，所以一旦因为受害人没有对他无微不至地照顾、要他自己承担责任，或者指出他不恰当的行为时就会变得暴怒。他的父亲就是他在这样特殊的环境中变得愤怒、言语恶毒的直接榜样。

干涉她的约会

在生日聚会之后的那个晚上，汤姆禁止海伦向学校的心理医生提起兰迪攻击艾利克斯的行为。他没有明确说如果海伦告诉了心理医生会有什么结果，惩罚将是什么，但是她对他很了解，不用说也知道。她因此也就被禁止教育孩子。

很多受害者都曾向我抱怨过当事人对她们管教孩子横加干涉。最常见的就是阻止她们安慰正在哭泣或者受到惊吓的婴儿和年幼的孩子。施暴者有时候会公开进行干涉。最近，我的一位当事人，叫雅各布，他告诉我他对伴侣帕特里夏的抚养方式非常不满。只要他们 11 个月大的宝宝威利一哭，她就会抱起他，"讨好他"，所以他不让她去婴儿的房间。这就是争端的开始。他们年长一点的女儿,因为严重的肝炎在离他们家两个小时车程的城里住院。帕特里夏每天晚上一下班先要冲到医院陪伴女儿一会,再冲回家里,希望在小威利入睡前见到他。可是,如果帕特里夏没有在雅各布设定的最后期限前到家,雅各布就不允许她进入威利的房间,就算威利还没有睡着。至少有一次,孩子发现帕特里夏在家,他开始叫:"妈妈,妈妈!"而雅各布却堵在门口,不让她进。他的理由?"我们设有最晚期限,"他说:"我们达成共识了。"(这是不能接受的理由,即使是真的,但是帕特里夏告诉我说她从来没有同意过这样的设定)

我想强调一点,在 10 年的婚姻生活中,雅各布从来没有殴打过帕特里夏。他是个大学教授,生活在高档社区。他的案例有力地表明施虐者能够在不施加任何肢体暴力、公众形象文质彬彬的情况下达成心理虐待。

我和一些因为受到虐待而患了精神疾病,如做噩梦、严重的焦虑或者抑郁的受害人交谈过。研究显示这些症状都是相关的,包括创伤后压力失调——这些症状在受害者中也不少见。施虐者早已向孩子灌输了这样一种观点,他们受到虐待的母亲在情感上有了困扰,而他是造成她情感困扰从而变得情绪不稳定的根源。无论在哪种情况下,他的行为都破坏了母子之间的关系,但是这完全可以通过实践和外界的帮助,让母亲和孩子重新建立强有力而又相互信任的联系。

把孩子作为虐待的武器

多年前,我有一位当事人名叫韦恩。他是个胆小如鼠、举止温和的父亲,行为有点女性化。一天早上,他因为妻子南希的一些事情心情很沮丧。南希说想离开这个家,而他大发雷霆,想让她为自己的话后悔。然后,他打开冰箱为他们 10 个月大的孩子拿牛奶,拿出来之后,才发现牛奶变质了。他立刻把变质的牛奶当作武器,走上前去,喂宝宝喝了,让宝宝大病了一场。几乎再也没有什么其他的行为能比这个对南希造成更深的伤害了。控制的结果是非常有效的:南希为此害怕了很长时间,再不敢反抗韦恩或者让他感到沮丧。即使每天早上离开家去工作的时候,她也是满心焦虑。

另一个当事人则复述了他在争吵时对妻子说的话："如果再不闭嘴，你就真的要后悔了。"当她继续叫喊的时候，他打开十几岁女儿的衣橱，用剪子把她参加舞会穿的裙子剪成一条一条的碎片。从母亲的描述中可以了解到，女儿的痛苦是难以言表的。用这种无情的手段对付孩子是因为施虐者注意到：母亲对于孩子情感上的痛苦具有强烈的共鸣，这甚至比直接虐待她产生的伤害更强烈。

形成孩子对虐待者相反的看法

我的很多当事人都是技术高超的魔术师，他们在短时间内就能把孩子的注意力从让他们疑惑的事情上转移开。想象一下下面的场景：一场激烈的争吵在父母之间爆发，双方叫喊着、谩骂着，他们的孩子几乎不明白为什么要争吵。在那天剩下的时间里他们的母亲很压抑，因为一些小事就厉声说教。父亲则消失了两三个小时，但是当他回家的时候，心情却非常好，和孩子们开着玩笑好像什么事情也没有发生过（施虐者可以很自然地很快地释放虐待事件的恶劣影响，要比受害人快得多），所以在孩子们看起来哪个家长要为之前打破家庭的平静负责呢？肯定是那个不高兴的。因此毫不惊讶地，施虐者许多时候都能扭转孩子们对看到的事情的看法。所以，尽管目睹了施虐的过程，他们眼中的妈妈却是易怒的、不可理喻的。

把母亲置于双重枷锁下

当汤姆故意用让孩子们聚会迟到来惩罚海伦的时候，兰迪和艾利克斯因为她不肯让步而变得不高兴。他们觉得如果她心甘情愿服侍好父亲的衣食住行并能控制情绪，他们就能够得到想要的，所以他们把她看成是伤害他们的人。因为他们知道让父亲有所改变是绝不可能的。施虐者因为欺侮行为反而受到奖励，孩子们放弃了对他产生影响的努力，转而向母亲施加压力，逼她就范。

这只是问题的一半。也有这种可能，海伦向汤姆屈服，只是为了避

第III部分　各种角色中具有施虐倾向的人

免这种虐待和对这次的报复，然后孩子们会觉得她这样做是不对的。他们会说："你为什么让爸爸把你推到一边？"他们还会嘀咕："当爸爸对我们刻薄时，妈妈什么也没有做。"孩子们因此而愤怒。他们在这种情况下的反应完全不可理喻，但是母亲很清楚自己处在一个不可能打开的束缚之中，这会导致她和孩子不断增加距离感和紧张感。

儿童保护机构有时候也会指责受害人，说她们"没有保护"孩子免受施虐者的伤害。他们根本没有了解过她可能做出的努力，以及施虐者所采取的各种干扰她教育孩子的伎俩。

有施虐倾向的人是如何造成家庭分歧的

兰迪和艾利克斯1分钟前还是死对头，1分钟后就变成了忠诚的盟友。他们就像是海边的鹅卵石，随着对母亲虐待的发生，自己不断受到冲刷，在彼此关系中的位置不断改变。兰迪对于艾利克斯的暴力毫不奇怪，面对自己受到虐待的母亲，耳濡目染，他也会对同龄人表现出攻击性和不尊重，还特别愿意把女性当成攻击的目标。施虐者的儿子学着轻视女性，所以觉得自己要比姐妹们和母亲高一个级别，因此要求她们为他提供服务。有施虐家长的家庭，兄弟姐妹之间暴力的发生率要高出平常家庭很多。

虐待具有固有的分裂性，家庭成员会因为施虐者的行为而相互指责，因为他们知道指责施虐者是不安全的。如果一次施虐事件是因为孩子的粗鲁行为而引发的，那么大一点的兄弟姐妹就会说："爸爸冲着妈妈吼，让她哭了——因为你在发疯，弄出太多噪音。你应该在我让你安静下来的时候，听我的话。"

汤姆通过偏袒某个孩子，使分裂进一步加深：他对兰迪就像朋友一样，为他修轻型摩托；而对于艾利克斯，除了在外人面前炫耀一下之外，基本对她无视。偏袒在施虐者家长中非常普遍。他们可能会因为自己对女性的态度，而更喜欢男孩。他们喜欢那些站在他们一边的孩子而不喜欢那些同情受害人，或者想要保护受虐者的孩子。孩子们往往会因为疏远受害人以及与站在一边的兄弟姐妹，得到施虐者强烈的情感奖励。

我的一些当事人还有很多其他的分裂手段，包括公开羞辱孩子们——特别是男孩——原因是他们和母亲太亲近，让家庭成员彼此说谎话，让孩子们觉得如果和他站在一边就会成为家里高一等级的成员。甚至用连坐，要求所有孩子为一个孩子的行为付出代价，这种行为毁掉了孩子们，并让他们彼此为敌。

为什么施虐者要用这些方法造成分歧呢？一个原因是他的权力会随着家庭的团结而下降。我有一些当事人，他们的伴侣和孩子一直彼此支持、相互依赖，这些当事人对此愤愤不平，想要握紧手中的权力，"他们都针对我"，或者，更常见的是"她给孩子们洗脑了，他们都支持她"。很多施虐者会采取行动避免这样的结果，使用"分而击之"的原则：如果家里的人忙于彼此争斗，注意力就会从他的控制和残忍上分散开。

母子关系和兄弟姐妹关系的恢复

几乎是奇迹，有些施虐家庭的成员最终还能保持亲密关系并相互信任。原因多种多样：

1. 传递关于虐待的正确信息：当一位受害人得到了旨在保护受虐人士的社会团体的帮助后，就有能力来揭露虐待本身复杂的动机，然后再来帮助她的孩子更清晰地认识虐待的真相。这样做还可以帮助受害人不要因为自己受到虐待而责备孩子。

2. 获得儿童服务：很多帮助受虐女士的组织都开始为她们的孩子提供免费咨询，特别是那些曾经目睹虐待的孩子，可以通过其他资源比如医院或者心理健康中心获得。当孩子通过努力认清真相后，家庭关系会因此得到很大改善。

3. 自我保护意识加强：如果家庭成员关系没有破裂，更容易彼此支持，劝说施虐者离开，或者要求施虐者进行改变。对于有暴力倾

第III部分 各种角色中具有施虐倾向的人

向的施虐者，法律则是支持家庭的关键因素，否则这些当事人就必须放弃权利。家庭和孩子们采取的这些行为对于保护孩子不受虐待是非常关键的。

4. 获得社区的支持：研究表明，如果有幸住在一个有很多孩子可以一起玩的社区，情况会更好。如果孩子有机会参加运动、戏剧社、或者其他能给他们带来快乐的活动，帮助他们保持自我感觉良好，他们就不容易把自己的沮丧转向兄弟姐妹和母亲。关爱孩子并致力于帮助他们参加各种活动的自愿者，可以帮助孩子们摆脱施虐者对他们的心理控制，即使没有直接虐待。

   对于母亲的支持也一样重要。找一个值得信任的朋友或者亲戚，坚定地说出你在这段关系中受到的虐待。冲破孤立状态对于治疗你和孩子的创伤都是极其关键的一步。

5. 有一个努力保护孩子的母亲：对于受害人来说，得到社团的支持而不是想着成为超级英雄很重要。同时，还有很多可以采取的方法。努力尝试不要把自己的愤怒和压抑发泄到孩子身上。找一些关于教育孩子的书或者文章来读。从亲戚朋友那里寻求帮助，以支持你的教育方法，尝试接受各种建议或者建设性批评。这些对于受虐母亲来说都不容易做到。如果不能做这些事情，谁也不会指责你特别是做好所有的事情。但是我发现，很多受到虐待的女士找到了在这种情况下，成为最好母亲的方法。长期来看，她们的孩子受益匪浅。

6. 施虐者本身是一个糟糕的操控者：有些施虐者在操控孩子的看法方面，根本就不够聪明或者有说服力，所以孩子不会感到困惑和矛盾，也不会责备他们的母亲、兄弟姐妹和自己。

孩子如何看待自己施虐的父亲

在孩子眼中，施虐者既被痛恨，也被尊敬着。他们痛恨他的威胁和自私，但是又被他的优雅和权力所吸引。在他温和、富有吸引力的时候，家里充满了温馨，但是这样的机会实在是太少了。他们只好生动地幻想生活，等到他们长大了，就开始反抗他，还经常会梦到伤害他。如果他沮丧或者酗酒了，他们会为他担心。他们发现当父亲快乐的时候，家里的气氛就被和平笼罩，如果他不快乐就会让每个人都很难受，所以他们努力想让他满意。这种混乱的情感对于孩子来说是难以理解，也是不舒服的。

就算他没有直接对他们施虐，和母亲一样，孩子也是施虐者创伤联系的目标。当儿童保护工作人员或者监护评估专家对一个有施虐者家庭进行评估的时候，通常会做出孩子和父亲关系紧密的结论，而我发现在他们的书面报告中并没有说明这种联系是由创伤、操纵而不是通过大量在一起的时间形成的。

施虐者操控着孩子和母亲对他作为家长的看法。受害人通常会说："他对我很不好，但的确是个好父亲。"不过当我又问了一些细节后，比如我在本章中提到的一些行为，3/4的女士会说出很多严重的问题：她只是无法把他们分类。因此你在读本书的过程中可能会联想起伴侣让人不安的教育孩子的方式。当你已经开始为自己的处境抗争时，想到孩子可能也会受到虐待是很让人痛心的。在下面的章节中，你会找到一些帮助你的孩子的建议。

分手之后的施虐者家长

如果双方分手了，施虐者的教育方式有什么改变呢？有些施虐者会完全从孩子们的生活中消失，他们采取的是这样的态度："孩子是她的问题。如果她想帮助他们，应该对我好些。我不想因为孩子限制我的自由。"他可能支付很少或者根本不支付孩子的赡养费，甚至在孩子的生日都收不到他的贺卡。

从长远角度来看，生活中没有了施虐者，可能更有利于孩子的成长，孩子不用继续受施虐者的操控和忍受家庭不和，但是这也有负面影响。当施虐的父亲消失后，孩子会觉得被拒绝或者被抛弃了。在我最近接手的一个案例中,孩子一直坚持父亲消失的原因是"他不喜欢我",尽管母亲告诉他并不是这样。考虑到邻居或者社区的情况,孩子也会因为父亲"逃走"而忍受耻辱。

如果施虐的父亲留下来,又有别的问题会出现。首先,受害者通常是结束他们之间关系的那个人,而施虐者不想就这样轻易结束。他会把孩子当成物品来报复母亲,或者把孩子作为抵押物以让受害者回到他身边。我有一个名叫内特的当事人,在和妻子分手后,搬进了公寓,并让他的新窝尽可能地肮脏凌乱。他在地上放了一张床垫,就算是床了,又找了几件破旧家具,虽然他的经济实力足以把这个地方弄得不错。当孩子们周末来看望他时,被这样的生活状态惊呆了。他在他们面前哭诉着他是多么思念他们还有他们的母亲,离开了家,他感觉如何孤独。他穿着邋遢,头发乱蓬蓬的,也不刮胡子,把自己弄得很可怜。孩子们被吓到了,脑子里只有父亲的痛苦和孤独。自然而然地,他们开始催促母亲让他回到家里。

孩子甚至可能被用来当作更直接的武器。我的另一位当事人的伴侣告诉说她曾经在1年前离开他,然后又不得不回来和他在一起,"因为他对我说,如果我不让他回家,他就会对我们的女儿进行性虐待。"她没有勇气向家庭法院报告这件事情,因为她觉得没人会相信她——众所周知,家庭法院对于女性遭到性虐待的报告采信度不高。

受害者报告过数不清的案例,施虐者想通过孩子伤害或者控制她们,包括:

- 从孩子那里获得妈妈的信息,特别是关于新伴侣的。
- 在孩子看望自己时,把家里弄得很脏,不提供食物,不让他们正常睡眠。
- 和孩子讨论是否可以和他住在一起。
- 继续在孩子和母亲之间制造隔阂。
- 通过在自己的住处不设任何纪律或者界限,允许孩子们吃他们想吃的垃圾食品,看不适合他们年龄的涉及暴力和色情的电影,不做作业以破坏母亲的权威，这样在他们回到母亲的家时，对正常的约束就会有抵触情绪。
- 在心理、肢体或者性方面伤害孩子，让母亲伤心。
- 威胁要把孩子从她身边带走。
- 争取监护权或者通过法庭要求增加探视次数。
- 坚持带孩子，只是为了把他们留给别人照顾，通常是他的母亲或者他的新伴侣。

为什么在分手后，他还把孩子作为武器

当施虐者通过孩子伤害之前的伴侣时，心里是怎么想的呢？

1. 希望她进监狱

分手后，施虐者最不想看到的就是伴侣生活得有声有色，因为这会证明他才是问题所在。所以他会尽力让她抚养孩子的过程变得困难，这样她的生活就会陷入困境。最终，她会觉得她永远也无法离开他，因为孩子的事情，他会一直在周围出现。很多施虐者在分手之后对母子关系造成的伤害要比分手之前更大。

2. 失去了能够控制她的大部分手段

分手意味着施虐者失去了每天控制、贬低受害人的机会了。通过一些经济方面的手段他可能还想得到她，如果愿意冒被捕的风险，他也可以跟踪或者攻击她。但是孩子永远是他唯一能够长期束缚她的工具。

3. 认为孩子是自己的私人物品

虽然施虐者认为养育孩子是伴侣的责任，但所有权是属于他的。他为分手后，不仅失去了对伴侣的控制，也失去了对孩子的控制而愤愤不平。这种占有心态通过施虐者前去法庭申请单独监护权，但是要求母亲保留生活监护权的行为一丝不差地表现出来。也就是说他希望她来照顾孩子，但是作决定的权力在他手里（幸运的是，他的申请被驳回了）。

施虐的父亲还可能因为前伴侣开始了一段新的交往而狂怒不已，就像一个当事人对我说的："我不想另一个人在我的孩子周围出现。"从我

的经验来看，受害人在开始一段新的感情时，通常会喜欢上更加尊重她的人，因为惨痛的经历已经教会她们需要注意哪些虐待信号。她的孩子可能会被这个新男人所吸引，好像他是一块吸铁石，他们会兴奋地发现，自己得到了关心和恰当的男性关注，这对于施虐者来说，绝对不可容忍。

4. 对前伴侣的看法非常扭曲

很多施虐者真的相信把孩子们从母亲身边赶开才是对他们最好的，因为孩子们已经完全接受了他的宣教：母亲是个多么坏的女人。施虐者用他自己的残忍行为造成的后果来极力证明前伴侣的失职：她忧郁、她情绪不稳定，她难以管理孩子对她的不尊敬。他认为他必须把孩子们从她那里拯救出来，这当然是一个扭曲的、干扰人们视线的事实。

分开后，所有施虐者都会在情感上伤害孩子吗

还好不是。我研究过一些施虐者，其实他们对孩子的同情心要远远大于伴侣，也不会把孩子当作分手后的武器。这些人可能是：

1. 在分开之前就对孩子非常负责的人：那些对孩子很好、很关心的施虐者在分开之前也是这样对待孩子的。多数时候他不会在孩子们面前贬低伴侣，也不会在她怀孕期间虐待她。他只是比一般的施虐者少了点自私和以自我为中心。

   施虐者的教育方式在分开后也不会有质的改变，不像那些没有施虐倾向的父亲。我的一位当事人就曾经因为申请监护权或者想让孩子们和母亲作对而上演了一场闹剧。他表现得对孩子更关注，花更多的时间和他们在一起，但这些都不是教育方式的真正改变；当竞争结束后，不论结果如何，他们都会回到老路上。分手后，这些施虐者对待孩子方面唯一的问题就是"他们对我是和以前一样还是会变得更糟？"

2. 不想保持旧记录的人：施虐者不想惩罚受害人，而继续自己的生活或者想和受害人重新在一起。对于孩子来说，这种生活的愿景会

很让人憧憬。
3. 那些不会利用法律争取监护权或者增加探望次数的人：由于多重原因，有些施虐者不会选择通过家庭法庭来获得对孩子的权利。

站到家庭法庭上的施虐者

我经常会作为监护权评估专家或者为某一诉讼而担任监护人。所谓监护权评估专家是由法庭指定来调查离婚或者分居案儿童的生活环境，并向法官在判决监护权和探视的时候提出建议的人。记得，我第一次担任监护权评估专家是很多年前了，一个名叫肯特的男子想从前伴侣蕾妮手中夺回对3岁女儿特雷西的监护权。肯特当时正在服役，所以没有"灵活时间"可以掌控。他对我说如果他赢得监护权，计划把特雷西送日托，每周40个小时。特雷西当时由她母亲全天照顾，肯特没有指责蕾妮的教育方式，只是简单地说了说他希望特雷西和他在一起，因为他可以更好地照顾她。更重要的是，他还允许蕾妮自由探望，而蕾妮则通过一系列规定，限制肯特探望特雷西。"这样，特雷西就能拥有双亲了。"肯特说道。

肯特有点气愤地告诉我，蕾妮指控他虐待，"但是她从没有拿出一丝证据来证明那些指控"。他继续回应着我对细节的提问，描述了他肢体攻击蕾妮的13种情况，包括不断地贬低她，只有一次用膝盖猛击蕾妮的骨盆，让她出现了一大片淤青。他说从来没有用拳头打过她，也没有扇过她耳光。显然，他认为自己虐待的指控就像开玩笑。

但这还不是全部。肯特告诉我他只在特雷西出生的第一年帮过一点点忙，后面两年，他几乎没有帮任何忙（多数争夺监护权的施虐者要比肯特圆滑得多。他的自我感觉太好，没有想到我会从这当中看到什么不对的地方）。

为什么肯特要把那么小的女儿从能够全天照顾她的母亲身边带走，难道只是为了让她接受日托？我不得不做出这样的结论：他想在权利方面超过蕾妮，希望和她保持联系并把赢得监护权看成是获得主动的手段。

典型的施虐者进入家庭法庭的时候都自信满满，觉得法庭的工作人员也会被他的手段控制。他习惯于长期说谎并对此安之若素,言谈举止一点也不像人们通常认为的施虐者,他还会在虐待的基本概念和偏见方面玩弄手段。想想汤姆,那个在本章开始的场景中介绍的主角,如果他出现在法庭上,有人相信他是施虐者吗?

在争夺监护权时施虐者的伎俩

以下只是施虐者在争夺监护权和探视时使用的几种手段:

经济状况更好

多数施虐者都要比伴侣的经济状况优越,至少是在分居后的几年。这种不平衡在施虐者家庭中尤为明显,因为他在两人一起生活的时候,控制或者操纵着家庭的经济收入,并试图在关系破裂的时候对受害人的经济情况造成破坏。在诉讼费用方面,施虐者能够承担的要比受害人一方多得多,他能住进漂亮的房子里,使孩子和监护权评估者的判断产生动摇,通过不断把受害人拖回到法庭而彻底毁掉她的经济情况。

要求进行心理评估

多数施虐者在心理测试中不会有明显的问题,但是他的伴侣在经受了多年的虐待之后反而会出现问题,所以心理学家的评估报告会说,女方抑郁、歇斯底里、心理阴暗。很少有评估者会把女性过去的经历和现在的情况联系起来。如果她报警说她被跟踪了,她的伴侣经常跟踪她,她很可能会被贴上"妄想狂"的标签,她的虐待报告也会在此基础之上进行评估。心理学家关于施虐者的报告完全建立在一系列误读之上。我经手过一些评估报告,上面说这个人不太可能犯下报告上所说的虐待行为,因为他没有精神方面的疾病或者他在评估专家的办公室里没有表现出任何攻击性迹象(在这样错误百出的基础之上,多数施虐者都会被判定是错误指控)。不幸的是,很多心理学家在接受法庭指定的时候,已经慢慢接受他们的评估标准,在应用于家庭暴力案件时,各种测试的指向都有严重的错误。

假冒和平使者

大部分施虐者会这样说:"在我们的关系中的确存在大量的争斗和不好的感受,我能理解她对一些事情极端的做法,但是为了我们的孩子,需要把所有这些放在身后。她因为对我进行报复,投入了大量的精力,以至于忽略了孩子们的需要。这就是为什么我想申请共同监护权的原因,这样孩子们就会有更多时间和我们俩在一起,而现在她只允许我每个周六探视孩子。"

这一行为是施虐者想通过受害人在关系结束时往往变得不太理智而占得先机,他们把自己伪装成虚假虐待指控的受害者,反诉受害人一心只想让他们远离自己的孩子。施虐者这样做的目的以及所有其他策略的目的就是让法庭工作人员不相信受害人的话并忽视她提交的证据。

假装对虐待表示懊悔

认为施虐者虐待伴侣和孩子监护权的判决没有关系的法官和评估专家数量多的惊人。他们要么没有注意到,要么就是对施虐者把孩子当作武器毫无兴趣,所以当施虐者说他为自己对受害人的言语或者肢体攻击表示抱歉时,就有本钱对法庭上的人说:"让我们把所有事情都抛到脑后去吧。"

通过交叉指控混淆视听

绝大多数施虐者在说谎的时候都能面不改色心不跳,他们满脸真诚、直视着对方的眼睛。法官很难相信这样一个赏心悦目的人怎么能够如指控中所说的那样虐待女士。在很多案件中,法庭人员告诉我:"他指控她的事情是一样的,所以我猜他们相互虐待。"在这样的案件中,法庭会因为表象接受他的反诉,而不是仔细查看证据。

想方设法让孩子与受害人作对

不是所有的施虐者都能让孩子和母亲作对,只是有的受害人甚至没有努力一下,采取什么步骤保护自己和孩子不受伤害,包括向大家揭发施虐者对她的虐待。施虐者典型的反应是声称受害人教唆孩子和他作对。不幸的是,有些心理学家也为此摇旗呐喊,指出孩子远离有施虐倾向的父亲是不健康的,而这种行为可能就是母亲教唆他们做的。家庭法庭没有意识到不让孩子目睹施虐者父亲这样的消极榜样、自以为是以及攻击母亲是多么的重要。遗憾的是,越来越多的施虐者可以用"家长异化"这样的理由获得监护权或者不受监督的探望。甚至在某些案例中有明显的证据表明他不仅虐待女性还有孩子。

而实际情况是,一位想要限制施虐者和自己孩子见面的母亲总会做出一些不适当的保护行为。她还会极力支持孩子的自我保护本能;在面对虐待时,无法以这些方式保护自己的孩子,那么在将来的生活中接受别人虐待的风险会更大。

我还注意到"家长异化"有时候也会用来针对那些非常有能力的母亲,因为她们和孩子强有力、彼此支持的关系,这在施虐者看来叫作"过于依赖",还因为孩子已经学会看透施虐者的表象,因此选择尽量远离他。

引起公众的误会

在案件审理期间,很多有误导作用的争论会不断出现在施虐者的声明中。首先是声明父亲在争取监护权的过程中受到家庭法庭的强烈歧视。但实际情况是相反的,也就是说在美国,从20世纪70年代末开始,对母亲的偏向已经不流行了,父亲在争取监护权的过程中占有相当大的优势。另一个理由是"经历离婚的孩子,如果由父母双方共同监护,会对他的成长更有好处",而研究表明多数情况下,对孩子来说更糟糕,当然那些在离婚后还能保持良好状况并能够合作共同抚养孩子的父母是例外。施虐者还会辩称女性谎报施虐案件的问题很猖獗,孩子的抚养责任相当重,家庭暴力并不适于监护权的判定,受到虐待的男性和女性一样多等。

这些手段的成功在非常大程度上依赖于施虐者的经济优势,对于法律工作人员来说，虽然受害人把伴侣虐待的事实揭露出来，而在他们看来这个人根本就不是施虐者的（类型）。偏见经常会代替对证据的调查和思考。

受害人所接收的模糊的社会信息

在面对虐待时，受害人应该如何处理呢？这一直是个两难的问题。当两人在一起时，专业人士和社团成员对于一个受害人一直和一个施虐者住在一起是持批评态度的。他们会对她这样说："你不能只考虑他的感受。"如果她不愿意离开正在虐待她的人，儿童保护机构的人有时候会把孩子带走以此威胁母亲，因为她"没能够保护"孩子。如果她相信那个人有改变的可能，他们就会说她"拒绝接受现实"或者"不切实际"，还抱着这样的幻想。这些批评忽略了一个巨大的挑战，那就是：作为母亲，离开施虐者会有多么的困难。

但是当受到虐待的母亲真的终结了这段关系，社会又会迅速变脸。突然间，她从法庭官员和人们那里听到的话变成了这样：

"好吧，可能他虐待了你，但是没有理由把孩子也从他身边带走。他毕竟是他们的父亲。"

"你不觉得你的不满影响了你对孩子们的判断吗？"

"你不觉得人总是在变的吗？为什么你不把他往好了想呢？"

也就是说，一位受害者会因为让孩子在某种情况下面对一个施虐者而受到指责，随后因为在另一种情况下拒绝让孩子和同一个人见面依然要受到指责。而第二种情况可能更加危险，因为她无法时刻关注他会对孩子做些什么并阻止分手后常见的虐待升级行为。

准备监护权的争夺，以防万一

如果你没有经历过监护权的诉讼过程，或者至少目前还没有开始，请把这些记在心里：

第III部分 各种角色中具有施虐倾向的人

- 把施虐者对你和孩子的行为记录下来是很重要的。如果他写了恐吓或者很扭曲的信给你,保留它们。如果邻居或者朋友们目睹了他对你或者孩子的虐待行为,请求他们以书面的形式描述所看到的情况。如果你曾经报过警,可以尝试拿到报警电话的记录,不论他们有没有到达现场。如果他在你的电话应答机上留下虐待性或者威胁性的留言,要留一个备份。

- 如果财力允许,请一位律师。如果没有这个能力,申请一位法律服务自愿者。在选择律师的时候,尽量选择那些处理过家庭暴力案件、尊重女性、有耐心的人。律师的名气并不意味着他/她能够了解与一个施虐者争夺监护权和探视权中涉及的问题。

- 行动要小心谨慎。不要突然拒绝他的探访,即使你已经担心孩子受到了影响。法庭会由此指责女方试图切断父亲与孩子们的联系,哪怕你有非常充分的理由。

- 如果你能够在社团中找到一个比较好的治疗师,让孩子也加入到治疗中来。有专业人员参与的治疗过程非常重要,因为这样做,孩子们也会告诉治疗师他们的父亲对他们造成的压力。否则只有你一个人反对他的情况下,他可能会利用自己高超的说谎技巧以及胜利者的姿态迷惑法庭上的审理人员。

- 如果你的一个孩子告诉你他们的父亲对他进行性虐待——这是非常让人难过的经历——你一定要并尽你所能地保持冷静,向法庭提出申诉,向当地的儿童保护机构申请帮助。因为一旦你被法庭认定为"对性虐待歇斯底里",不论你的指控多么的有根据,你的报告也可能不被采信。

- 多数受害者的确能成功地保有对孩子的监护权。但是计划得越周详,你就越有可能避免更多的意外。

你只要越在意孩子在直接面对伴侣对你的虐待时受到的影响,就越能保护他们免受情感的伤害。他们只需要知道,你一直是他们可以依赖的友善、安全的家长,因为施虐者的行为不可预知,有时候还相当有威胁性。如果孩子们用各种不良行为向你发出预警，比如注意力难以集中，或者容易退缩、压抑，记住——这些都是母亲受到虐待的孩子所应有的正常反应。只有你的耐心和理解才能够帮助他们，包括你向他们表达他们不是坏孩子的能力。记住：在一个施虐父亲或者继父身边长大的孩子会非常困惑和焦虑，哪怕施虐者并没有直接虐待孩子。

你自己的恢复——情感方面和身体安全方面——是需要优先考虑的。受虐待女士的孩子在自己的母亲开始为了自己寻求帮助并开始看清虐待为何物、不会为施虐者的行为责备自己和孩子的时候，他们一定会转变的。

以下是一些你可以采取的行动：

教育孩子要尊重自己。孩子耳濡目染伴侣对你的鲁莽或者欺负行为，也开始表现出这种不良的倾向。在情况恶化之前，要尽快地终止这种行为。如果无法当着施虐伴侣的面对孩子态度强硬，也一定要尽量立场坚定，特别是当他在旁边的时候。

教育孩子要尊重女性。伴侣对你的控制或者虐待会形成一种氛围，在这样的氛围中，对女性的消极态度会像霉菌一样慢慢生长。无论什么时候只要看到这样的行为出现在自己的儿女中，一定要进行干预。

当伴侣破坏你作为家长的权威时，要反抗。除非你担心伴侣疯狂报复，坚决指出他的破坏行为，并要求立刻停止这样的行为。

不要替父亲撒谎、也不要为他的行为掩护。你可能觉得应该在孩子面前维护他的形象，为他找各种理由，告诉他们发生的事情是你的错误，或者是你愿意为他做的。如果你长期为他掩护，一定会伤害到你和孩子的关系，而这正是你最想避免的。此外，你还会增加他们的易受伤害性，因为你鼓励他们否认自己的自我保护意识（但是，你可以为了保护他们而向伴侣撒谎）。

尽你所能成为最好的家长。虽然不公平，现实是受虐待女士为了帮助孩子处理所面对的环境，并从施虐者的伤害中恢复过来，必须要成为优秀家长。运用所有你能够调动的资源，包括家教图书、训练课程、你所在地区的家长支持小组和游戏小组。

考虑离开施虐者，至少是一段时间，如果你能够安全地做到，为的是帮助孩子从目睹伴侣对你的虐待所受的伤害中恢复过来。我们之前讨论过，关键是要认真的计划，以免你的伴侣通过探访或者争得探视权的方式伤害到你的孩子。

即使你的伴侣已经成功地造成你与孩子之间的隔阂，甚至在他们之间也造成了争斗，你仍然有可能修复彼此间的分裂并重新建立健康的关系。以你们的关系为优先考虑的问题，在所在社区寻求帮助以克服伴侣给你设置的各种障碍。鼓励孩子说出他在家里目睹的让人难过的虐待行为，如果有必要，寻求专业人士的帮助。放下要保守施虐者的秘密所造成的负担特别重要。有些针对受虐者的辅导项目孩子也可以参加，这会形成打破保守秘密的良好环境，洞察他们内心的情感反应，并明确施虐者的行为既不是他母亲也不是他自己的错误。

无论怎样，不要放弃。对已经被破坏的关系进行修复是需要时间和坚持的。我曾经接手的一个案子，伴侣离婚了，母亲几乎要对能否修复与自己十几岁孩子的关系失去希望，这个男孩和父亲形成了联盟，关系亲密——包括威胁和暴力——是针对母亲的。但是她咬牙坚持，尽管在3年的时间里有无数次让她绝望的时刻，但现在孩子终于开始认识到父亲的威胁和操纵行为，并逐渐修复和母亲的关系。

须要牢记的关键点

- 家庭中的施虐者会影响到每一个人。
- 一个优秀的父亲不会虐待孩子的母亲。
- 施虐者会在家庭成员中制造分歧，可能是有意的也可能是无心的。受虐者和孩子应该为自己寻求帮助并修复彼此的关系
- 如果你准备离开一个施虐者，而你们又已经有了孩子，请尽快就监护权的问题寻求法律帮助吧。

第11章 施虐者和他们的后援团

我和婆婆的关系曾经是那么的亲密,但现在她却非常讨厌我。

我甚至无法再和我们共同的朋友们联系,因为他们都不想牵扯其中。

有时我甚至认定自己就是那个麻烦制造者,因为所有的家庭成员都站在他那边。

当他变得愈发令人生畏时我也没有打电话报警,因为他在警察局有很多可以帮他摆脱困境的哥们儿。

监护权评估人员向法庭报告,说我有点歇斯底里,孩子们应该和他生活在一起。

下面所有的案例,均来自我曾参与其中的真实家庭,有些事情的确很难用语言解释清楚。

- 一位女士选择逃跑并藏起来了,因为她对那个有施暴倾向的丈夫充满了恐惧。他四处打探她的下落却没能得到其行踪。万般无奈之下,他去见了她的父母。他告诉他们,对于自己曾经那样对待他们的女儿感到无比的懊悔,他向他们表白自己有多么的想念她,并保证痛改前非。他哭着恳求二老把她的地址告诉自己,"这样我也能给她写封信告诉她我的感受,"她的父母居然就相信了女婿的话并把地址告诉了他。
- 一位男士参加了一项所谓的施虐者辅导项目,该项目曾因不符合州法律而被公共卫生部门拒绝给予认证。在该治疗项目过程中,这位男士抱怨,他的女朋友有时也会打他,该计划的指导顾问(同时还是一位持有执照的心理咨询师)对此的答复竟然是,鼓励这位施虐者争取一份法院的限制令,以反对那位同样施暴的女士。

- 某位已经与施虐伴侣离异的受虐者,她的女儿在一份材料中揭发,父亲在探视她期间,一直对她有性虐待行为。母亲于是向法庭恳求为女儿做一次专业鉴定。母亲的妹妹却在那天和那位"施虐者"一同来到法庭,她和这位男士居然成了朋友,而事实上在他和自己姐姐离婚前她曾如此痛恨他。妹妹不仅向法官证明有关性虐待的陈述完全是谎言,还请求法庭剥夺姐姐对女孩的监护权,转而交由她来监护。(幸运的是,法官并没有允许妹妹带走女孩。专业鉴定按原计划进行,结果案子以性虐待指控成立而告终。)

- 负责治疗一位施虐者的治疗师甚至在没有见过这位男士的伴侣——同样具有虐待倾向的女士,或是没有与之交谈过的情况下即对她做出心理诊断。治疗师完全是凭借施虐者对其伴侣做出的描述,尽管他知道这位男士被控告的理由就是虐待其伴侣。

- 一位母亲带着她的孩子在不得已的情况下逃到了收容所里,因为他们的家已经没法待了。所有这一切都拜她有虐待事实的前夫所赐,她将那些破坏行为视为一种公开的威胁。在东躲西藏的那些天,她联系了法庭指定的监护权评估人并告诉他自己在哪里,但是这位监护权评估人却信口开河、杜撰出了一份报告提交至法庭。尽管这位女士之前曾经告诉过他有关自己丈夫的暴力史,但他依然认为这位女士根本没有理由害怕她的丈夫,并向法庭建议,孩子们应该离开母亲交由父亲抚养。他并未在自己的报告中提及这位女士是在收容所里给他打的电话。正是监护权评估人的这份充满偏见的报告,导致三个孩子——其中还包括一名只有3岁的女孩——被送到了这位施虐者的家里,而母亲却只被允许在有人监督的情况下和孩子们短暂团聚,原因呢?因为她已经被那份报告贴上了"危险的逃跑分子"的标签。

这些施虐者是如何争取到各种"盟友"来支持他们所面对的诉讼的

呢？为什么就会有这样的一些人如此满腔热忱地甚至是穷凶极恶地充当那些施虐者的"代理人"呢？要回答这些问题，我们不仅需要研究这些有施虐倾向的男士们的心态，还需要研究这种为社会所接受的相互影响的态度和形式——即一位有施虐倾向的男士可以借此来影响其他人也从事这种肮脏的行为。

为什么要寻找盟友

控制甚至是恐吓自己的伴侣并非易事。男性对女性相较于女性对男性来说，更有可能发挥其支配、控制对方的欲望，但这仍然面临挑战。极少有人愿意自己的权利被剥夺。因此施虐男性会一而再、再而三地面临这样的难题——他们的伴侣不愿被他们所控制。而男人们也对总是由自己亲自对伴侣实施恐吓感到了厌倦。

还有其他一些障碍令施虐男性倍感挫折。社会在面对施虐行为时，态度也已发生了变化，这其中就包括一些法律、政策上的进步，那些施虐行为越来越难以逃脱法律的制裁。举例来说，某人利用暴力来恐吓伴侣或是对伴侣实施性暴力的行为放在现今社会，较之 10~15 年前更有可能被逮捕。现在，他的伴侣甚至可以向法庭申请禁止对方接近自己的限制令。

最为重要的是，受害者在面对施虐行为时已不再保持沉默。我正在处理的一个案子中，当事人是一个有心理问题的施虐者，一天，受害者的密友们让她坐好，并对她公布了一项"干预计划"，其中包括力促她意识到她丈夫对她的施虐行为给她造成的伤害。不同于多年以前，现在受到虐待的女性会借助各种办法寻求帮助——或者各种帮助也会主动找到她，本案例即是如此。

正因为这样，一个施虐者就需要更加努力地表演、四处活动，让他的伴侣将责任归咎于自己，同时还要更加防范那些可以帮助她的援手。一个不让大家支持她的最有效的方法就是把那些人争取到自己这边来。另外，他也无比渴望得到盟友，因为他认为自己才是受害者。

你可能很好奇这是为什么——因为那些施虐者如果认为他们的行为非常正确，就会在寻求他人支持时大言不惭地歪曲事实。首先，一个施虐者并不想被迫就自己的恶劣行径——令人发指的残忍行为或是暴行——向那些可能会发现这种令人厌恶的行为的人们去解释，而且他也无法确保自己的申辩被大家所接受。其次，他可能会和绝大多数施虐者一样，对自己的恶劣行径感到些许的愧疚和羞耻。拼命想逃避这种愧疚感也是他为何要从别人那里寻求认可的部分原因，这样多少可以减轻一点点令人不安的自我怀疑的感觉。另外，只有相信对事实的歪曲，他才有可能说谎。也就是说，这种自恋的施虐者常常把自己捏造出来的谎言当作事实，这也是为什么在某些施虐案例中，测谎实验并不完全可信的原因之一。

问题 16：怎么会有那么多人站在他那边支持他？

施虐者会将自己潜在的支持者列成一份长长的名单：朋友、亲戚、教师、心理咨询师、牧师、警员和法官、她的亲戚，甚至还包括分手后她的新男友。现在，就让我们从受虐女者的视角，来看看这些人是怎样成为施虐者的帮凶，他们为什么会甘愿为他冲锋陷阵。

施虐者的亲人们

"有时他和他的父亲一起抨击我，他们数落我的不是还嘲笑我。他和他的父亲真的很像。"

"他叔叔对他婶婶施暴，其实，他们全家人都知道，但是谁也不愿对这件事多说一个字。"

"因为我向法庭申请了对他的限制令，所以当他在某天猛砸我家大门时被捕，但是他姐姐却为他作证，说他整晚都在她家里，他因此而逃脱了法律的惩罚。"

"他妈妈曾经和我无话可说，但自从他因为袭击我被捕后，他妈妈就不再搭理我了，仿佛我才是那个应该被抓的人。"

这是我的一些当事人对其伴侣的描述，尽管在这三十年间，人们对于家庭暴力的态度有了很大的改善，但有个基本认知却不会改变：没有人会相信他（她）儿子或兄弟是一个有施虐倾向的人。父母们不愿看到别人对他们指指点点，所以袒护道："我们的儿子绝不会虐待他老婆，他的家教很好。"儿子对于施虐行为的辩解让我们更加关注其上一代人的生活状态：来自于生父或继父经常虐待母亲家庭中的男性，其发生施虐行为的可能性是没有施虐行为的三倍还多。如果生父或继父有施虐行为，那么他对儿子的行为就会有"怪罪受害者"的倾向。

忠于家庭以及对家庭问题的集体否认的确是强力有效的黏合剂。施虐者在相当长一段时间里对于亲人们形成其伴侣的印象发挥着重要的作用。他们"可能"亲眼看到她对于他在公共场合的一些行为是如何的"反应过度"，这是因为他们对于他在关起门后对她做了什么完全一无所知，他们根本无法准确判断她的行为，所以他们只是在理论上反对施虐行为，而一旦施虐者是至亲，他们就会激烈地为其辩护。

受虐者的亲朋好友们

如果对施虐者的支持只是来自于其亲朋好友，这还不算最糟糕的话，我还接触过一些案例，女方的一些亲人竟也选择站在男方一边。最近，在一次座谈会的演讲过程中，一位律师向我提问："为什么我的当事人发现她们的状况会是如此糟糕：自己的亲人竟然会帮助那个施虐者来和自己争夺抚养权？"

正所谓家家有本难念的经，而施虐者正是利用自己高超的手段来操纵这些家庭不和。我再为读者们讲个故事：一个名叫伊恩的施虐者得知他的前妻蒂娜和她的父母发生了争吵，原因是她父母对于她不再去教堂感到极为难过。于是伊恩开始刻意地固定出现在主日礼拜仪式上，有一天他"非常凑巧"地坐在了蒂娜父母的旁边。他开始和他们攀谈起来，他提到自己对于蒂娜失去信仰的"担忧"，并且蒂娜的这种不再参加教堂礼拜仪式的行为给孩子们带来的恶劣影响，他对此感觉非常不好。同时，

第III部分　各种角色中具有施虐倾向的人

他还加进了自己对于这类不重视礼拜仪式人的一些判断，他这样说道："她一直酗酒过度，还总带一些不三不四的男人回家。"很快，小争吵演变成为一场家庭风暴。

一个女人如果告诉家人她的伴侣如何虐待她，这个过程对于她来说无疑是相当难过的，还会非常羞愧，所以会尽量避免听到这样的提问："那么你为什么要和他在一起？"但是施虐者却充分利用她的家人并不十分了解实际情况这一点。他十分小心地不给对方留下自己是在说她坏话的印象，却在轻描淡写之间播下了恶毒的种子。比如，他可能会说："她现在可能一直对别人说我在虐待她，这真的很伤害我。由于她的一些话，使得我现在越来越不愿在公开场合露面。我也不再保守任何秘密了；我想告诉你们的是，我确实打了她，我也知道错了。之所以会这样，是因为她说我母亲是个'妓女'，就因为我母亲离过两次婚，这确实让我非常愤怒，尽管我明白我应该用其他的方式来处理这个问题。"

他离开之后，她的父母陷入了沉思："哎呀，在这件事情中她从没有提到过她辱骂他母亲啊。这件事的确不好办。刚发现，她的嘴巴还真是厉害呢。他是不应该打她，但是显然他已经有了懊悔之意，而且他也愿意承认部分错在他，可是她却将全部责任推到他身上。她和我们有时也会发生冲突，难道她不明白'一个巴掌拍不响'这个道理吗？"

当然，她侮辱他母亲的这个桥段从来都没有发生过；我的当事人杜撰出这个只是为了掩盖其恶劣行为。但无论他说的是否是实话都不重要，重要的是他正在迎合这种目前还很有市场的价值观，即社会对于男性对女性施虐行为的关注远远不如女性自己表现粗鲁的关注度。

女性身上肩负着巨大的压力，社会要求她们不仅要"处理好工作关系"，还要"尽力处理好家庭关系"，但却完全无视她们可能遭受的虐待。人们早已接受了这样一种错误观念，即家庭暴力的产生缘于糟糕的关系变化，女性同样有责任"令万事如意"。在这种情况下，施虐者会这样告诉自己伴侣的朋友们，"我真的一直在努力，但她却不愿意尝试，我猜她大概认为这件事不值得她努力。她甚至拒绝检讨自己的过错，认为所有的错都在我。"

而她的亲朋好友们不知道的是，当一位遭到虐待的女士拒绝"检讨自己的过错"，那么实际上她已经慢慢走出"自责"的阴影，并开始平复情绪、找回自我。她对于他的施暴行为没有任何责任。那些总想要让她承担责任的人只是听信了施虐者的一面之词。

尽管面临着诸多困难，但仍然有很多很多的亲朋好友们选择站在受虐者的身边支持她们。他们的支持无疑是非常重要的，这表明受虐者从自己的亲朋好友那里得到了忠诚、尊重、耐心以及支持，所有这些都是对她们自身能力的极大肯定，使她们从受虐的惨痛经历中恢复过来并且重获自由。

治疗师和监护权评估人员

现在，我们需要转过头迈上一大步回到过去暂时待上一会儿，来到弗洛伊德时代的早期，那时刚刚诞生现代心理学。在19世纪90年代，弗洛伊德正处于事业的起步阶段，致力于研究自己的病人中到底有多少人会愿意揭露孩童时代遭受的乱伦伤害。弗洛伊德得出的结论是，儿童时代遭受的性虐待是一些成年女性情绪波动的主要原因，由此还写了一篇伟大且充满人文关怀的论文——《歇斯底里现象的病因》。但是，他非但没能因为其具有里程碑意义的观点而得到同行的赞美，反而被别人所蔑视。因为在他的观点中，更相信拥有良好口碑的男人也有乱伦的可能，因此被大家嘲笑。

最后，弗洛伊德在强大的社会压力面前屈服了，他更改了自己的结论。站在他们的立场上提出了"俄狄浦斯情结（恋母情结）"，这即是现代心理学的基础。根据这项理论，任何一个年轻女孩实际上都非常渴望与自己的父亲发生性关系，因为她想和自己的母亲竞争，成为父亲生命中最重要的那个人。弗洛伊德据此得出，他的那些女性当事人向他揭露的一些乱伦暴力情节其实根本就从未发生过；这只是那些女性孩提时代所幻想出的、渴望拥有的情节，而随着她们不断地幻想，最终会逐渐相信那就是真实发生过的。这项理论在100年间，让女性和儿童受到伤害的

第III部分　各种角色中具有施虐倾向的人

报告变得完全没有说服力。

施虐的指控一旦以这种方式被予以否认，某些心理学家就会借此认为，所有暴力的、性方面的冒险行为双方都有责任。因此，彼时的心理学方面的文献资料上充斥着这样的描述：是那些年轻的女孩子"引诱"成年人走上性犯罪的道路，是那些女性充满挑逗的行为导致男性对她们越发暴力或是进行性侵害。

我很希望相信，这些理论早已失去了影响力，但是我不能。就是现在，全国处理监护权纠纷领域中颇具影响力的一位心理学家在自己的书中这样写道，女性正是通过"拒绝男性的控制"或是"试着离开男性"这样的行为引发了男性的暴力。她很推崇"俄狄浦斯情结（恋母情结）"，宣称女孩们渴望与自己的父亲发生性关系。在她的著作中已经表明，年轻女孩们经常是和她们有暴力倾向的父亲呈"相互引诱"的关系，而这也是基于一份所谓的"研究报告"得出的结论，不幸的是，很多法庭都在采纳这样的研究。

一些类似的错误也充斥在许多治疗师的工作中。举个例子，我曾经接触过的一个法律顾问这样对我说："他并没有施暴倾向，他是个快乐且富有洞察力的人，只是她表现得非常愤怒。"有很多女性告诉我，她们双方的治疗师或是施虐者一方的治疗师或是孩子的治疗师已经开始为施虐者摇旗呐喊，同时严厉地批评受害者。我有一封保存多年的一位治疗师写给我的信，他在信中提到了我的一位当事人，当他暴打了妻子之后，妻子全身是血，骨头都断了，他甚至以为妻子已经死了。而这位心理分析师却在信中奚落了将那个男士列为"虐妻狂"的法律体系，并说他通情达理也很有洞察力，不应该参加我的这个施虐者治疗课程。这封信的内容无疑表明了一个事实，即这位心理分析师完全忽略了这个当事人对于其已经被定了罪的野蛮的殴打行为。

幸运的是，在这些所谓的主流心理思维方式之外，还有很多很多极其出色的从业人员以及治疗师，他们都十分重视心理创伤以及虐待带给女性的影响，而且他们相信绝大多数受害者都会选择说出实情。像朱迪丝·赫尔曼、巴塞尔·范德库克、彼得·杰夫、安吉拉·布朗、约翰·梅耶斯、苏珊·谢切特、安娜·萨特、比弗利·詹姆斯以及其他一些从业人员和治疗师们，他们反抗这种在行业中普遍存在的针对虐者的敌视态度。这些治疗师，十分尊重当事人，并激励受虐者尽快从受虐的苦难经历中恢复过来。那些僵化的心理咨询师当然不在此列，改变传统的心理思维方式的战斗才刚刚开始。对于那些受到虐待的女性来说，重新为自己或孩子选择治疗师之前，一定要慎重检查他们在有关心灵创伤以及家庭暴力方面所具备的专业知识和相应的价值观。关于受虐者和施虐者咨询顾问的选择，我建议应尽量避免选择同一个人，具体原因你们马上就会看到。

施虐者的新伴侣是他的主要盟友

回到第一章，我们遇到的那位叫保罗的男性，他已经和前妻离婚，现在的伴侣名叫劳拉。劳拉认为保罗之前的经历挺惨的，在她看来，保罗是一个如此可爱的男人，而他的前妻竟然控告他虐待。劳拉决定要在保罗身边支持他，甚至希望自己能帮保罗赢得孩子的监护权，因为他的前妻似乎已经"失去理智"了。我有很多这样的当事人，施虐者的新伴侣们的态度与劳拉是多么相像："他的女朋友比他还要坏。她和我说话时的态度好像我有多么下流，她还四处说我的坏话。我现在宁愿与他打交道。我认为是她唆使保罗搞的这几个小伎俩。她就是只母狗。"

或许他的新伴侣确实是个刻薄的、充满敌意的女人，但也有很大的可能她并不是那样的。盯着她的眼睛看上一会儿就明白了。施虐者会重新设计他曾经和你在一起时的相同的场景，刚开始时双方都是充满爱意的，在开始约会的头几个月里他会非常地殷勤体贴。当他在向新伴侣描述你是多么刻薄、多么不可理喻时，他会表现得情绪低落，眼睛一直低垂，说到激动之处还会涌出一些泪水；他还会说到，当他不再对你的控制表示顺从时，你就会说他有施暴倾向。如果你们之间还有孩子，那么当他在新女友面前哭诉说自己有多么思念孩子，而你却纯粹是出于报复心理不让他见到孩子，甚至是带回另一个男人还试图让这个新男友成为孩子们的父亲时,她的心简直在滴血。我这里就有一个现成的真实案例,这个案例中的施暴的父亲决定未来的6个月内不再见他的儿子——他甚至还把自己的决定落实在纸面上,我也读过这份文件——而这之后他居然又在公开场合抱怨说,自己想要探望孩子的请求被拒绝了。保罗很可能也是以某些我们所熟悉的方式误导了劳拉。他的女友所看到的就是,一位慈爱的父亲想要与自己的孩子维持正常关系的愿望被无情地阻挠了;她怎么会不恨你呢?

他在新女友面前能够维持得体行为的时间可能比他和你一起时体贴待你的时间还要长一些,这是因为他还在被一定要战胜你的动因所驱使着。当然,他邪恶的另一面早晚都会暴露出来。但是到那时,他又会把这一切归咎于你对他的恶毒伤害。而他的女友此时也不得不被牵扯进其中,她只得尽力证明自己是一个好女人——不像你。她希望借此表达出自己对他的忠诚,这样他就能重新做回他们最初相识时那个爱她、对她来说如此重要的男人。因此,她要表现给他看,她是和他站在一起真正支持他的——甚至是超过他对你的敌意以及对你的指责。

彼时,他的自私以及暴力的一面最终会表露无遗,以至于他的新女友再也无法对他的这些劣迹给予合理的解释。她处于深深的沮丧之中。可能那时她已经嫁给了施虐者。对于她来说,接受他就是一个施虐者这样一个事实,还不得不面对她对你做的那些错事,这无疑是一枚必须吞下的苦果。所以,取而代之的情况就是,他的新伴侣会对你越来越生气,因为在她看来,今天她之所以被他如此对待都是拜你所赐,她相信是你对他的无情伤害而"使他变成了这副模样"。

几年前,和我共事的一位女士曾经这样对我说,"我真的很恨他的前女友,但是现在我意识到了,他一定是对她做了和他现在对我做的一样的事情。"她的悔恨沉重地压在她身上。女性总是要花上很长一段时间才能接受某些事情的本来面目。

在保罗和劳拉的这个故事中,我们从未见过保罗的前妻,但是我同至少二十几位与她有相同境遇的女性(他们都是当事人们的前妻)谈过话。我能够从她们的声音里听出来,这样的伤痛是很难抚平的,对她们施暴的前任伴侣想要借助法律程序夺走孩子，而事实上这些男人们的背后还有一位女性盟友帮助他们出谋划策，这些计策对于她们来说简直恶毒得难以承受。母亲们这样问我："她意识到自己在做什么了吗？她都没有想过一位母亲在被人威胁着会失去自己的孩子时是什么感受吗？如果他几年后又原形毕露，对她同样施暴，她就没有想过会发生这样的事吗？"

与此同时，我想不要对他的新伴侣太过苛责也是十分重要的。有时我会对女性朋友们说："你也知道他是如何操控别人的，他能够十分自如地灌输给他的新伴侣一些编造出的谎言。我不是说你应当原谅他的新女友的行为，我只是在提醒你，幕后的黑手是他而不是她。如果你只是把所有的愤恨发泄在她的身上，那你就是在无意间为他的利益作出了贡献。"但是，我们确实需要建立一种社会道德规范，这样的道德规范也可以对以下的行为作出明确的界定：如果有谁打算为一个被控实施家庭暴力的人辩护或是出力，那么他（她）就有责任获取有关其要为之辩护的这个人的全部相关事实，而不是仅凭这个人的一面之词。虐待女性是普遍存在的情况，所以一般都无法在未经十分仔细的核查之前就断定指控是错误的或是言过其实的。

最后，我还要在此举出几个例子，其中施虐者的新伴侣是个男人，这个男人沦为施虐者的枪手，他对受虐待女性的一些反对行为有时简直和另一位新的女性伴侣的所作所为如出一辙。有些男同性恋团体会对女性抱有消极态度，也会像直截了当的男性一样为施暴男性的行为站脚助威。

其他施虐者盟友

有一点毋庸置疑，那就是你肯定会在一生中的某个时刻想要接近这样一种人，他们总会被某种特殊的吸引力所驱使想要控制他人。施暴的伴侣没有权利对别人进行恐吓或是操纵，或是运用强力来满足一己私欲或情感上的满足。比如，在各种专业人员中会有一些个别人——包括那些会对施虐人员以及他们的伴侣给予积极反应的人——他们积极工作的

第Ⅲ部分　各种角色中具有施虐倾向的人

动机不是出于关爱和尊重，而是出于对控制欲的渴望。

并不是每一个成为警察的人都希望成为能够为大众服务的公仆，总会有些人，他们最大的愿望是能够拿到一支枪，仗势欺人并且能够使自己凌驾于法律之上。我知道有很多仁慈的法官愿意应对这样的挑战，即为人们寻求公平、平等以及实际的帮助。但是我也注意到还有另外一些人，他们看来很是能够从侮辱那些弱势群体、将他们的诉求抛之脑后以及可以恣意妄为而不会受到惩罚的过程中得到满足感。在众多的治疗师队伍中，有大量希望能够合作完成工作的人，但同时却还有另外一些人瞧不起他们的当事人，用居高临下的态度和当事人说话，对每一个人的"真正"所想、所感和所需只是照本宣科罢了。还有这样一些监护权评估人员，他们很希望自己在男女双方痛苦的离婚过程中能够助上一臂之力，但是有大量的事实表明，他们所拥有的监护权权限使他们沉迷于利用权力来支配男人、女人以及孩子们的生活。

那些被权力所引诱并滥用权力的人和虐待女人的男人有着重要的共同点。举例来说，一位专横傲慢的老板可能就会面临这样的局面，即有一位员工终于厌倦了总是要向他发誓效忠，昂首阔步地走出了办公室，选择了辞职。一位总是强迫自己的女下属和他发生性关系的经理早晚都会东窗事发而面临性侵犯的指控。当那些滥用权力者得知被他们施暴的受害者试图以这些方式保护自己的时候，他们却会感到很愤怒，他们还会认为这些受害者简直不可理喻或是充满挑衅。所以，当某人看到一位女性正在控诉被一个男人所虐待的时候，这个人产生如下想法就一点儿也不令人惊讶了："这个女人是那些总喜欢扮演成受害者角色的人群中的一员。我知道她们是怎样的人，因为我不得不亲自和她们打交道：不管你为她们做了些什么，她们从不知感谢；她们不知道自己所处的位置；任何事情在她们的嘴里都会成为控告遭受虐待的依据。"

滥用权力者此时可能会对女性反抗压迫的行为带有强烈的个人感情色彩，他们有种强烈的意愿，想要代替那个施暴的男人作出报复。而事实上，我自己就可以在某些从业人员中间看到这种搅局的热切心情，这些从业人员甚至可以不假思索地站到施虐者的一方。他们的表态有时也会证实我的判断,即:他们确实有某种我之前曾经描述过的思维过程——有很多案例都是根据女人们歇斯底里的夸大其词以及他们对于男人们暴力的挑衅所杜撰出来的。

一个曾经沉迷于滥用权力的从业人员就是这样。当一位女性以某种方式对他(她)的工作提出质疑时,或是试图解释施暴行为对自己所产生的影响时,这位从业人员的反应总是特别的强烈。有时这种潜意识里的态度似乎就是:"我所拥有的专业知识、地位、判断力以及洞察能力都明显高过你,怎么你还敢在我面前一直不停地只为自己考虑?"一位受过虐待的女士要面对与专业人员的交流无果、无功而返,因为这些专业人员认为她只是遭到殴打,便编造出了伴侣对自己精神和肉体上所进行的摧残这样的惨痛经历,所以她所能做的只有选择不再交流。

举个例子,有很多遭遇过家庭暴力的女性曾经对我说,"警察有一次在他欺侮我之后来到我们家,但是他们却对我表示很气愤还辱骂我,他们和他很投缘,甚至称兄道弟起来,于是当我抱怨他们对我的态度时,他们居然对我说,如果我再冲着他们大喊大叫,就逮捕我。"我曾经亲身经历过几个这样的案例,案例中的一些法官和监护权评估人——其中既有男性也有女性——想方设法地要诋毁和贬低那些向他们报告遭到虐待并提出要求,希望他们能够为自己和孩子们提供保护的女性,如果这些女性抗议他们这些专业人员的反应态度,他们就会突然地开始用言语攻击她或是报复她。这种情况下,专业人员们的心态和工作手段几乎是和那些施虐者没什么两样了,其结果只能是对女性的再一次伤害。

律师

有些施暴者的辩护律师可真是别具一格。我极少会见到像某些律师这样恶毒而又毫无原则的那些施虐者们的帮凶。有很多女性都曾经向我描述当她们看到施暴者的律师出现在法庭上时心跳都会加快的那种感觉,还有就是当由这些律师起草的若干法庭文件被寄送到她们家时那种震惊的感觉。

一位施暴者或是被控施暴者和我们每个人一样都有行使法律赋予自己的权利，都有聘请律师的权利。但是，难道提供正当的法律咨询就意味着律师可以侮辱或嘲笑这些女性吗？利用一些牵强附会的理由来指控她吗？为什么会将这个男人的每一次陈词都当成是绝对真理？甚至为了达到目的扯上几次谎都是可以的吗？当然不是。但是，这样的行为正在以令人不安的速度在某些代表施虐者一方的抗辩律师以及一些处理监护权和探视权纠纷的律师之间传播开来。这样的行为有一部分原因是由经济利益所驱动的：如果这些律师能够成功帮助他们所代理的被控施虐者脱罪的话，那么他们可以借此获得一次成功的实践案例。所以，当一些施虐者听说某位律师"能够直刺女方咽喉"的名声，而最后的判决也是和他们所预期一样时，简直爱死他了。有时候，女性被她们前任伴侣的律师所伤害的程度几乎可以等同于被伴侣伤害。

所以，我们现在迫切需要为那些代表家庭施暴者抗辩的律师们建立一种法律标准，这样可以在这两者之间划定一条清晰的分界线，即：给一位男士以正当机会让他可以在法庭上陈述自己的一面之词（这是法律赐予他的权利）；允许他将男人的辱骂作为一件武器来使，借此给对方带来经济上和心理上的双重损失，当然所有这一切都是要在律师的帮助下才可能实现。

保持中立的假象

想要在一个施暴者和一个受虐待的女性之间做到真正的平衡是不太可能的，正如朱迪丝·赫尔曼医生在其名著《心灵创伤与恢复》中所给出的极富表现力的解释一样，"中立"实际上更多的是维护了作恶者而非受害者的利益，所以这并不是真正的中立。尽管一个施暴者更希望你能全心全意地站在他这一边，但是他也同样会满足于你做出的保持中间立场的决定。对他来说，这就意味着你将夫妇之间的问题视为二者各有一半的错误，而这样的态度也能表明这并非是虐待。

有一天我和一个人聊天，她当时正在向我描述一个男人和一个女人之间的相互攻击的关系，这夫妇俩都是她的朋友。"他们俩都想让我站在他（她）这一边，"她这样向我说道："我拒绝选择站队。所以他们不得不自己来解决问题。但是我会让他们知道我一直都是支持他们的。如果我公开支持女方，男方就会变得更为强硬、寸土不让。"她补充道："人们要尽量避免面临选择站哪个队这样的境况。"这也表明正是她所秉持的中立态度，才显示出她在处理此事上的成熟技巧。

实际上，保持中立就是与施暴者的暗中勾结，不管这是不是你的目的。如果你注意到了这种长期的、十分恶劣的虐待行为，但你却并没有出言表示反对，你的沉默无疑是在表明，你没有看到任何不可接受的行为发生。施暴者会将沉默理解为赞同或至少是谅解。与此同时，对于被虐待的女性而言，沉默意味着没有人会伸出援手——这正是她的伴侣想令她相信的一点。那些选择冷眼旁观的人在不经意间以其他方式成为了施暴者的盟友。

打破沉默并不一定就意味着要批评施暴者或是与其当面对质。当然更不是意味着你要将从女方那里听到的任何事情都告诉男方，因为施暴者会因为她把他的所作所为都告诉其他人而对她进行报复。但是无论这位女士做了什么，也不意味着你要在私下里告诉受到虐待的女士，你不喜欢他对待她的方式而且她不该受这些。如果看到或是听到有暴力的状况，你应该做的就是马上报警。

社会如何接受施虐者的观点

几乎每个人都有可能在无意间接受了一个施虐者的观点而成为他的支持者。一般情况下，人们甚至不会注意或是不愿意去注意他们正在支持的是一种"施暴有理"的想法。让我们仔细看一看几种最为常见的非刻意的支持。

- 某人总是这样对受到虐待的女性说："你应该对他有点同情心，即使他做了一些坏事。别忘了他也是一个普通人。"

我几乎从未遇到过一位受到虐待的女士会忽视其伴侣的人性。出现

第III部分　各种角色中具有施虐倾向的人

的问题刚好相反：他忘记了她的人性。承认他的虐待行为，诚恳且有力地说出他对她的伤害，是她恢复过程中必不可少的一部分。施虐者的观点就是，当她直言不讳地说出他所做的破坏工作时，她会被认为是对他过于苛刻了。应该向她提出建议，他对于同情的渴望要比她能够在不受虐待的情况下生活更为重要，而这种观点也是与施暴者的观点一致的。我已经多次看到了受虐待女性的亲朋好友之间存在的一种趋势，即他们愈发地感到他们有责任让她认识到他其实还是一个善良的人——换句话说，更多地关注他的需求而非她的需求，而这当然是错的。那些希望能帮助受虐者的人反而应该告诉她，她是一个多么优秀的人。

- 某人对她说："但他却是你孩子们的父亲。"

有施暴行为的男子总是会利用孩子将女人引入陷阱，他会指责是她把家庭弄得四分五裂并剥夺了孩子们拥有父亲的权利，实际上他才是那个强迫孩子们在其成长过程中要和一个虐待他们母亲的父亲生活在一起，而使他们无法拥有真正需要的父亲的那个人。孩子们需要的是一个没有虐待、没有暴力的家庭。

- 某人对她说："你自己做过承诺，那么你现在就应遵守这个承诺来度过艰难时刻。"

有施暴行为的男子都知道，长期的虐待、公然的蔑视、恐吓甚至是施以暴力，对于一个想要离开他的女性来说都不是足够理想的理由。当有人对她说："你是自作自受，所以现在必须自食其果。"他们支持的是施虐者的价值体系。

- 某人对她说："你想宣称自己是一个无助的受害者。"

如果一个有施暴行为的男子听到这些说给他的伴侣听的话，一定会兴高采烈的。他可能对她说过相同的话。施虐者的观点就是，女人都会把伴侣对自己的伤害夸大其词，因为她希望自己处于一个受害者的位置。他们不会将一些自己热衷使用的小把戏归咎于她。当一个受到虐待的女性试图要告诉你事情有多么糟糕时，一定要听。

- 某人会说："这些反对暴力的积极分子是反男性的。"

反对暴力行为怎么就一定会反男性呢？难道我们应该对绝大多数施

229

暴者都是男性这一事实熟视无睹吗？这种指控简直和施暴者对其伴侣所说的话如出一辙："你认为我有施暴倾向的理由就是你本身对男性的看法有问题！"对于这种充满偏见的说法，最好的反驳就是要指出到底有多少男性热心于反对对于女性的虐待。还要记住：那些受到虐待的女性其实就是所有男性的姐妹、女儿、母亲以及朋友；男人们的生活也会受到虐待行为的影响，因为这些行为就是发生在我们所认识、所关心的女性身上。

我也曾亲身经历过很多这样的案例：人们是怎样接受了施暴者对自己施暴行为的辩解。当你听到这样的表白，就请发言者注意以下事实：他（她）正在为他的虐待行为辩论。绝大多数人并不想大张旗鼓地对施虐者表示支持，而一旦你要求他们能够鲜明地表示出自己的态度时，他们肯定会说坚决反对家庭暴力。

对于社区的工作人员来说，制止家庭暴力的行为不太可能，但同时他们又会持续对施暴者采取纵容或是视而不见的态度。对施暴者的保护和纵容就和施暴行为本身一样令人产生道德上的反感。这种批评性的态度应成为我们的文化中坚强有力的一部分。与施暴行为同流合污是对受虐女性及其子女的抛弃，最终也会将施暴者抛弃，因为会令他无法应对自己的问题。

但不幸的是，试图教育人们要关心那些受虐女性，支持她们的诉求，使人们真正理解家庭暴力的危害进而不再支持施暴者，这样的工作却落到了这些受虐女性自己的头上。一个施暴者能够争取到如此多支持他的盟友的原因，除去操纵技巧及其本身所具有的魅力之外，他还能大加利用人们对家庭暴力的忽视、误解以及对女性惯有的漠视态度。

受虐者经常会发现只有你才是反对家庭暴力的最坚定的支持者，尽管执行起来很难，但一定要坚决反对那样的社会价值观，毕竟身处其中，你自己的社会价值观也有可能会选择接受施暴者的观点，只是为了能争取到强有力的支持，而这样的支持本应天经地义属于你的。

须要牢记的关键点

- 当人们在你和你的有施暴行为的伴侣之间选择保持中立时，不管他们嘴上怎样辩解，实际上选择的是支持他而放弃你。
- 人们不能嘴上高喊要反对家庭暴力，实际上却支持、纵容他们自己的儿子、兄弟或是伙伴对女性实施家庭暴力。
- 当一个有家庭暴力行为的男子对外为自己被控有家庭暴力行为拼命喊冤时，大家对于他的声明一定要小心小心再小心。绝大多数针对家庭暴力的指控——尽管并不是全部——事实上都是非常准确的。而且一个施暴者也绝不会"看着就像是有施暴倾向的那类人"。
- 有关"他也是一个人，他也应该得到情感上的支持"这样的讨论也不应该作为支持一个男子施暴行为的借口。我们的社会不应当接受这样的声明，即让他对自己的行为负责是一个残忍的决定。

第 12 章　法律体系下的有施虐倾向的男性

他因为殴打我而被判缓刑，但是他表现得就像这是一个天大的笑话。

他已经被逮捕过4次了，但他总能逃脱惩罚。

我打电话报警，向警察报告说他违反了禁止令，但警察却说，他这一次并没有暴力或威胁行为。只是违反禁止令对他们来说太微不足道了，所以他们根本没有必要采取什么措施。

地方检察官希望我出庭作证，但是我不会再到法庭的那间屋子里去了。上一次他的辩护律师在法庭上羞辱我，所以我认为这一次不能再去了。

法官告诉我，我们应该去找夫妻关系咨询顾问，解决我们之间的关系问题。

他一直从监狱里给我寄恐吓信。我该怎么办啊？

隐藏在绝大多数受虐女性受虐经历背后就是恐惧，这些恐惧包括：如果她起来反抗他，他会怎么做？如果他发现你一直和你的朋友们待在一起时他会做何反应？他可能会对你的孩子们做什么？他会令你再次怀孕；如果你想设法离开他，他可能会采取报复措施。

有时候一位女性可以向我描述出她害怕什么，这是因为她的伴侣的恐吓和残暴几乎都如出一辙。她可能会害怕他的侮辱、狂怒或者蔑视和厌恶。如果他十分凶暴，每次向你挥起拳头时他那扭曲变形、充满憎恨的脸都会映入你的脑海中，每当这些场景又浮现出来时，你会害怕得发抖。有时他甚至都有可能杀了你——而且他也是这么威胁你的。

而在其他的情形中，恐惧则是难以名状的。你可能发现你正在和朋友这样说："我不知道接下来他会做什么；我没有办法和他沟通，但他还是会设法做的，情况很快就会恶化。"当你不知道接下来会发生什么时，等待肯定会出现的虐待的过程只会越来越煎熬。即使是一个从未使用过暴力的施虐者也知道总会有第一次——而且他也能意识到你同样清楚这一点。所以，他会利用各种手段，或明确直白，或高深莫测，来提醒你不要"逼人太甚"，因为你也不想看到到底会发生什么事。

恐惧带来的影响会经年累积。一个曾经的爱人对你的第二十次恐吓完全不同于第一次。你可能会勃然大怒，可能会被吓得目瞪口呆或早已变得麻木，也有可能各种感觉一同出现。只是想要搞清楚下一步到底该怎么做已经变得越来越难了。

如果一个女人第一次需要警察局或是法庭介入到自己的家庭关系中来，她的内心多少还是有些抵触的。毕竟这是她深爱，或者至少是曾经深爱过的男人，曾经和他有过美好的过去，和他无论在肉体和心灵上都曾是那么亲密无间，一起经历了高潮和低潮的时刻，甚至还和他有孩子。她开始有些怀疑自己了，"我真的要去法院申请禁止令来反抗这个男人吗？我真的要去报警让警察来逮捕他吗？我这样做就会令他有犯罪记录，他甚至会因此而坐牢？"她将这些表面上看起来非常荒谬的各种可能都喊了出来。夫妻双方的关系中所产生的问题应该通过交谈或是借助于咨询顾问，抑或是双方可以分开一段时间来解决——她这样告诉自己——而不是非要通过法律和法官还有警察局来解决。

但是如果女人的伴侣一直都在殴打她——这种情况一旦显露出苗头，可怕的暴力行为就很难制止住了——她迟早会明白，情况已经恶化到自己完全没有能力控制的地步了。只有迈出向法律求助的这一步才可以终止女人的这些不切实际的幻想。

或者，即使在没有作出选择的情况下她也可能与法律系统有些关系。邻居、旁观者或是她自己的孩子们也会在面对这样一场可怕的事故中打电话报警。邻居们不太可能用手堵住自己的耳朵装听不见或是假装什么事也没有发生过；曾经认为家庭暴力是属于"私人事情"的那种传统观念已经一去不复返了。而学校里，老师已教会孩子们如何拨打报警电话，有时甚至还会向孩子们解释，他们有权在自己的家里得到安全。

如果一位女性面对的是来自伴侣单纯的言语或是经济上的虐待，而没有身体上的伤害性侵犯或是杀害的胁迫，在当前的法律体系下，一般都没有向警察局或是法院的追索权。虽然她的伴侣的恶劣行为给她造成了影响，但是她依然要从其他方面寻求支持——就从最近的旨在帮助受虐待女性的项目开始吧。

<u>问题17：他怎么能总是得逞呢？</u>

法律体系中的不同参与者

打报警电话或是向法院申请禁止令是一个勇敢的、可以激发出巨大潜能的行为，但是她也会因此而面临令人生厌的意外。尽管现有的法律体系应该成为她的朋友和保护者，但有时候一些公共事务官员却忘记了他们的本职工作。应对虐待事件的法律工作者包括很多方面的人员，也有可能失职。当警察被派到你家里进行调查，他们就有责任确保你和孩子们的安全，如果施暴者实施了暴力或是恐吓行为，他们还应将他逮捕。如果他违反了禁止令，即使他"仅仅是犯了一个技术性错误"而违反了禁止令，或是有某种"很好的借口"——比如，他声称是你打电话让他过来的；又或者他只是想把给孩子们的礼物送过来，警察也应将其带走。

如果警察没有逮捕施暴者或是根本就没来你家，那么下一步就该由法院来承担相应的工作，要提出一份起诉。如果你向法院报告说你受到侵犯或是恐吓，或者是你的伴侣违反了禁止令，你的话语就是证据。法院就能够或可以仅根据受害者的陈述报告提出控诉。

如果法院能够提出起诉，接力棒就会被传至地方检察官处。地方检察官的工作就是要认真对待这项罪行指控，和其他所有陌生人犯下的罪行一样对待，然后认真地量刑定罪。被起诉的是你的伴侣这一事实应已确实无误，或者实际上还可以令公诉人考虑对被起诉人的量刑定罪更严厉些。起诉人和被起诉人之间的谈判不能提及虐待的中心议题——比如施暴者同意去看心理医生就可以减轻指控甚至是撤销起诉,这是因为夫妻双方已经分开,"所以根本就不存在什么议题了",但是这些议题有时也会悄然出现。

下一步就是法官的工作了,法官不仅要作出量刑决定,同时也可以裁定那个男人是否有罪(除非法庭还有陪审团)。法官会采用和判决其他案件时所采用的相同的证据标准吗?或者,在面对家庭暴力或是性侵害案件时会采用更高的标准?有研究表明,现在的情况是,由于存在着对原告一方的偏见,以及对于"什么样"的男人会犯这种罪的误解,能够让法官和陪审团相信家庭暴力的实施者确实有罪已经变得越来越困难。

一位法官既可以批准也可以拒绝签署一份用来保护女性的禁止令。有些法官会乐于认真倾听原告的诉求,而同时也会有另外一些法官就认定女人们是在说谎或是故意夸大其词。有数量惊人的法官反而会将禁止令签发给受虐者,或者给双方都签发禁止令,这无疑是认可施虐者对自己的辩解,即他的伴侣对于他所爆发的吓人的暴力行为确实也负有相应的责任。

最后出场的就该是法院中的假释部门。这是因为一个施暴者极少会被判入狱,除非他已经有了3~4次的定罪经历,这也就意味着他已经至少被捕5~10次了。所以,他的假释监督员,就会是那个决定施暴者是要自食恶果还是应无罪释放的关键人物了。我曾经合作过的一些假释监督员给施暴者传达过明白无误的信息:"家庭暴力是一项严重的犯罪,我绝不会让你有任何机会再去责难被你伤害过的人。自己去找些正经事来做,这一切都要由你来决定。"

但是我也曾与很多这样的假释监督员打过交道:他们只需一个眼神或是点一下头就可以和施暴者称兄道弟,因为他们与他在某种信念上心有灵犀,即现在的法律体系总是存在着一种反男性的偏见,他们会说出这样的话语——"你只需要向大家显示,你已经参加了足够数量的必须参加的分组讨论,这样我们就可以马上给予你假释"——从而向施暴者发出了明确的信号,即他不必把虐待指控的流程当回事。

警察局和法院的大门有时是通向冷酷、充满敌意的世界的。警察和法院工作人员几乎没有接受过这样的培训课程，即在面对一个遭受了长期、恐怖的虐待的女士时应该有怎样的反应。即使他们并没有说什么不友好的话或是做什么不友好的事情，但他们粗鲁、唐突，一切都要公事公办的态度就像打了这位女士一记冷酷无情的耳光，而这位女士却是来此处寻求能够不再遭受家庭带给她的心理侵害和恐吓的帮助的。绝大多数的情况都是令人极为遗憾的——这些专业人员却和施暴者有着相同的观点。我甚至记不清到底有多少女士曾经这样对我说过：“我希望法院里的那些人过一天我的生活，看看到底会有什么感觉。”

从另一方面来讲，一句话、一个有用的小册子以及耐心的聆听都能令受虐者深受感动。我听到越来越多的女士这样说，"来我家的警察对我真的很好，他们会在私下里和我交谈，并问我都发生了什么，他们还告诉了我可以从哪些机构得到帮助。"还有，"法官对我说，如果还有更多的难题或是我还需要更多的保护，可以毫不犹豫地回去找他（她）。"当一位受到虐待的女士面对的是法院工作人员仁慈、充满关爱且又十分睿智的反应时，她不仅仅能够重获自由，其内心也会备受鼓舞，使她对生活重获信心。离开时她还在想，"或许不是每件事都像他说的那样。或许有些人真的非常友善。或许我并不是糟糕到活该一直忍受这样的折磨，或许他也不可能愚弄所有人"。女人开始意识到，自己的生活中将不再会面对残忍和盛气凌人。这样的信念一旦萌芽，便会在她的内心蓬勃起来。

施虐者如何规避法律及相应的结果

我的当事人都对禁止家庭暴力行为的法律予以支持——只要这些法律针对的是其他男人。每个人的头脑中都会有"一个真正的施虐者"的形象，但那绝对不会是他。在他的头脑中，"真正的施虐者"远比自己更为暴力、更为恐怖，而且还有一个原不该遭受虐待的"迷人女士"竟是这个人的伴侣。我的数十个当事人曾经对我说："我和这些家伙不一样，你是知道的，他们回到家里，不问青红皂白就虐待自己的伴侣。"一个总会以这些借口来为自己的家庭暴力行为推脱责任的男人，当警察逮捕或

第III部分 各种角色中具有施虐倾向的人

是法院强令他搬出自己的家时,他会有多么震惊。他认为自己受到了不公正的迫害。他认为,天下还有那么多打老婆的人逍遥自在,为什么他们却一直和我过不去?简直是荒唐可笑!

既然他无法接受自己有家庭暴力行为这样一个事实,那么他就会搜集所有其他人的错——这真是又一个对着自己的脏脸却去清洗镜子的施暴者的典型案例。这种完全扭曲的想法非常具有代表性。

- "对我的行为,她实在是夸大其词了。"

他的心理防线的第一关就是质疑她的诚实并指责她诡计多端:"她跟警察说,我用拳头揍她的脸,因为她知道这样就会令我看上去是一个坏蛋。我只是给了她一巴掌,可她扇我这一巴掌却更狠。"我对这种辩解的反应是,我只能说,她对整个事件的回忆完全不同于他的,但这并不意味着她的版本就是错的而他的是对的;事实上,受虐者在回忆整个事件的经过时其叙述较之施暴者的叙述通常要更为清晰也更为准确,这是因为有些人在面对危险时会变得超级警觉。即使这一次他的技术性描述是正确的,即他的手确实是张开着的,但是造成的后果有什么不同吗?很明显,他的袭击如此凶猛,以至于她认为自己就是被拳头暴打了,所以他根本就不值得我同情。另外,即使打的是一巴掌,但这对女人的伤害足够大,足够令她感到恐惧的了。

- "法官甚至都不想听听她都干了些什么。在法庭上,男人顺理成章就是犯错的那一个,所以女人就能随心所欲。"

施暴者在真正需要时,会认为自己完全有理由使用威胁恐吓,所以当他发觉法院人员并不认为他对于自己施暴行为的辩解能令人信服时就会非常沮丧,甚至根本就不想听他的解释。他认为,如果法院要采取实际行动来制止他对她的威胁恐吓,那么法院也应该同时打击她的一些行为,比如说,她和一些他并不喜欢的朋友一起闲逛,当他让她闭嘴时她却顶嘴,当他打她或是威胁她时她竟然还敢还手,或者就算他再怎样抱怨都一样。

- "整个法律体系就是由女人控制的。"

当今法律体系的方方面面其实都是由男性统治的:警察、法官、检察官、假释官。除此之外，各州负责立法的议院里也几乎是清一色的男性。所以，施虐者怎么就会得出这样荒谬、牵强附会的结论，怎么会认为是女人们躲在角落，暗中做了手脚，令他因为其行为而遭受这样本不应该出现的处罚呢？这种荒唐的想法之所以会冒出来主要有两个原因。其一，他已经养成了根深蒂固的思维模式，即将自己的恶劣行为归咎于女人。因此当法律社会传递给他的信息是他应当为自己的所作所为负全责时，自然会将这种责难扩展至所有的女性。其二，如果他不去责难女性，就要不得不接受这样一个事实，即其实也有相当大比例的男性是反对他的恶劣行径的。文化价值观正在发生改变，尽管有些缓慢但确实是在改变着，那些施虐者们不再可能总是指望着其他男性为他们站脚助威——这样的事实令他们感到自己被出卖，却只能闭眼接受了。

- "以前我从没有因为家庭暴力行为而受到过任何惩罚，现在也不会突然就发生在我身上。"

一旦施暴者得以从"法律居然能够侵入到他的私人领域"带来的最初震惊中恢复过来，又会重回自己的一个基本假设中，即他能够逃脱惩罚。他开始用操控自己伴侣以及她周围朋友的相同手法去操控法院工作人员。不幸的是，他以为可以刀枪不入，但是这样的小伎俩却并不似他以为的那样可以蒙混过关；施暴者会自然而然地采取让人吃惊的方式来观察。一个可以从法庭判决中侥幸逃脱的施暴者往往会比从未被捕过的人表现得更为恶劣；他坚信没人会支持他，他感到自己是无辜的，伴随而来的结果就是他的施暴行为会变本加厉。

- "谁也别想阻止我。"

这种坚持到底的态度并不多见，只属于那些施虐者中的极少数人，他们对于法律判决结果无动于衷，任谁也无法阻止他们对自己伴侣的控制。这样的男人即使是在监狱，也会想方设法对伴侣实施虐待和控制，要么寄恐吓信，要么通过朋友转达恐吓的口信，目的就是要让她担惊受怕。监狱并不能使他明白自己的错误所在；监狱只会更加刺激他的复仇欲望。而那些受到虐待的女性以及支持她们的相关机构，一定要提高警惕，如有必要应采取进一步措施，这样才能从容面对这个固执的施虐者被释放的那一天。

警察何时才会来

无论是谁,当发现施暴者的情绪几近失控时都会趴到窗户向外张望,急盼警察能够马上出现。曾经有数百位女性这样告诉我:"他就好像是被轻轻拨了一下开关。每当警察一进家门,他马上就变得异常冷静。而与此同时,我却表现得茫然无措,警察当然会认为是我有问题。他们不相信他能如此迅速地平静下来。"如果施暴者在控制自己情绪方面确实存在很大的问题,如果他们真的情感脆弱或是在孩提时代就受到过深深的伤害,那么不可能做到只要警察一出现在家门口,马上就能像拧水龙头一样将自己的情绪控制得如此自如。

施暴者讲给警察的故事都是围绕着反复无常甚至是酗酒的女人对自己的误解,然后想方设法要挡住灾难的好心肠的男人进行的。最常见的惯用套路有以下几种。

- "我们只是口头争论,没有动手。"

他当然希望警察能对东倒西歪的椅子、摔碎在地上的碟子以及她(他)胳膊上的抓痕视而不见。他认定自己的伴侣会因为太过恐惧而不敢向警察说出实情,或者她认为自己有责任保护他。

- "她一而再再而三地殴打我,而我只是想离开屋子。我所做的只是想让她别挡住我的道,我好出去。"

会有多少女人想把一个暴跳如雷的男人留在屋里?应该不是很多吧,除非这个男人威胁着要去自杀或是要去袭击她的一个亲朋好友。极少会有这样的案例。我的一个当事人跟我说了这样的实情,他出门的路被堵住了,而除了殴打之外还有其他的选择,包括从后门出去。我从未遇到过一个男人告诉我,说他没办法打电话求助,而这些状况通常发生在我的几百位女性当事人的身上。

有数不清的当事人将自我保护作为一种借口,之后又承认自己根本没有受到伴侣的恐吓或是伤害,对方也并没有控制他们的行动或是不让他们说自己想说的话。这是报复，而不是什么自我保护。在我的2000多个当事人中，我记得只有一位男士，他妻子确实有严重的暴力问题而不是一种对暴力的反应，但即便如此他也没有表现出多么害怕她。

- "她烂醉如泥，又开不了车，我只是想把车钥匙从她那里拿过来。"

这个解释还真够狡猾的。因为受到虐待的女性有时是会有酗酒或是依赖药物等问题，而这经常是因男人的恶劣行径所致。但是，她的酗酒成瘾也不是进一步虐待她的借口。不幸的是，每当有警察来时，看到的却总是女人喝醉了的情景，他们很可能会倾向于相信施虐者。但是如果我问上几个问题，立刻就会发现，她那天拼命想离开家的原因正是因为他对她破口大骂，而她想方设法要逃开，因为她很明白马上到来的就会是身体上的伤害。

- "她说，如果我不多给她一些钱，她就会报警说我打她。"

我曾经从很多当事人那里听到过这套说辞，以至于我很好奇他们是不是从同一所家庭暴力学校毕业的。有时我也不得不面对这样的情况，其实这样的索款行为根本就不存在，即使这个男人最初还宣称是亲眼目睹的。

- "我这么做是为了保护我的孩子不受她的虐待。"

又来了，一个没有家庭暴力行为的男人为了保护孩子免受一个有家庭暴力行为的母亲的虐待而不得不采取身体上的接触，这样的情境果然又真实出现了，但他应该做的是将孩子转移走而不是殴打这位母亲。

要一直努力使有关家庭暴力的伪造指控真正成为控罪，其难度是超乎想象的。如果一位怀恨在心的女士一直坚持要控告男人，总有各种办法可以做到更为满意、更节省时间以及更有可能获得成功。目前几乎没有证据表明，有关伪造指控的比例会比其他任何一项犯罪更高。事实上，有研究表明这个比例还相对更低一些。

当一个施暴者被控违反了禁止令时，他还会准备好另外一套说辞。

- "我们同时出现在那里纯属巧合。我根本不知道她也在。"

第III部分　各种角色中具有施虐倾向的人

在判断这个借口的合理性之前，我注意到那些决心要遵守禁止令的男人似乎总会想方设法躲开这名女士，相反，其他的施虐者似乎总能"碰巧地"一次又一次违反禁止令。

- "我不知道自己甚至不能给她写信。"

即使这个理由是真的，也只是表明了这个男人对于自己的伴侣还有法庭的蔑视，因为这表明他根本就没有读过禁止令的内容，而且也没有找一位律师来为他解释"不要试图联系原告"这则条款。

- "我只是想和孩子们说说话，我实在是太想他们了。我已经有两个月没有探视过他们。"

再没有哪种借口能比这个更能打动警察局和法院人员的心弦了。我有几个当事人，就是曾经通过使用这个借口获得了探视权，但之后就不再使用了，因为他们实在是不喜欢这些条款。他们说："早知道我一周只能有一个下午见到孩子，或是我只能在有监督人员在场的情况下才能见孩子，我就不会去见他们了。"所以，他们自我标榜的充满奉献精神的父亲形象还是就此打住吧。

当警察接到一个有关家庭暴力的报警电话时，有些女人还会争着为她施暴的伴侣打掩护、说情。你可以想象她的处境：她很清楚警察几分钟后就会离开这间屋子，而她又只能独自留在那，要么和施虐者在一起，要么不在一起。如果警察逮捕他，一旦他被释放等待她的就只有一件事——比以前更为愤怒。她很清楚，她最为安全的处境就是站在伴侣一边，如果她选择和他合作，那么当警察离开她家消失在街道上时，她也不会被他撕个粉碎。即使是她自己报的警，她也并不希望看到自己的伴侣被逮捕；绝大多数的女性打求救电话只是想让这样的恐怖时刻尽快结束。她们希望警察能够使他平静下来，通常只是希望他这一晚可以从家里搬出去。但是若要把他送到监狱里，即使只有一两天，也没有几位女性愿意看到这样的事情发生，除非她们已经长期被自己的伴侣折磨，忍无可忍了。

不过，相较于15年前，现在的女性显然更有可能向警察吐露实情。尽管施暴者会说："是你把我送进监狱的！"但事实是他把自己送进去的。

为什么要由你遭受家庭暴力的折磨来保护他，使他免受被人戴上手铐的羞辱？他很清楚自己需要改变哪些行为，这样警察下次才不会又被报警电话叫来，一切都要看他的表现。

如果你害怕你的伴侣一旦被放出来就会杀了你的话，那么我建议当警察逮捕他时你不要只是站在一旁袖手旁观。每位女性都要在很清楚自己的安全状况如何的基础上再作决定；现有的法律体系并不能完全控制他的行为，所以你要为自己的安全寻找一些替代性的计划，比如计划逃跑。

我应该申请禁止令吗

有关是否申请、何时申请禁止令的问题是一个相当复杂且没有人能够给你确切答案的难题。当你自己作决定时请谨记以下几点。

1. 他害怕警察、法院或是监狱吗？如果是的话，禁止令就可以让他离你远一些。但是如果他对上面几项都无所畏惧，禁止令反而会激起他更大的怒火。我曾经遇到过这样的当事人，其对禁止令的反应就好像是公牛面对红旗一样。

2. 你主要的担心是他会胁迫你？试图殴打你？还是和你吵架？或是他会做出什么更为严重的事情，比如想杀了你？禁止令对于阻止那些一般的骚扰以及不致命的侵犯等方面还是有所帮助的。但是如果是想制止一个置你于死地的施暴者来说，禁止令就不值得一用了。如果你担心会有最糟的情况发生，最好还是采取多重步骤来保护自己的安全，可以将禁止令作为更全面的安全计划的一部分，如果这部分计划有助于你的安全的话再行采纳。

3. 你家附近的警察局和法院能够给予你支持吗？如果他违反了禁止令，这些单位有可能及时帮助你吗？他们会相信你提出的对方违反禁止令的报告吗？因为，一旦法律机器并不打算支持你的话，禁止令反而弊大于利。

有一些案例表明，禁止令极大地保障了那些女性的人身安全和内心的平静，同时对于那些尝试着要开始自由的新生活的女性们发挥了不可估量的巨大作用，但是施虐者各不相同。某一些案例中，女人对于申请到的禁止令又非常后悔，因为这令她的生活更为担惊受怕。如果可以的话，决定要申请禁制令之前，先去和一个旨在帮助受虐待女性的保护组织交谈一次。不论你是否会选择申请禁止令，都要确保自己采取的每一个步骤都是为了保护自身安全。一份禁止令应该成为一个更为全面的安全计划的一部分。

如果他们真的逮捕了他，下一步怎么办呢

一旦一个施虐者经过传讯之后被放了回来，他一定会想方设法完成以下几项工作：（1）说服女人撤销起诉，一旦诉讼已然进行就劝她不要出庭作证；（2）法庭的判罚越轻越好。

我早先有一个当事人，是一个名叫菲尔的大块头摩托车手，他让我见识了男人在此阶段能够处于优势地位的很多伎俩。他因为侵犯自己的女友贝蒂而被捕，之后自愿参加了我的一个施暴者小组讨论会。在参与讨论会的头几个星期里，他很明显有些不受欢迎，这主要缘于他的傲慢以及他的那种"我什么都不在乎"的态度。但是几个星期过去之后，他的态度变得缓和下来，也可以对其他组员的施暴经历给予正确的评价。贝蒂向我汇报说，她高兴地看到菲尔已经消失了好几年的另一面：他安静了，当她说话时他更愿意听着，如果俩人发生了争论他会选择走开而不是用拳头威胁她。对她来说更重要的一件事就是，他在某天下午经过她姐姐家的房子时决定尝试着和她姐姐一家重新弥合彼此的关系，而这竟然是菲尔经历了拒绝和她姐姐说话，还一直叫她"泼妇"的漫长的两年时间之后。贝蒂非常开心他参加我的小组讨论会而且还在会上有良好表现。

但是，这之后发生了两件事，又使贝蒂陷入困惑当中。有一天他们之间又发生了激烈的争论，这在最近显得很不寻常，他冲着她大喊道："我

现在有这么多被法院纠缠的麻烦事，这都是因为你打了那个该死的报警电话。"这次的突然爆发看起来与他这段时间所表现出的自责姿态有些出入。但他很快在第二天表达了歉意，并将自己的行为视作是"回滑现象"。几周之后，在又一次的激烈争执之后，他对贝蒂吼道："如果你胆敢再出庭作证指控我的话，你肯定会后悔的！"之后，他又坚称他当时只是想说她对于将自己视为"一个犯罪分子"应该感到愧疚，但是贝蒂感到他仍有其他想法。

到了对他进行听证的日子了，菲尔参加我们的小组研讨会已经有三个多月。贝蒂把他这段时间的变化都向法官作了汇报，菲尔也对自己参加小组讨论会的情况进行了描述，并说自己已经意识到了自己有需要马上解决的问题。法官对菲尔能主动参与到咨询治疗工作中去，不是只等着法院对他的传唤而深受感动。最终，对他的指控也因此而撤销。

菲尔和贝蒂一起从法院拾阶而下，然后分头走向各自的汽车。当他们分开的那一刻，菲尔露出了一个看上去更像是讥笑的表情，说道："现在好了，我猜我可就是好好先生了。"而且他说到做到了。这之后他从未再踏进施暴者小组会的门槛，突然间又恢复了他对贝蒂惯常的虐待行为。

在看到我们的治疗工作中总是出现步菲尔的后尘，采用一些鬼把戏的当事人之后，我们最终决定采用一种政策，即不再允许那些处于遭到逮捕又在等待法庭处置期间的男士们参加我们的讨论会。我们不希望自己成为那些施暴者借此操纵其伴侣并且逃脱法律制裁的又一个工具。

有很多女性经常会责怪自己为什么没有坚持将起诉进行到底。一个女人会这样说："我怎么就这么傻。真见鬼，我都不知道自己为什么要相信他发的誓，我应该去法庭作证的。可是现在，看看我的糟糕处境。"如果你会以这种方式自怨自艾，那就暂且打住，好好想想：难道他这么有说服力就是你的错吗？他是如此了解你，非常清楚如何忽悠你，他多年来的生活经验使得他非常清楚你人性上的弱点，并且清楚如何利用你的弱点。他的操纵欲如此之强，又怎么能是你的责任呢？花了这么长的时间才看清施虐者真面目的原因就是，他非常清楚如何才能让自己一直都隐藏在不断变换的阴影里。如果施暴者都是这么轻而易举地被辨别出来，那也就不会出现那么多受虐女性了。

处于假释期的施暴者

我曾经有一位名叫帕特里克的非常出色的年轻下属，主要负责施暴行为咨询。他的性格直爽、果敢，但是包括他自己还有小组里的当事人成员都意识到了他的年轻——他才23岁，而看上去只有19岁而已——还有他的小身材。我们都认定早晚会有一个火爆的施虐者对他发出恐吓。果然如此，有一天，帕特里克因为小组中的一个当事人的无礼行为，放下了法律书。那男人要求帕特里克"站到外面来"，这样他们就能来场决斗。那男人的肢体语言表明，他现在有多么享受这次能够充分利用自己拳头的机会。帕特里克礼貌地拒绝了对方的挑衅，反而告诉男人，请他离开房间。当事人考虑了一下自己的处境，于是没有向任何人挥拳头就气愤地离开了房间。

我们将这次突发事件向法庭作了汇报，然后就开始等待看需要多久这个男人会因其在法庭强制参加的治疗小组讨论项目中威胁咨询顾问而被送进监狱。但是我们在两周后听说首席假释官给那个男人打电话并发表了一通态度强硬的讲话之后，指示他参加另一项"施暴者治疗小组讨论会"，你可以想象我们有多么吃惊。换句话说，他的"结果"就是，他逃避掉了完成这次小组讨论的任务。我曾经在同一个法庭有过一次相似的经历，在某个案子中，我们怀疑一位当事人一直在过量服用医生开给他的止疼药。在获得允许后我们希望和他的处方医生谈一谈，但当事人却拒绝了。他的假释官很快给我打了电话并气急败坏地向我吼道，当事人的处方药根本不关我的事。接着，假释官又满不在乎地向我宣布说，他的止疼药也是由同一位医生开出的（怪不得他不愿意我们过多地介入此事）。

我的当事人轻而易举就能看清楚，他的假释官是否将家庭暴力当作是真正的犯罪。每个男人都会想方设法地弄清楚自己的借口能在多肥沃的土壤中"茁壮成长";他知道假释官给予他达到目的以及受害责难的空间越大,对他的监督就会越松懈。而相应的,首席假释官对于家庭暴力的态度也会在很大程度上成为施暴者的态度,这和我在警察局目睹到的现象是一样的。当我和一些设有同情受害者假释部门的法院一起工作时,他们送交的绝大多数男士都能很好地配合我们的工作计划并完成所有要求的工作内容。但是,一旦假释官们的同情心都放在了施暴者的身上——和之前描述的在法庭上真实发生的一样——男人们就又会暴露出其本来面目,无论是行为、态度还是出席治疗小组讨论会的问题上,因此我只能将那些不合作的家伙从小组讨论会中逐出。为什么?因为他们已经察觉到,自己即使被终止资格,也不会导致他们在法庭宣判中有什么不好的结果发生,所以他们宁愿选择不再忍受这样的施暴者小组讨论会对他们的质疑。

当这个施暴者发现他可以操纵假释官或是和假释官有了交情,不仅会向假释官描绘出一幅受到女人虐待的景象(但事实无疑已经被严重歪曲了),还可以在施暴者治疗小组的问题上采用分而治之的策略。"我知道我做什么都是错的。"他说道:"我很想解决自己的问题,但是整个治疗小组并不想帮助我们作出改变;他们只是告诉我,我们都是坏人,我们说的每件事都是错的;他们是在拿我们撒气。"假释官随后给我打了电话,将那个男人的抱怨又复述了一遍。而我的答复则是一贯的:"等哪天晚上你有空,尽可以过来随便选上两三个治疗小组查看查看,你就会亲眼看到我们的工作。"事实上,真的有一位假释官来参观过几个治疗小组,然后就会在每月的某个固定时间来参加一次小组治疗会。他很快就理解了我们针对那些施虐者实际上所采取的病患和教育方法,再也不被一些谎言所操控了。

施暴者对于治疗小组的歪曲汇报与他对自己伴侣的做法如出一辙。当我告诉一位喋喋不休的当事人,请他不要试图支配整个治疗小组的讨论,最好能够安静一会儿时,他这样告诉他的假释官:"咨询顾问说,我们只有听的份,根本不能讲些什么。"如果我对其在治疗小组的破坏活动加以限制,他就会回到自己的座位上,低下头,仿佛自己就是一个受害者,讽刺地说道:"好了,我明白了:我们总是错的,女人总是对的。"如果某男士因其不得体行为已经受到三次警告的话,我就会终止其在该治疗小组的参与资格,而他却说:"如果我们没有说你真正想听的内容,就会把我们开除出去,你根本没有给任何人第二次机会。"他的这些对于我们治疗小组的歪曲事实的报告,也使我们了解到他在家里是如何怀疑自己伴侣的,这一点尤为重要——为何她会感到如此气愤、沮丧甚至想要大声叫喊出来。

努力争取人缘

施暴者每遇到法律系统中的一个新工作人员时,都会试图和对方建立起个人关系。如果对方是男性,他会依靠"男性套近乎手法",比如开些有关女性的小玩笑,或者寻求得到老一套的反女权人士的同情;如果对方是女性,他会说些阿谀奉承的话同时再和她们调调情;又或者,充分展现出对其关怀备至的姿态:"我听说你女儿病了,她现在怎么样了?"颇具效果的信息表达了:"瞧,我并不是一个家庭暴力者,我只是一个和你一样可爱的普通人,我想和你做朋友。"我的当事人在参加治疗小组时总是用相同的伎俩,所以我很清楚这些具体的花招。

须要牢记的关键点

- 如果施暴者没有受到任何有力的惩罚,几乎不可能有所改变。必须要求施虐者配合而不是代替判决结果全程参加治疗小组项目。
- 很多施暴者都将法律体系视为可以又一次操控别人的好机会。他能成功利用此手段,很大程度上取决于那些关键部门的官员们在面对家庭暴力的案件时是否训练有素——即他们当中会有多少人如他所想。
- 希望借助法律武器来保障自己权益的女性需要找到能够帮助自己的人或事,然后就要准备为自己的权益而奔走。第一个要打的电话就是旨在帮助受虐待女性的组织。
- 除非你能够很好地利用法律武器并使之与其他一些自我保护工作相结合，否则法律武器不能用来保护你的安全。
- 任何一种形式上的身体侵犯，包括推搡、击打、推挤或是威胁，在绝大多数州、省中都被视为是非法的。你不必一直等到受到严重伤害时才向警察寻求帮助。
- 任何一部法律典籍或是任何一项法令中都没有"轻微"暴力这样的说法。如果相关的法律机构未认定他负有法律责任，那么在"法律体系并未明确指出"这一假设的纵容下其暴力行为就会变本加厉。

Why Dose He DoThat?

第 IV 部分　改变中的施虐者

第13章 他们从哪里学到了这些

当我们经过杂志展示架时，他指着《时尚》杂志的封面对我说："你为什么不能像那上面的人一样？"

他最喜欢的歌是枪炮与玫瑰乐队的一首："我曾经爱过她，但是我必须杀了她。"他把这个总挂在嘴边。

他父亲对待他母亲和他对待我的方式一样。

你应该看看他和他那帮哥们儿在一起是如何谈论女人的，就好像她们是一片片的肉。

从前，有个男孩，他带着梦想慢慢成长。在他很小的时候，有人告诉他——当他长大到足够真正了解相关事情——小镇边上的一片美丽的土地就会由他管理。当他长大成人后，会完全属于他，并带给他巨大的财富。他的家人和其他亲戚经常向他描述那块土地，就好像那是一片奇幻世界、人间仙境。他们没有明确告诉他那块土地什么时候属于他，但是却暗示到他16或者20岁的时候，这块土地会属于他。

到了十五六岁，男孩开始视察他的财产，并在那里散步。两三年后，他觉得接管这片土地的时候到了。可是他开始注意到一些让人不安的事情：偶尔，有人到他的土地上远足或者野餐，当他告诉他们没有许可不许进入这片领地时，他们拒绝离开并坚称这片土地是公有的！当他向亲戚们询问此事的时候，他们向他保证除了他没有别人拥有这块土地。

在他20出头的时候，他开始因为镇上的人对他的财产表现出来的不尊敬越来越沮丧。首先他想要通过妥协试着处理这个问题。他把地产的小部分设定为公共野餐区甚至自己花钱设置了一些桌子。剩下的土地，他立起了"禁止入内"的牌子，并希望人们远离这里。不过，让他吃惊的是，小镇上的居民对他的让步毫无感激之情；他们还是继续我行我素，在整个区域享受自己的悠闲时光。

男孩最后无法忍受对他与生俱来的权利的践踏。他开始向进入领地的人们叫喊、咒骂，并通过这种方式把他们赶出去。那些没有被他吓到的人，变成了他肢体攻击的目标。但即使攻击也没有把整个区域清理干净，于是他买了一把枪开始向人们开火，虽然只是想吓跑他们，而没有真正瞄准。镇上的人都认为这孩子疯了。

一个特别勇敢的当地居民决定用一天的时间查一下镇上的地产记录，以确定人们一直怀疑的事情：这块土地的确是公有的。男孩的家庭以他的名义做出的声明其实只是一个传说和误会，没有任何记录依据。

当男孩面对这些证据时，只有不断增加的愤怒。他认为镇上的人篡改了记录，这样他们就可以把他最珍视的梦想夺走。很多年后，他的行为依然古怪；有时候看上去他接受了儿时被误导的现实，但是随后他又会爆发出来，想要重新通过法律程序获得那片土地，他还设计了什么装置伤害到那里的游人，以及其他能想到的主意。他的亲戚们鼓励他保持好战性，并告诉他，"别让他们夺走你的财产。"很多年之后，他终于接受了自己的梦想永远无法实现的事实，也学会了和大家分享这片土地。在这期间，他历经痛苦，但最终释然，逐渐接受自己被严重误导、自己的行为具有严重破坏性的事实。

为了了解如何能使施虐者发生变化，个人和团体需要理解的不仅是虐待想法是如何起作用的，还要知道这种想法是从哪里来的。克服各种虐待需要对造成这种问题的根源进行关注。

上面这个故事就是源于童年时社会经历造成施虐的一种比喻。在前面章节我们已经介绍过，施虐行为与心理问题没有关系。那么男孩与伴侣关系的观点是从哪里来的呢？来源很多。最重要的一个就是他成长的家庭、他的邻居、他收看的电视节目、他听到的玩笑、他收到的玩具所传达的信息，还有那个影响最大的：成年人榜样。榜样之所以重要，并不

第IV部分 改变中的施虐者

仅仅因为他们向男孩展示的行为，还包括通过语言交给他的观点、对他未来的期望。综合起来，男孩的价值观是通过他所处的文化、所经历的成长过程形成的。

每个男孩的社会化过程都是独一无二的。即使年龄相仿的兄弟俩也不会有完全相同的价值观，文化也就得以传续。孩子能够传承的文化一部分依赖于从社会环境中接受信息的强弱；另一部分则依赖于他/她个人的倾向。比如家庭的反叛者可能会成为无神论者，而那些更愿意取悦家长的孩子甚至会比家长更加虔诚。

孩子是如何了解虐待的

孩子的学习过程很早——一般在3岁左右，也可能更早——接受相关规矩和文化传统，这样的学习会持续整个童年和青少年时期。孩子所处的家庭对他的影响力还是很大的，至少是在他生命的最初几年，不过家庭只是众多因素之一。对于正常行为和不正常行为的感觉、道德观的对错、性别角色的观点大部分是通过电视节目、网络、流行歌曲、儿童书和笑话形成的。他们观察亲戚朋友，包括和他们非常亲近的成年人的行为，并把他们作为模仿的对象。他们会留心哪种行为可以得到表扬——比如，可以受到大家的欢迎——哪种行为则会受到人们的制止。在四五岁的时候，他们开始对法律和警察表现出兴趣，因为这两种事物对他们的道德感的形成起到了重要作用。到了青少年阶段，年轻人接触到更广泛的文化，受成年人的灌输也越来越少，但会被同龄人迅速发展的影响所蛊惑。即使在成年后，还会阅读各种文化、社会资讯以调整自己的观点和想法，使自己能够融入社会。

问题18：他们是从哪里学到这些的？

现在我们看看社会影响是如何促使孩子形成对于虐待的观点的。我在此描述的一些事情需要追溯到几百年前，而其他信息则是近期的文化现象。我以面向儿童的文化为例，比如儿童图书和电影以及其他形式的成人文化——成人文化是通过他们观察作为榜样的成人行为和成年人直接告诉他们什么是对的、什么是错的等等，慢慢渗入孩子心灵的。

- **法律和司法系统是虐待女性的共谋**

到了19世纪，在英语世界中男性虐待女性还是可以大行其道的。她无法寻求警察或者法庭的帮助，而且，就算她因为虐待而选择和他离婚，他也会依法获得孩子的监护权。在19世纪晚期，一些司法结果最终促使针对女性极端暴力的立法形成，但是这些立法直到20世纪70年代才实行，直到20世纪90年代才一致强制执行！数百年甚至上千年来，针对女性的家庭暴力都被认为是男性在家中保持发号施令、主持纪律、确保他高人一等的智力规则，避免男性普遍认为的女性歇斯底里、短视和无知品质形成的必要工具。随着20世纪60~70年代的女性运动兴起，尤其是那些关注殴打和性攻击的活动家的缘故，关系亲密的人对女性施加的压迫才被当作犯罪而严肃对待。

孩子还会注意到司法系统的反应。一个成长在父亲攻击母亲的家庭的孩子通过多年的观察，发现父亲从来没有因此而惹上麻烦，这意味着父亲的行为对大家来说不是一种错误（实际上，任何年龄超过10岁或者15岁的男性都没有见过自己的父亲因为家庭暴力而获刑，因为这种刑罚在1990年以前还不普遍）。当一位女士问我："为什么肢体施虐者认为自己的行为可以继续下去？"我无法回答为什么他到现在还能够施虐，现在对于攻击伴侣的刑罚甚至要比攻击陌生人轻许多。这种对女性肢体施虐由来已久的宽恕在难以确定并克服情感虐待方面也起到了重要作用，而情感虐待已经形成了男性在伴侣关系中行为的免罚惯例。

- **受人欢迎的节目既反映了也造就了社会观点**

在本书写作的过程中，白人说唱歌手艾米纳姆（又称：痞子阿姆）获得了格莱美奖（北美流行音乐最高荣誉）。他的最新流行单曲名叫"金姆"，金姆也是他妻子的名字。歌曲开始，歌手把自己的女儿放在床上，然后开始策划准备杀妻，因为她和别人在一起。他告诉妻子："如果你敢动，我就把你打得半死。"还告诉她，他已经谋杀了他们4岁大的儿子。然后，他告诉妻子，他打算和她一起开车出去，把孩子独自留在家里。等到回家的时候，她就是躺在车后备箱里的一具死尸了。金姆的声音（歌手伪装的）在歌曲中不断出现，惊恐地尖叫着。她多次请求他不要伤害她。他向她详细描述着他会怎样让场面看起来好像是她杀死了儿子，艾米纳姆只是因为自卫而杀了她，然后他就可以被无罪释放了。金姆尖叫着救命，从声音上可以听出，她是被掐死的，艾米纳姆叫喊着："流血吧！流血吧！流血吧！"伴随着尸体被拖过干树叶的声音，凶手把尸体扔进了汽车的后备箱，盖上了箱盖。

比艾米纳姆决定要把自己谋杀女性和儿童的计划写进歌里还要恐怖的是这并没有阻止他获得格莱美奖。

而且艾米纳姆并不孤单。非常流行的枪炮与玫瑰乐队录制了一首歌，歌中唱到："我曾经爱过她/但是我必须杀了她/我还要把她埋在6英尺之下/而我还能够听她的唠叨。"歌手（艾克赛尔·罗斯）继续唱到，他知道他会思念她，所以把她埋在了后院里。这首歌支持了在肢体施虐者中非常普遍的一种观点，就是女性的抱怨引发了男性的暴力。另一个突出的例子是喜剧演员安德鲁·戴斯·克雷，他关于殴打、性攻击女性的"笑话"节目已经充斥了全国的表演场所。这种表演者的粉丝已经知道如何为自己辩护，"得了吧，不过是幽默。"但是幽默其实是一种文化传递自己价值的有力方式。如果一个人已经因为之前接受的教育和自己的经历变得具有施虐倾向，那他会在这样的节目中找到认同感，然后他和伴侣的感情会变得愈发疏远。在我接手的一个虐待案件中，男性就经常播放那首枪炮与玫瑰的歌曲，还告诉自己的妻子，这样的事情也会发生在她身上，并为此而大笑。但是考虑到他做出的言语威胁和肢体恐吓，他所谓的笑话，在伴侣看来其实已经让人毛骨悚然。

- 流行的戏剧和电影把虐待女性浪漫化了

很多年前，我在波士顿看了一出名为《弗兰基和约翰尼要结婚》的话剧。故事的主线是这样的：约翰尼爱上了弗兰基，觉得她是他命中注定的那个女人。一天晚上，他来到她的公寓向她表白爱意，想要说服她和自己交往。她对此却毫无兴趣，并如实告诉了他。于是约翰尼就开始不断施压，这也是全剧剩下的戏份。他批评她、蔑视她、告诉她：她对于亲密关系和承诺的恐惧才是她不愿意和他在一起的原因。他对弗兰基灌输的是，不管她对自己的了解是什么样、她想要什么，他的判断都是更好的。弗兰基依然没有就范。

所以约翰尼的虐待升级了。一段时间，弗兰基在这种强迫之下，变得筋疲力尽，想要去睡觉，但是约翰尼抓住她的胳膊，堵住去卧室的路。然后弗兰基走进厨房想给自己做一个三明治，想着自己不能睡觉但是至少可以吃点东西。但这也不行，因为约翰尼从她手里抢走了盘子，连三明治一道，全都扔进了水槽。

弗兰基终于被激怒了，她要求约翰尼立刻离开她的公寓。他拒绝了。她威胁要打电话报警，让警察带走他，对此约翰尼回答的大致意思是："尽管打，让他们来。不到一个小时，他们就会释放我，然后我还会回到你家的防火梯下。早晚你都要面对我的。"

至此，弗兰基发现无法让自己的任何权利得到尊重，然后呢？你瞧，她顿悟了！发现一个改变一生的突破！突然间，她克服了对深入交往的恐惧——现在看来，约翰尼对于她害怕亲密关系的看法和其他看法都是正确的——而她则义无反顾地投入到他的怀抱。弗兰基和约翰尼相爱了。大幕落下（看起来弗兰基现在可以吃饭睡觉了，虽然我不确定）。

那晚，最让人震惊的部分还不是剧情本身。让我吃惊的是，亨廷顿剧院里几乎挤满了250个受过良好教育、有相当经济实力的成年人，他们站起身，爆发出热烈的掌声和欢呼声，咧开嘴欢乐地笑着。剧场里的人几乎都站了起来——除了我。过去的5年里，我一直在研究施虐者的行为，而我完全知道自己目睹的是什么。再也没有谁看到在肢体撕扯、剥夺进食和睡眠、威胁、高人一等和其他形式的虐待中还缺失了些什么。弗兰基真的是因为害怕亲密关系而不愿意和约翰尼在一起吗？还是因为他的高傲、虐待和肢体暴力？在这样的威胁下，谁不会害怕亲密的关系呢？总会有害怕的。

这部话剧向年轻人传达的信息，不论是否有意，都是虐待，甚至暗示在某种程度上的肢体暴力以及威胁都是和深深的爱意并存的。在这样的爱意驱使下，男性对女性似乎比她们自己更加了解自己，知道什么对

第IV部分 改变中的施虐者

她们来说是最好的。即使年轻的孩子没有看这部剧——多数观众都是成年人——也会因为家长把这种观点从剧院带回家而受到影响。

- 男孩所接受的关于性别角色的早期教育以及关于能够满足虐待的关系

研究表明几乎半数施虐者是在父亲或者继父是施虐者的家庭长大的。家庭对于了解性别角色的价值和期待是非常重要的学习土壤。男孩们很容易就会从施虐者的言语和行为中吸收这样的观点，即使父亲从来没有明确说过女性是低等生物，或者男性理所当然拥有争执的最终决定权，他的行为应该被接受。

性别角色的期待对于男孩和男性来说，就是男性一直接受的1955年发表在《家政月报》的一篇名叫《贤妻指南》的文章。这篇文章介绍了很多行为指导，诸如"不要对他的行为、判断能力或者人格提出质疑。记住，他是这幢房子的主人，因此他永远能够公平真实地实现自己的愿望"。还有"如果他回家晚了，哪怕彻夜不归，不要抱怨。把这些小事情和他那天可能经历的事情比较一下"。妻子进一步被要求，在他回家的时候，要让孩子保持安静、房子要井井有条、一尘不染，如果丈夫晚上出去娱乐也不要表示不满，因为应该"理解他充满压力、紧张的世界"。我们的社会对性别角色的观点在过去的50年中获得了极大的进步，然而这篇文章所表达的期待完全就是我的众多当事人那里希望的，这说明文化所产生的深远影响需要很多代人才能够根除。

- 媒体向孩子或者青少年传达的信息也有鼓励男性施加虐待

在一本《作业的麻烦》的畅销读物中，母亲和孩子在父亲愤怒时都会变得怯懦（这句话是写在封面上的）。其中有他掀翻椅子并握紧拳头举过头顶的片段。在故事的结尾，孩子做了父亲希望他们做的事情而让他感到欣慰，母亲则快乐地看着他们坐在沙发上和父亲依偎在一起。在罗素·霍班的《弗兰西斯的睡前时光》中，父亲威胁弗兰西斯，如果她再要人帮忙克服对黑暗的恐惧，就要打她的屁股，然后，她怀着挨打的恐惧独自睡去。

神话有时候也会对施虐起到推波助澜的作用。在《美女与野兽》中，野兽对美女非常残暴，把她关起来，与世隔绝，但是她依然爱他，最终她的爱把他转化成一个好人——这也是一直让一些女性身陷受虐关系的秘密所在。在《小美人鱼》中，爱丽儿选择放弃自己的声音——完全地——为了能够生活在陆地上并嫁给她心爱的人。没有声音的女性是很多施虐者的梦中女郎。

音乐 MTV 和电脑游戏如今成了孩子和青少年接受文化熏陶的主要来源。在 MTV 和 VH1 的世界里，很多性别角色的信息要比以前更加恶劣，男性的攻击性和控制，以及女性的价值仅限于对他们的性引诱。在 MTV 上播出的一部纪录片中，色情摄影师通常被请来担任音乐电视节目的摄影工作，这样很有可能形成这样的看法：**女性的存在是为了被男人使用**。

有些音乐电视非常露骨地表现着虐待，比如一个男性整首歌的时间都在跟踪一位女性，而她则想摆脱他，她还跳进了一辆车里想要逃走，而他则打开了另一边的门，也钻了进来。在故事的结尾，她放弃了，并且爱上了他。这个音乐电视所传达的信息不仅是跟踪者证明了他有多么爱她，还说明跟踪者其实是为了她好才这样做的。音乐电视中的女性在说"不"的时候从来不是想要表达"不"的意思，当她们逃离的时候，其实是想让男性追逐并抓到她们。还有什么能够完美地体会施虐心态？

- 色情录像、杂志和网站是学习的土壤

当男孩进入少年阶段，他会遇到另一个形成他对女性看法和应该如何对待她们的强大力量：色情产品。多数色情电影、杂志和网站所起的作用都是形成施虐者的行为指南，不论是不是有意的，都在传达女性不值得尊敬、只有作为性对象的时候才是有价值的。网络让人们接触到色情变得更加容易了，约有 1/4 的男性少年有过接触不符合年龄的性方面信息的经历，多数是通过网站的诱惑。大量主流色情信息——不仅是所谓的"硬核"——包含女性和孩子都很性感的故事内容和形象，有时候还包括对强奸和性爱场面的描写。

- 男孩们经常被告知，他们不用为自己的行为负责

男孩的侵略性越来越多地被认为是医学问题，特别是在学校里。现在已经形成一种趋势，就是对把孩子们在家里受到的每天数个小时伤害

以及面对暴力和虐待所形成的习惯当作病来进行诊断和用药。把他们当作有药物问题的孩子，不仅无视了他们经受的压力，还让他们更加确信自己"失去控制"或者"有病"，而不是帮助他们认清自己是基于破坏性的价值观点而正在作出错误决定。有时候我听到一些成年人对女孩们说，男孩们的侵略或者攻击行为是对她们的恭维，"因为这意味着他们真的喜欢你"，这是一种让男孩和女孩都把爱和虐待混淆的方法，同时还会让开始社交生活的女孩觉得无助。

媒体报道的大多数关于威胁和校园暴力中，包括众所周知的学校谋杀事件，比如科伦拜恩，报道者们都忽视了性别的问题。头条都是这样描写整件事情的，"孩子屠杀孩子"，而几乎全部情况都是男孩在屠杀孩子们。在案件中，我们已经知道，屠杀更是和男孩们对于女性的仇视有关系，比如，有个案件中，两个男孩经过预谋杀人的横冲直撞后，说他们之所以这样做，是因为他们的女朋友和他们分手了。

- 当文化和家庭经历相结合时，便相互促进

如果成长在母亲受虐待，耳边充斥着艾米纳姆的"金姆"的家庭中，家庭生活肯定会在这个男孩身上留下明显的标记。他会觉得在家里目睹的虐待行为，是经过社会认可的行为。他会把发生在母亲身上的事情都认为是她的错，也因此对所处环境与虐待赞许开始模仿。我的咨询经验告诉我，虐待女性的人多数是在施虐者身边长大的。而施虐者对他们来说不仅是榜样，还向他们灌输大量的有危害的文化信息。

我认识很多受虐女性的儿子，他们中有警官、作家、治疗师和活动家，都把自己投入到反对虐待女性的工作中。这些男性所树立的榜样表明男孩所受到的家庭影响只是故事的开始，他可以作出选择，把自己童年的压力转化成有帮助的行动——如果他知道有另一种思考和行动的方式。

现在我们再回到那些正在成长中的孩子身上。受不同文化的影响，他对自己的未来有了设想，这个设想会一直跟随着他。他想象一位美丽、有诱惑力、全身心地关注于满足他的需要——这是个不要求他做出牺牲满足自己需要的女性。她会属于他、满足他，而他可以在自己觉得合适的时候羞辱她。在他的头脑中，这样一幅图景注解是"伴侣"，但是这幅

画像更准确地说应该是"仆人"。

当这个男孩接触到实际情况——和想象的相反——约会时，特别是当他达到了可以认真对待一段关系的年龄时，他儿时的梦想就随着真实生活中的姑娘而破碎了。姑娘有时候会否决他的想法。她的生活中还有很多重要的人，所以他并不能完全获得她的注意力。她不时要求他把她当作人来了解。她不会总是认为他的观点是准确的、比她的更好。她甚至会在一些方面和他产生分歧，好像她不是他的私人物品。男孩不能想象他的那些要求会没有道理；他追求的只是自己认为理所当然的。实际上，这些年轻人觉得自己给女朋友的自由要比别人多得多，就好像开篇故事中，男孩觉得在自己的土地上为人们开辟公共野餐的区域是很慷慨的行为。同样，像男孩对待"闯入者"的反应一样，他也会变得越来越沮丧、易怒和具有虐待性，他想重新获得对伴侣的控制。他的第一次性经历就像是不断对女孩施加的压力，直到她最终放弃抵抗，所以性虐待变成他最早交往中形成的习惯。他可能甚至变得有点精神不正常，但实际上如果考虑到他一直认为自己所拥有的社会影响力，他的行为还是符合逻辑并有理可循的。不管怎样，他觉得自己的权力遭到了拒绝——这几乎是在辅导开始的时候所有当事人的想法，有施虐倾向的人觉得自己被欺骗了、权力被剥夺了、受了委屈，因为他的权力感严重地影响了他对是非对错的判断。

总之，施虐者不能被认为是一个"不正常"的人，而是一个社会学课程学习过于精深、完全接受的人。他对自己的文化指示给他如何成为一个男人的标志亦步亦趋——至少在与女性交往方面。

须要牢记的关键点

- 施虐者不是天生的；是养成的。
- 为了给施虐者带来变化，我们不得不重新塑造他们对于权力和利用的观点。
- 施虐行为通过多种社会信息得到加强，其中一些是专门用于对女

第IV部分　改变中的施虐者

性的虐待，其他一些则体现了整体的控制观念。
- 你对虐待充满勇气的反抗——为自己（和你的孩子）开始利用各种方法进行反抗，不管是否意识到——是送给每个人的礼物，因为所有形式的虐待都是彼此缠绕的。

第 14 章　改变的过程

因为开始进行治疗，他变得比以前更加以自我为中心了。

我觉得这次他真的悔过了。

之前他对自己的感情非常封闭，所以他敞开心扉后，给了我一点希望。

我们的夫妻关系咨询师说我们都应该改变。

你觉得他能够改变吗？我不知道还要等多久才能确定他是不是改变了。

　　15 年来，每天和施虐者打交道让我对一件事情非常确定：改变没有捷径，没有一夜之间魔法般的改变，没有容易的方法。改变是艰难、不易的工作。作为咨询师，我的工作就是深入施虐者精心纠结的想法，并帮助他们打开这些心结。这样的工作不是药物希望的——如果他愿意努力——但确实复杂而且要承担巨大的痛苦。对他来说，保持虐待在很多方面都要比逐步走出这种模式简单得多。还有很多人决定深入挖掘自己，根除那些驱使他们做出虐待行为的观点和想法，并和伴侣一起形成新的互动方式。对于受虐待女士来说，学会如何判断伴侣是否想认真克服自己的虐待行为是最大的挑战。

　　施虐者面对的第一个挑战是激发他自己努力的积极性。因为他对自己的控制和威胁行为所带来的好处非常留恋，所以很不愿意对自己在交往中的行为方式作出明显改变。这样的抵触情绪是无法通过女性温和的劝说、请求或者甜言蜜语克服的。我很遗憾地说我从没见过用这样的方法能获得成功。在我的咨询项目中，进步迅速的都是那些知道如果自己不作出改变，伴侣就要离开他们的人；还有那些处在缓刑期的人，因为

第IV部分　改变中的施虐者

这些人的假释官态度非常强硬，本身对于虐待行为非常反感。也就是说，开始的改变动力都是外来的，而非源自自身。就算一个人真的为自己对伴侣造成的伤害感到后悔，我也从没有见到他的悔恨能足以让他成为一个认真的当事人。在参加深入辅导几个月之后，有的人开始形成改变的自发原因，比如开始真正感受伴侣的情感，意识到自己的行为对孩子造成的伤害，或者偶尔意识到现在的生活要比有虐待倾向的时候更加快乐，即使要放弃很多特权。不过让施虐者明白这一点需要很长时间。

大部分施虐者在高强度的施虐者辅导项目中都不会有深刻和持久的改变。不过还是有一少部分会变得不那么有施虐倾向，至少会降低施虐倾向。这个项目还有一个重要之处就是，能帮助受到虐待的女士认清伴侣的行为和操纵模式，并分享她自己的观点。比如，一个施虐者在面对小组热烈讨论的时候，深藏于心中的观点就会表现出来，而咨询师就可以帮助女性伴侣分辨这样的想法会造成哪些行为。施虐者项目随后进行的调查已经表明，咨询师对女性所提供的支持可能是这个项目最有价值的一面。

对一个施虐者来说，真正的进步需要经过复杂而关键的一系列步骤。为了向我的当事人提供一个改变的路线图，我对他们讲了下面的这个故事：

有个人，他的邻居有一棵巨大、美丽的枫树，长在他们家的后面。枫树在夏天投下阴凉；在秋天落叶的时候，叶子的颜色会变得绚烂夺目；冬天抵御风雪的时候又成为壮观的木雕。但是那个人痛恨邻居的这棵枫树，因为它投下的影子让他的草长势不好，还阻碍了蔬菜园的正常长势，这可是他的热情所在。他不断催促邻居：要么砍了它，要么大规模修剪一下。对此，邻居的回答总是一样的："你可以随意修剪伸到你家上方的枝叶，除此之外，我们准备让它自由生长，因为这棵树很美，我们爱它。树阴投到了你的院子里，我们表示遗憾，但这就是树能做的。"

一个夏天，邻居离开一周去度假，此人决定摆脱这个负担。他找了一把链锯把树砍倒了，他砍得很小心，这样倒下的树就不会砸到邻居的房子，或倒向自己的院子，也就不用自己来清理了。然后他走回家里，非常满意，当然也有一点担心。第二天，他把链锯扔进了垃圾堆，并做好了所有否认的准备，即使这看起来很明显——就是他干的。

他的计划中只有一个漏洞：他没有意识到自己的邻居有多么受欢迎，也不知道与当地全体人民为敌是个什么情况，最后，几乎没有人正眼看他或者和他说话。所以，当那天终于到来的时候，他才意识到如果不着手处理自己的自私行为造成的后果，他的生活就彻底完了。想要正确行事，他应该采取什么样的步骤呢？

接受责任的步骤

1. 他必须承认，而且要完全承认，是自己砍倒了枫树。他要勇敢地看着邻居并说："没错，是我砍的。"——就算他们已经知道了——但是他必须这样做。他必须停止宣称是邻居自己砍的，并想栽赃给他以让所有人与他为敌。而当他承认了自己的行为时，必须认识到自己砍掉的是一棵年代多么久远、多么受人欢迎的树，而不是为了挽回面子坚持说它不过是个又小又丑的植物。

2. 他必须承认自己是故意砍倒这棵树的，他的行为就是一种选择。他不能说自己喝醉了或者因为太生气了，不知道自己在干什么。他不能说："好吧，我只是想在树干上砍一下作为警告，但是不小心砍得太多了，树就倒了。"总之，他必须放弃不断寻找借口的行为。此外，他必须承认通过破坏行为想达到的目的；他要诚实地说出自己的动机。

3. 他必须承认自己的行为是错误的。这意味着他必须停止责备邻居们和把自己伪装成树荫受害者的行为。他得做出诚恳、真诚的道歉。

4. 他要接受的事实是：邻居有权对此表示愤怒，这也就意味着他要正视自己行为造成的后果。他得接受自己的愤怒所造成的后果。他不能再说他们"为这棵愚蠢的树，太大惊小怪了"，还有"很久之前发生的事情了，现在应该放下。"虽然道歉很重要，他也要承认

第IV部分 改变中的施虐者

说对不起只是一个开始,如果他没有认真对待自己造成的破坏,这个道歉没有任何意义。

5. 他要承担自己行为造成的后果。首先,他要为这棵树进行一定程度的经济补偿,然后为自己的行为求得谅解,这样邻居们可能不会因为破坏私人财产而对他进行起诉。他不能因为自己造成的问题向人们寻求同情,还说:"我真可怜,我根本付不起为这棵树承担的经济损失,而我砍倒它的原因只是它的树荫遮蔽了我的院子。"

6. 他得长时间的努力为自己行为造成的破坏进行修复。一棵长成的大树是不能够用钱来衡量的;没有什么能够平复这样的破坏行为造成的后果。他因此必须要作出修复。他应该买一棵尽量大、尽量健康的小树,然后小心地种在邻居屋后。还有,他要给树浇水、保护它不受鹿的啃噬、不受病虫的伤害,如果有必要还要多年给它施肥。一棵小树需要很多年才能够自立、长大。

7. 他必须暂时放下请求宽恕的要求。要知道的是,即使他真诚地逐步完成了我所描述的步骤,邻居可能依然感觉很受伤、心疼,而他无权告诉邻居他们的伤痛应该持续多久,特别是由他造成的伤痛。别人可能会原谅他的所作所为,但是也没必要喜欢他。邻居可能永远也不愿意和他成为朋友——而且,为什么要成为朋友呢?如果他们决定在哪些方面对他友好,他应该看到作为宽恕行为的友善表示,而不是因为他补种了树。

8. 从现在开始,他必须一直和邻居和睦相处。他不能在坚持了5年友好态度之后决定砍掉他们的玫瑰花丛,还说"好吧,我搞砸了。不过5年的良好行为还不能证明我是好人吗?"要求某人不要砍倒邻居的花和要求完美是两码事。

9. 他要放弃对邻居的消极看法。要停止向别人说邻居的坏话,要接受大多数人——可能是全部——认为他才是他们对他不友好的原因。

在我向当事人说完了所有这些责任的时候,我问是否有人不同意。

265

他们几乎对上面所有的步骤都认为是公平和必要的——我们当时谈到的只有树和邻居。不过，当我开始将故事转回到正题，把上面的步骤应用到一个虐待自己伴侣的男性身上时，这些当事人开始打退堂鼓。他们不愿意进行真正的改变，觉得把一块新毯子盖在发了霉的旧毯子上继续生活会比较容易点儿。

这些步骤如何应用于虐待

下面我们总结了树的故事中哪些步骤可以应用到施虐者的改变过程中。

改变的步骤

1. 对曾经虐待过的任何现任或者前任伴侣承认精神和肢体虐待行为。要停止否认和淡化，包括用自己的记忆力有问题为所发生的事情找借口。如果继续对曾经所作所为的重要部分自欺欺人，这个人是不会改变什么的。

2. 无条件地承认虐待是错误的。需要认清利用的理由，包括对你的各种指责。

3. 承认他自己的行为的确是一种选择，而不是失去控制。比如，需要认清在每件事中有那么一刻允许自己变得有施虐倾向，而且也选择了放任自己的施虐程度。

4. 认清他的虐待行为对你和孩子们所产生的后果，并为此表示同感。他需要详细谈谈自己的虐待行为对你的短期和长期的影响，包括恐惧、信任的缺失、愤怒、失去自由和其他很多权利。而他不需要回到原来的话题，比如为自己感到遗憾或者诉说自己的痛苦经历。

5. 详细确认他控制行为和权力观点的模式。他需要详细讨论每天所使用的虐待伎俩。同样重要的是，他必须能够辨别出驱使自己做出这样行为的想法和观点，比如认为自己应该获得持续的关注，认为你比他低一等或者男性不应该对因为伴侣"挑衅"而做出的行为负责。

6. 用尊敬的行为和观点代替有施虐倾向的行为和观点。你可以找一些例子，比如在你们意见相左的时候，他会听从你的；承担家务、照看孩子还有支持你的独立自主。他必须证明已经接受了你和他有同等权利的事实。

7. 重新评估你在他心目中已经扭曲的形象，用更加积极、更有同感的形象代替。他必须认识到他之前的思维方式过于集中在夸大自己对你的不满上，而现在他开始称赞你，并注意到你的能力。

8. 为自己造成的破坏进行修复。他必须形成这样的意识，他欠你和孩子的，因为他曾经虐待过你们。他可以开始通过表现出温和与赞同的态度、把自己的需求拖后几年实现，和曾在虐待方面被他误导的人进行交谈，告诉他们受到了误导，为自己毁坏的物品做出赔偿，以及其他因为他的行为而造成的混乱情况的清理问题（同时，他需要接受的事实是他可能永远无法完全补偿你）。

9. 接受他的行为造成的后果。他应该停止因为那些由他造成的问题而抱怨、指责你。比如对你的性需求减弱，孩子们更加喜欢你，或者他身处假释期的事实。

10. 承诺不再重复他的施虐行为并用自己的名誉遵守承诺。他不应该为自己的进步附加任何条件，比如，如果你不高声对他说话，他就不会骂你。如果他退步了，也不能为自己的虐待行为找这样的借口："但是我已经5个月表现良好了，你不能指望我处处完美。"就好像表现良好时期能够为他赢得可以施虐的片刻。

11. 接受他放弃特权的要求并实施。这意味着要对双重标准、和别的女性调情、周末和朋友们出去逍遥而把你扔在家里照顾孩子、可以随意表达自己的愤怒而你不行等等"快乐时光"说再见了。

12. 要接受克服虐待心理是一个持续一生的漫长过程，他不能因为自己的目标实现了，就可以对你说："我已经改变了，而你没有。"或者抱怨厌烦了听到自己的虐待和控制行为，认为"是把所有都

> 抛到脑后的时候了"。他需要知道的是可能永远要努力解决自己的问题，而你可能会在很多年里受到他的行为产生的影响。
> 13. 要愿意为他的行为负责，不论现在还是将来。他不应该受到指责的观点已经被愿意接受反馈和批评的意愿所取代，对任何退堂鼓都要真诚面对，对你和孩子产生的任何影响都要有担当。

施虐者如果忽略了上面的步骤，改变是不会持久的，有的改变要比其他人容易些。多数的当事人发现道歉很容易，施虐者可能会把道歉也穿插到虐待中，所以当他说"我很抱歉"时，就变成了另一种武器。他不成文的规矩是，一旦他道歉了，不论是多么敷衍了事还是如何地缺乏诚意，他的伴侣必须感到满足。她不能再有任何想要表示自己对他的虐待表现痛苦的行为，也不能为此要求他修复任何东西。如果对此她还有什么想说的，他就会立刻重新采用虐待的模式，吼着："我已经说对不起了，现在给我闭上嘴。"

就算是真心、真诚的道歉，也只是一个开始。我的很多当事人通过了前3步：他们在相当程度上承认自己有虐待行为；他们同意自己的虐待行为是出于选择而不是失去了控制；他们会道歉，然后他们在某一点上深入挖掘。施虐者对于权力的感觉就像有一个鲁莽、傲慢的声音在他脑子里叫喊着："你放弃的已经太多了；不要再让步了。他们已经让你承认你的虐待全是你的错了，而你知道那至少有一半是她的责任。她应该为你的道歉表示感激；道歉不是每个人都能做到的。你能做到这样，她很幸运；你知道，如果换成其他家伙，他们可能叫她去死了。"这个声音会把他拽回到之前的泥沼中，于是最终他也只走了两三步而已。

第4步，要求施虐者接受伴侣也有权利表示愤怒的事实。其实他真的需要把她所说的愤怒的事情认真对待，并思考一下，而不是像他经常做的那样，以她的情感失控为由把她的想法噎回她的喉咙。当我解释这一步骤的时候，我的当事人看着我，就好像我额头中央有第三只眼睛。"我该怎么办？当她冲着我吼的时候，我就应该坐在那里，乖乖听着？"我

第IV部分 改变中的施虐者

回答道:"其实,不止如此。你应该对她提出的问题仔细思考,深思熟虑后再回应。"然后我们开始在小组里进行讨论。我向他们询问他们的伴侣发怒时会说些什么,以此作为例子,然后通过理解伴侣们为什么会愤怒,和接受她们有这种感受的权利来指导他们。

辅导还在继续。第6步和第7步需要他为自己的行为作出补偿,而他实际上接受了这份因为他的虐待行为导致的债务。第8步说的是他必须在将来改变自己,不仅是要为过去说抱歉,还要完全、永远停止他的虐待行为。也就是说,他真的要抛弃这种驱使他威胁和轻视伴侣的观点。第11步需要他放弃虐待行为为他赢得的特权。当我们经过了上面的每一个步骤后,一些当事人选择挣扎着改变,尽管这个过程很艰难;而其他人缴械投降,重新开始了虐待行为。

施虐者开始改变的前景

为了指导我的当事人努力克服施虐行为,我必须时刻记住他们的日常习惯、观点和操纵行为。这也是为什么女士觉得伴侣说要进行改变的时候自己会有一种坐过山车的感觉。当伴侣、法庭或者施虐者辅导小组要求他们停止施虐行为的时候,他们会有很多相似的观点:

- "这个改变游戏就像是例行公事。"

施虐者能够改变自己的操纵技巧以形成改变的假象,这就是我们在第1章中看到的卡尔的情况。他在施虐者辅导小组给大家表演了一场改善内在自我的好戏,但是对佩吉则一直言语虐待,而且还可能迅速变成肢体虐待。对那些参加小组的施虐者,我都数不过来,一般都是和伴侣分开了,但是还想与她们复合;或者被勒令不得接近房子,但是想要获得重返家庭的许可。在得到了想要的东西之后,他们会从施虐者辅导小组迅速消失。一个人可能会对妻子说:"我从施虐者辅导小组学到了很多东西。"但是很快,借口又开始了:这个辅导计划太昂贵了;他不再需要了;和满屋子的"真正的施虐者"在一起,他觉得不舒服,因为他不喜欢他们,"我们之间只有一点点问题"。

- "我可以通过学习用没有施虐倾向的行为方式来控制和操纵我的伴侣。"

我听到一个当事人以这样（多数是下意识的）的声音对我说："我觉得你是想给我一些工具帮我管理伴侣的疯狂行为。但是你根本没有帮到我。"他表述中的"疯狂行为"包括她对他进行的反抗行动、愤怒或者保持分居状态，而不是顺从他施加于她的意愿等种种行为的"总称"。很大比例的男性加入施虐小组几周后又退出。真正的原因是发现小组的辅导项目想让他们开始尊重伴侣，而他们希望的是学会如何更友善、温柔地做戏给别人看。

- "改变就是谈判的筹码。"

施虐者经常会用承诺改变来达成协议，因为他觉得同等对待女性的行为是错误的："我答应不再叫你'婊子'，如果你不在我看比赛的时候烦我，要我帮你清理孩子们留下的残局。我不会管你叫'荡妇'或者'妓女'，如果你不再和你的男性朋友说话。我不会把你推到墙上，如果你发现在争论的时候我有点沮丧，放弃自己的观点。"对他来说，这些就像是公平交易，但是实际上这需要女性牺牲自己的自由和权利，以换取不被虐待——这是一种虐待交易，本身就含有虐待成分。

- "只要不用放弃我最珍视的观点和行为，我不介意改变一些行为。"

在男性参加我的辅导项目最开始的几个月里，会有那么几次，我会偶然发现他特权的核心，就像是在地盘上的后方掩体，他可能会放弃一些前方阵地，但是这个防御攻势是他用沙包为自己找的掩体，以应对消耗战。当事人会同意停止不断干涉伴侣的行为和在争论中处于主宰地位，比如我告诉他，他需要关心孩子，即使是在橄榄球赛季期间，他就划了界限。如果尊敬伴侣真的需要脱胎换骨，他还是宁可保持虐待。另一个当事人可能会同意不再把全家的收入都花在自己身上，但是如果我告诉他，他还应该停止不断搞外遇，他会认为损失太大，然后放弃了。

不愿意放弃自己核心权力的施虐者是不会放弃虐待的。这可能是最被忽视的一点了。他所发生的这些进步都是假象。如果他保留威胁伴侣的权力以保护哪怕一项特权，他的虐待观点就暴露了。而如果让这种观点公开,他会越来越多地使用这项权力,直到之前的控制范围能够回复到全盛时期。

施虐者极度迷恋自己的特权,还会寻找获得相同权力或者责任的机会,因此,和伴侣的地位相等,对他来说几乎是不可忍受的。他们厌恶那些要求他们改变并说服自己是不公平待遇受害者的女性,因为他们失去了倾向一方的享受。所以他们不会改变,除非自己愿意放弃这样特殊的地位——这是我们在施虐者辅导项目需要完成的关键任务。

如何评估施虐者改变的声明

问题19:我怎么知道他是不是真的改变了?

没人比受到虐待的女士更加了解改变的迹象了。一位女士会在伴侣参加我的辅导项目一段时间之后,给我打来电话,她的声音充满着激动和希望,于是我问:"那么,现在他怎么样?你觉得项目对他有效吗?"她对施虐专家充满了信心,在盯着他的眼睛看时,她读出了他的潜力。但是我不能这样做。我得把裁判权还给她。

你是唯一一个能够判断伴侣有没有改变的人。很多加入我的辅导项目的人都成为模范当事人,获得首肯,表现得当,而当我和他们的伴侣交谈时,发现他们的家庭生活还是老样子,甚至有点恶化。我为另一个在辅导时脾气极臭的人进行了特别辅导,但从一线获得的报告是:他对伴侣有了明显的改善。当事人的表现对我来说不重要。

在确定施虐者变成友善、尊重别人的伴侣有多大潜力的时候,以下两个原则要牢记在心里:

1. 除非他深入解决自己十足的权力感和高人一等的观点,否则他不会改变。表面的改变无法向你提供对未来的真正希望。
2. 他现在对你有多么好是没有什么用的,因为几乎所有施虐者都有美好时期。重要的是他选择自己有多么尊敬别人和非虐待性。

有了这些基本点,你就可以用下面的选择题帮助你确定他想改变的承诺是否真实。对下面的问题，我们所期待的答案是"是"：

他有没有表示出对正确观点的尊重，即使和他的观点相差很大？
是_____ 否_____

他接受你有权向他表示愤怒了吗？特别是如果你过去曾经虐待过他？
是_____ 否_____

他是否尊敬你自由和独立的权利？这包括放弃所有干涉你的友谊并放弃知道你身处何方、和谁在一起的要求？
是_____ 否_____

他停止为对待你的方式找借口了吗？包括不用你的行为作为他的借口？
是_____ 否_____

他对性尊重吗？会不会给你压力，或者强迫你？
是_____ 否_____

他不再欺骗你，不再和别人调情，也不会用其他行为让你为他不知迷失多久而感到焦虑？
是_____ 否_____

他有没有不打断你并在争论中倾听你的想法？然后努力从你的角度出发考虑这个问题，即使他不喜欢这个想法？
是_____ 否_____

你能够自由地表达自己或新或旧的不满，而不被他报复吗？
是_____ 否_____

他是不是停止谈论自己的虐待行为只是场意外，并开始承认之前他曾经控制你？
是_____ 否_____

他是不是对你的不满有所回应并着手做些事情（比如，改变对你和孩子们的态度）？
是_____ 否_____

第Ⅳ部分　改变中的施虐者

他是不是已经在你们发生争执的时候，减少或者停止过去的控制行为（比如嘲讽、眼睛转来转去、大声地表示厌恶的叹气、讨论你、用终极权威的口吻和你说话，还有其他不尊重或者高人一等的表现）？

是_____　否_____

当他又开始倒退回之前的虐待行为时，当你抱怨他的退步时，他有没有认真对待并继续努力？

是_____　否_____

他是不是一直对自己的行为负责，不用提醒就可以认真考虑自己的行为对你的影响？

是_____　否_____

他的行为中，命令、自私和以我为中心是不是明显减少了？

是_____　否_____

他对待钱财是公平、负责的吗？包括允许你把自己的财产保留在自己的名下？

是_____　否_____

他是不是停止了你认为有威胁性的行为？

是_____　否_____

他是不是开始承担部分家务、照看孩子方面的责任，并不再把你的劳动当作是理所当然的，也不再把你当作佣人了？

是_____　否_____

在你们一次比较大的争论中，他有没有表现出非施虐性行为的新意愿？

是_____　否_____

上述问题中，任何出现"否"的部分，都表明你的伴侣还需要在相应方面继续努力。如果他承诺改变，就会认真对待你不断关注的东西，也会明白对自己的观点和习惯，还需要努力才能够改变。反过来，因为你不满意他姿态上的改变，而让他感到不耐烦，就是他的虐待行为将在不久后重新出现的标志。和施虐者相处的经验告诉我，轻微甚至中等程度的改变也会因为时间而消失；能够真正持续改变的人，才是能最终完全转变的人，哪怕这个过程需要很长的时间。因此，当你想保持和一个虐待你的人的关系时，需要在一定程度上提高对他的要求，而不仅仅是要一个没有虐待倾向的伴侣。

有时候，当一位女士向我报告说她伴侣现在做得好多了，但看起来他好像什么也没有做。他从没有向她发誓也没有恐吓她，却也没有花时间和她在一起，与她沟通、向她表达爱意。他只是通过摆脱和对方的联系而避免虐待行为的发生。就像我的一位当事人的伴侣说的："就好像他有两套传动装置：愤怒和中立。"

疏远要比逃避更糟糕，这可能成为他对待你的另一种惩罚方式。相当数量的当事人在意识到伴侣们无法忍受他们的虐待之后，就离开了她们。但是更典型的办法是外在表现保持不变但是会把行为模式重新调整，目的是形成大量的消极侵害而非公开的恶意。他知道如何通过不作为而非作为来伤害她。

如果伴侣真的开始放弃施虐了，你会注意到发生在他身上明显的变化。成功转变的当事人的伴侣说她们感觉好像是和一个不同的人生活在一起，现在她们能感受到深刻的变化，这种变化是真正的思想上的改变，而不是施虐者经常使用的那种表面化的甜言蜜语、息事宁人的做法。

如果他没有改变

通过多种方式的言论和各种行为能清楚地判断他没有发生改变：

- 他说如果你能改变，他也能改变。
- 他说只有在你的帮助下，他才能改变，比如给他情感上的支持、各种保证、宽恕并花大量时间陪伴他。这些意味着他希望你能够放弃所有计划、中断工作看望他。
- 他因为你没有发现他变化有多大而批评你。
- 他因为你不相信他的变化会持久而批评你。

第IV部分　改变中的施虐者

- 他因为你觉得他行为有虐待倾向（即使他过去的行为真的有施虐倾向，或者曾经威胁要虐待你）而批评你，就好像你应该知道他"永远不会做那样的事情"，哪怕他已经做了。
- 他会提醒你之前他曾经做过的非常恶劣的事情，但是现在他不再做了，这无形中增加了威胁。
- 他告诉你下决心用的时间太长了，他不能"永远等下去"——通过这种方法，他催促你，不让你花时间整理思绪来评估他是不是真的想要改变。
- 他说"我在改变，我在改变"，但是你却没有感觉到。

对自己要诚实

为了能对施虐的伴侣是否改变这件事情进行正确判断并作出明智选择，你需要对自己诚实。因为你爱他、你和他有孩子或者因为其他的原因，离开他很困难，你可能对他哪怕一点小小变化而欣喜若狂。如果他5年、10年或者20年都没有发生任何改变，当他终于有了1英寸的进步时，你精疲力竭地对自己说："嘿！1英寸，这就是进步！"你可能忽视所有正预示他的观点和策略依然固我的信号。所以，对他的欺骗和你的自欺欺人都要当心。有很多受害者用伤心欲绝的声音告诉我说，"我希望自己能从浪费在他身上的这么多年的时间和精力中恢复过来。"如果可以，省下你的悲伤，除了坚持完全的尊重，什么也不要。

婚姻关系咨询中的施虐者

希望通过婚姻关系咨询来明确虐待，就像是从错误的方向拧螺母，会比以前更难以拧开。婚姻的咨询治疗是为了解决共同的难题。这样的方法对于克服沟通的困难、伴侣双方的孩子问题，或者亲密关系问题等，都会有帮助。当伴侣不尊重且不愿意平等对待对方的时候，是不可能有积极沟通的。你不能因为感觉不安全就在情感受到伤害的早期阶段把它和脆弱联系起来——因为你的确情绪不安全。这时如果和伴侣更加亲密，你会受到比以前更加严重的伤害，因为更亲密意味着你更加容易受到伤害。

伴侣的咨询向施虐者和受虐者都发出了错误的信息。施虐者认为自己的伴侣在"试探自己的底线"、"惹翻他"，而且她需要通过调整自己的行为以避免让他感到沮丧，这恰好是他一直想要的。施虐者的改变只会发生在相反的过程中，完全脱离了概念——在这样的概念中，伴侣所起的作用就是造成他对她进行虐待。施虐者必须停止关注自己的感受和伴侣的行为，而是她的感受和他的行为。婚姻咨询允许他依然停留在以前的状态。实际上，对一些治疗师而言，感受才是最重要的，而现实则多多少少关系不大。在这样的情况下，治疗师可能会对你说，"但是他觉得也受到了你的虐待"。不幸的是，施虐者越觉得他的不满和你的不同，他放弃自己观点的可能性就越小。

你从伴侣咨询那里获得消息就是："你可以改变自己对他的行为而让有施虐倾向的伴侣对你更好。"坦白讲，这样的信息就是欺骗。施虐不是由恶劣的关系造成的。你无法通过改变自己的行为来控制伴侣的行为，但是他希望你认为自己可以。他会说或者诱导你相信，"如果你不再做让我不高兴的事情，我就不会成为一个有施虐倾向的伴侣"。这永远不会有作用的。即使有作用，即使你能够通过满足他的一时兴起而停止了他的虐待行为，但这是健康的生活方式吗？如果你在这段关系中的行为是对虐待威胁的回应，你是自愿的参与者吗？如果你有需要和婚姻咨询师一起解决的问题，要等到伴侣完全没有虐待行为的 2 年以后。然后，你才能解决一些真正属于双方的问题。

我最近读过的一本专业书籍，提供了婚姻治疗如何作用于施虐者的成功案例。治疗师和一对伴侣达成协议，男性要放弃自己让人害怕的行为，相应的，女性也要停止把自己的朋友放在生活中非常重要的位置，"因为她的友谊在两人的婚姻中造成了紧张"。实际上，治疗师已经帮助男性进行虐待威胁了，他切断了伴侣的社交联系和对她来说很重要的支持来源。治疗师所描绘的自愿协议，实际上就是虐待，虽然这本书的作者并没有发现这些。

婚姻咨询一般以受虐女士的却步而告终。她越是坚持分辨清楚伴侣的无情或者威胁，就越发觉得治疗师会看不起她，"就好像是你决定让他承担所有责任，而拒绝承担你的责任一样"。治疗师因此在不经意间增强了施虐者的观点，而女性也必须要应对在另一种情况下保护自己的情况，这是她最不想做的一件事情。我接触过很多案例，在这些案例中，治疗师最后和施虐者形成了类似于职业摔跤选手的关系（职业摔跤的观赏性很强而动作激烈，危险性也会很大。因此摔跤手们会形成彼此之间的默契），受虐的女士还要受到心理虐待的伤害。多数治疗师在这种情况下目标明确，但无法理解虐待的机理，因此他们的观点经常被施虐者所利用。

治疗师鼓舞人心地出现在房间中，会让你觉得有勇气向伴侣敞开心扉说一些正常情况下你觉得说出来会不安全的事情，但是效果未必是积极的。施虐者很可能会因为她在辅导过程中的坦率表白而报复。然后，当他向你尖叫着："你当着治疗师的面羞辱我，你让我看上去好像是个坏蛋，你说的事情太过私密了！"然后就是没完没了的辱骂诽谤，你马上会为自己敞开心扉的决定感到后悔。

一位名叫艾琳的受虐女士在公众面前讲了自己的故事，并和我参加了几次小组活动，分享了以下信息：她和丈夫奎恩参加了大约6个月的伴侣咨询，有一天治疗师觉得是时候让他们重新开始了。他说："这些课程渐渐地不会产生什么效果了，我知道为什么。艾琳，你没有敞开心扉，我觉得你需要在情绪方面多冒一点险。"艾琳觉得他说得有道理，周复一周，她已经很少表达自己的想法了，所以她决定投入一次。她告诉了治疗师奎恩虐待她的事情，其中包括相当程度的肢体虐待和由此造成的情绪上的打击。奎恩好像感到不安并开始发抖，他的眼睛变红，好像要哭出来了。"我真的不能接受关于暴力的话"，他对治疗师说："我也从没想到这对艾琳有什么样的影响。"治疗师觉得重要的障碍已经被克服了。"现在，"他宣布，"我觉得你们的婚姻咨询开始产生效果了。"

然而，在从辅导室开车回家的路上，奎恩一直是单手把握方向盘，另一只手则紧紧抓着一大把艾琳的头发，不断把她的头往仪表板上撞，尖叫着："我告诉过你，永远不要说这些，你这个婊子！你答应过我的！你真是个骗子！"类似的羞辱还源源不断。听了艾琳的述说之后，我就非常小心，永远不要低估了受虐女士参加共同治疗的风险。

如果婚姻咨询是你的伴侣愿意寻求的唯一帮助——因为他想确定能把所有责任都推到你的身上——你会想，好吧，总比什么咨询都不参加要好些。即使是面对着治疗师这样不同寻常的情况，他也会说，"你让治疗师和我作对"——这是他处理各种问题时采用的相同手段。

有的婚姻咨询师会对我说："在我开始治疗之前，坚持要他们同意，在治疗过程中，不能有任何虐待行为存在；也不能因为在辅导过程中的行为存在'找后账'的事情。"可惜，这样的协议是毫无意义的。因为施虐者觉得自己没有义务遵守这些条款；实际上，我接触过的每个施虐者都会有"充足的理由"违反自己的诺言，其中包括任何时候会对伴侣感到不爽。

被高度治疗后的施虐者

当事人接受越多的精神病治疗，我就越不愿意对他进行辅导。被高度"治疗"的施虐者会更加圆滑、操纵感更强。他用学到的心理学方面的概念分析伴侣的缺点和自己对于虐待的观点，不会为自己所做的任何事情承担责任；他躲进了一个只有令人遗憾的动机、沟通失误、象征性行动的避风港。他希望自己能因为放开情绪、慎重地处理自己的"脆弱"、密谋绕开自己造成的破坏而得到奖赏，并为他的洞察力叫好。很多年前，我的辅导项目中一个暴力施虐者告诉我："从接受关于我对母亲的愤怒治疗开始，我意识到当我殴打我妻子的时候，我打的并不是她，是我母亲！"他坐了回去，准备接受我们对他自我意识的赞赏。我的同事透过眼镜盯着那个人，对他的表白毫不动心。"不，"他说，"你打的是你的妻子。"

我还遇到过一位施虐者，他在治疗过程中，对待女性伴侣的行为已经有了一些改变，不管多么"深刻"——多数都是假的。事实是，如果施虐者找到一个技术很好的治疗师，而且治疗非常成功，当他结束治疗后，会是一个快乐、调节良好的施虐者。心理治疗对于需要编造才能解决的问题是非常有价值的，但是虐待伴侣不在其中；有施虐倾向的人需要参加特别的辅导项目，就像我们所看到的一样。

施虐者辅导计划

施虐者改变通常需要4大要素：(1)后果，(2)教育，(3)面对，(4)义务。后果是清单中第一条，主要是让施虐者失去关系（如果不是永久的也是暂时的），如果他触犯了一些关于虐待的法律，则按法律执行，也可能是通过周围的人对他的行为表示不赞同表现出来的。

施虐者辅导项目对其中的两三个项目负有责任，为施虐者提供关于虐待和面对自己观点的教育。高质量的施虐者辅导项目和治疗师完全不一样。重要区别在于：

- 治疗重点在于男性的感受，并会对他产生同感和支持，不管这种观点引起的感受是多么不合理。施虐者辅导项目则相反，重点在于她的想法。辅导项目关注的是他伴侣和孩子的感受，而不是他的。
- 治疗师很少涉及规则，几乎没有。施虐者辅导项目需要男性放弃所有肢体暴力和威胁，认真努力减少自己的言语威胁和心理方面的虐待，否则他不能继续辅导项目。
- 治疗师不会经常和受虐者进行交流，而高质量辅导项目的咨询师则经常会这样做。
- 治疗过程通常不会涉及任何关于虐待的核心原因，包括权力、高压控制、不尊敬、高人一等、自私或者指责受害者。施虐者辅导项目则希望发现所有问题，实际上会把这些当作基本的关注点。

同时，施虐者的改变过程不会像施了魔法一样明显。一个参加施虐者辅导项目并对自己的生活进行重大改变的人是选择让辅导项目产生作用的，而不是在那坐等项目小组帮助自己，像通常那样希望得到服务。成功转变的当事人不会和咨询师在每一步上进行争执，告诉他们是多么愚蠢，也不会说辅导小组让他看到了光明等等那样油腔滑调地拍马屁。相反，他会出于严肃的目的每周按要求来参加活动，并想要面对自己造成的破坏。

我很遗憾地说大部分施虐者选择不进行这方面的努力，这不是因为他们不能改变。任何没有重大精神疾病的人都能够进行改变，而是因为他们决定不改变。他们的头脑中会进行一系列地损益分析并确定保持对伴侣的控制所获得的收益要比损失大。他们真心认为咨询师向他们提出的观点太难受、太困难并冒犯了他们对于所有事情都非常确定的高傲感——至少是关于和他有关系的女性的每一件事情。

本章稍后的部分，我会向你们提供一些关于如何提高伴侣克服虐待行为的可能性的建议。把它们记在心里，虽然最终的决定权还是在他手里。但老话说"牛不喝水强按头"用在这里，一点没错。

我怎样才能知道他的施虐者辅导项目是有用的

检测辅导项目质量的第一个测试，就是看看项目的基本目的是帮助你还是帮助他。在有责任心的项目中，受虐待女士被当作首要的当事人。辅导小组提供给男性唯一的"帮助"就是教育男性，并对他们的虐待观点和行为提出质疑。相反，他有很多其他的目标——能够和你再在一起，为了能够更多看望孩子或者降低孩子赡养费的负担，为了能够逃避犯罪指控——辅导项目不会关心这些；受虐者最不需要的就是有更多的人来帮助伴侣和她作对。

施虐者辅导小组应该负责的有以下几点：

- 伴侣加入辅导项目后很快和你联系。在电话中，他们应该要求你介绍一下他的虐待行为或者滥用药物的历史，并告诉你受虐女士应该去哪里寻求帮助。
- 提示你，只有很少一部分施虐者能持续改变，有一些在参加了施虐者项目之后可能情况更糟。

- 告诉你他在项目中必须遵守的规矩。
- 向你描述他在小组聚会中谈论的话题，并按照你的要求尽量提供课程的详细内容。
- 向你提供他参加活动的情况，在小组发言时所表达的观点，以及你想知道的他所说的每一句话。出于对你的尊重，他们不应该向他承诺任何隐瞒。
- 在项目进行过程的每一节课都会讨论虐待的核心观点和行为问题。

此外，小组每一份书面报告，你都有一份副本，比如庭审记录。这些报告应该包括：

- 伴侣在参加项目期间对你施虐的完整描述，包括心理虐待、性威胁或者暴力威胁。
- 任何伴侣没有能完成的改变步骤。

还有很多你需要注意的，可能都表明施虐者的项目并不成功：

- 咨询师没有和你联系或者告诉你咨询可能达到的限度。
- 告诉你他们觉得他真的改变了，他在小组中行为良好（他们应该知道你看到的才是重要的，不是他们看到的；很多施虐者在施虐者辅导小组里表现非常好）。
- 他们想让你参加婚姻咨询，建议你放弃行为限制令，鼓励你和伴侣进行沟通，或者鼓励他发展其他的兴趣。
- 他们依靠你获得关于他的信息。
- 他们的团队会议花太多时间在教会他如何分辨自己的感受、运用冲突解决的技巧、更好地控制自己的愤怒，或者处理其他的问题——而这些都不会影响他深层次的想法。
- 他们的书面报告用词模糊，没有说清楚改变的步骤，或者没有列明他还需要完成的步骤，只向你描述了他有所改变的一幅美妙图画。

我知道一位女性要把伴侣送进施虐者辅导小组有多么困难。在她终于获得斗争的胜利后,我希望能告诉她治疗效果会随之而来,但是很遗憾,很大比例的施虐者宁可停留在当前的状况。

如果你的伴侣或者前伴侣参加了施虐者辅导项目,我建议你考察一下项目的计划,提出各种各样的问题,并确定这个计划是你希望的。同时,你的生活也要继续向前,专心于自己的恢复过程,而不是他的改变过程。等在他身边,说他认真形成对你的尊重,可能会让你的成长和发展停滞不前。但是,不要让自己停下脚步。

为改变创造环境

施虐者不会因为感到内疚或者清醒了,或者良心发现而改变,不会在看到孩子们眼中的惊恐或者和自己逐渐疏远而改变。他也不会突然觉得伴侣应该得到更好的待遇。因为他以自我为中心,综合很多通过控制获得的收益,施虐者会在觉得有必要的时候进行改变,所以,在创造改变的环境中,最重要的因素是让他处在一个没有其他选择的环境中。否则,他很可能永远也不会改变他的虐待行为。

一旦施虐者发生明显的改变,他希望保持这些改变的想法应该更多发自内心,但是最开始的动机总是来自于外界。他的伴侣可能要求他改变,并威胁要离开他,或者法庭要求他改变并威胁把他送进监狱。我从没见过一个当事人会认真面对自己的虐待行为,除非有人要求他们这样做。真正想要参加辅导小组的施虐者,不会被别人的想法控制,除非他发现了一个能够控制的咨询师,否则他会在几次活动后退出。

问题 20:我如何帮助想要改变的伴侣呢?

营造一个包含以下因素的环境:

1. *为他不断的虐待行为建立后果。如果伴侣的虐待属于肢体暴力和威胁甚至涉及性侵犯,你也许能通过法律手段对他的行为进行警告或者制裁。考虑个人因素以及你所在地区法庭的工作情况,离*

第IV部分 改变中的施虐者

开他对他来说也是一个不错的结果，可能要比法律干涉的效果还要好。想要让一个施虐者发生改变，你要么做好离开他的准备——如果你能够安全地做到——要么求助于警察，也可能两者都要用到。

2. 向他明确表示，你对他的期望是他对你的态度，特别要明确你想要什么和不想要什么。

3. 专注于你自己的恢复和能力的提高，让他觉得如果自己不进行改变，你们就会渐行渐远。

我很遗憾地说，你不能通过哀求、抚慰、请朋友说服他或者用任何其他不愿发生冲突的方法让施虐者自己想要发生改变。我见过上百位女士尝试过这样的方法，但是没有成功。你帮助他改变的方法就是要求他这样做，一样也不能少。

通过让施虐者相信如果改变就会有所收获的方法也是不可能成功的，因为他认为通过控制伴侣得到的收益要比损失大得多。这就是为什么很多人开始会着手改变自己的施虐行为，但是不久又退回到老路上去的原因。还有一个原因：施虐者认为自己的需要应该优先于伴侣的需要得到考虑。因此当任何人，包括治疗师告诉施虐者应该改变，因为会对伴侣有好处。他们会不自觉地主动关注自己的需要：你不能同时造成一个问题而又解决它。那些发生持久改变的施虐者之所以会发生改变，是因为他们意识到了自己的行为对伴侣和孩子们的伤害——也就是说，因为他们明白了对家人要关心，形成同感，而不是只关心自己。

离开施虐者也是一种手段

和有施虐倾向的人分手，甚至决定离开一段时间，需要小心谨慎。但是如果你觉得能够离开，这样做可能会对伴侣审视自己的行为起到一定的推动作用。如果你和他分手是希望能在将来回到他身边，可以考虑以下建议：

- 如果要进行联系，要非常清楚你想和伴侣在分开的这段时间里进行什么样的联系。通常情况下，最好是不进行任何联系。如果你一直和他保持交谈或者不时地去看望他，你会发现让自己的思路保持清醒会变得更加困难，因为你更加思念他，为他感到难过，被他的承诺和魅力所折服。偶尔的接触对他也没有好处，不仅仅是对你；分开阶段的经常接触会促使他否认问题的存在，鼓励他认为自己还能使用惯常的操控手段避免解决自己的问题。

- 如果你觉得有必要接触，考虑好细节。他打电话给你，或者只有你才能开始接触？他能给你写信吗？如果你们想探望彼此，在哪里？什么时候？频率如何？

- 当你对上述问题作出决定后，要和伴侣明确你对接触的规则，并让他知道你希望你的愿望能够获得尊重。告诉他如果他真的想改变，第一个向你证明的方法就是给你留出想要的空间。

- 如果你能忍受，尽量远离他。这期间，可以从朋友、亲戚和任何你相信能够帮助你保持强大的人那里获得支持，即使你的伴侣永远不会再对你暴力相向。为自己留出尽可能多的时间修复情感上的伤痛，并让自己的头脑保持清醒。

  还需要有足够长的时间让他感到不舒服——至少足以促进他的改变。让他感到不舒服的部分原因是他发现在你的生活中可以真的没有他。尝试做好在分开阶段他和别人开始约会的准备。这是很平常的举动，他会用此来测试你是否坚强、让你放弃自己的决定又开始和他见面。他的新关系不会持续很久，所以，坚持下去就好。

- 如果你决定回到他身边，要和自己也和他明确商定他的行为问题。只要他违反这些规定——他肯定会违反的——对第二次分开是至关重要的。你的伴侣不相信你会把这些规矩贯彻到底。你应该向他证明他是错的。他会在你搬回来的第一天就想试试，或者他也许会等2年。

- 下一次分离要比上一次分离时间更久一点，目的在于向你的伴侣传达明确的信息以促进他的转变。如果在第一次分开的时候，你还偶尔和他交谈，这次应该在几个月的时间里不和他说话。和以前一样，专注于增强自己的能力。结交新朋友、做各种尝试、搞搞艺术、或者参加任何你喜欢的活动，都可以帮助你提高生活质量。如果你有酗酒或者其他问题，要寻求相应的帮助。离开虐待生活越远，你就越发难以忍受那样的生活，（前）伴侣也就越难以欺骗你。

不知你有没有注意到这样一种现象：有的人在度假回来后很快就辞职了。当生活一成不变的时候，我们很能忍受这种沮丧或者不健康的生活模式，但是当我们脱离了一段现在的生活之后再回来时，自由的滋味会改变我们的看法。对自由的渴望会让忍受生活的长痛变成痛苦的短痛，而这种渴望是难以抑制的。同样的情况也会发生在受虐待女士的身上。如果你让自己足够长时间地处在一种没有他的生活状态，没有他永不休止的贬低，你自己就会思考，回到原来的那种生活？为了什么？也许我永远不会停止对他的爱，但是至少我可以站在一个他不能伤害到我的地方，爱他。

- 如果他没有认真想过停止对你的虐待行为，永远终止这段关系的那天就会到来。现在，这对你来说可能还不能接受，所以，只管继续你的生活。尽量多地关注自己、追求你的梦想，用各种活动充实你的生活，找到满足感。倾尽全力帮助伴侣改变的结果很可能是个死胡同。这样做只能让你陷入到虐待的行为当中，因为施虐者希望你为他全神贯注。你只能允许让他的事情占据你精力的一部分，要把绝大部分思考空间留给自己。

当你向他也向自己证明了你有能力脱离他独自生活的时候，施虐者才会认真处理自己的虐待问题。当你成功时，你可能会发现，其实生活中没有他也挺好的。要保持开放的心态，一定不要在他放弃的前提下，也放弃自己的愿望。我也遇到这样的女士，她的伴侣非常幸运地发生了深刻的改变，但是她发现这些改变对她来说已经不算什么了，原因很简单，她的成长速度超过了伴侣。现在我们需要再回头看看最基本的原则：选择对你最有好处的方式。

什么样的施虐者最容易改变？

很难预测。有些当事人在项目的开始几个月中是明星成员，伴侣们也说他们的进步明显。但是就是这些人，可能在稍后对伴侣进行"俯冲轰炸"，迅速恢复到之前最糟糕的状态中，就好像和一个久违的老友重逢。而另一些当事人，在小组讨论的时候表现恶劣，接受各种概念的时候头脑僵化，但就是这样的人，几个月之后付出了最认真的努力来改变自己的行为。

我注意到在发生最深刻变化且变化最持久的施虐者中，有这样一种循环的主题：

- 他的亲朋好友发现他有施虐倾向，并告诉他需要采取相应的措施。他们支持受到虐待的女士而不是他。我遇到过的最棘手的当事人是，她的家人支持他的各种理由，还鼓励他对女性的不尊重。
- 在以自我为中心方面，他的程度要比其他施虐者低一些。他在辅导的早期会表现出对自己的行为造成的伤害比其他施虐者更多的同感心，而他的同感心看上去真实的成分要比作假的成分多。相反，非常愿意夸大自己。高傲的施虐者则相信自己是无可指责的，并认为自己的话语和看法是世界上最终的话语和看法。那么既然他已经变得残忍而又自私，谁能够说服他呢？
- 受虐者获得了亲朋好友还有法律系统毫无保留一边倒的支持，她越认为虐待并非她的错误，她的社团就越全力支持她，她就越安全并且强烈地感觉如果不能获得（前）伴侣完全尊敬就不能满足。
- 他加入了一个高质量的施虐者辅导计划，并且时间很长——大约2年。

但是，即使是满足所有这些条件的案例，他的进展也有赖于他是否认真严肃地对待改变的每一个步骤。

须要牢记的关键点

- 你不可能让他发生改变，对他的改变你甚至无能为力。你能做的所有事情就是为他创造一个改变的环境，其他的都要依靠他自己了。
- 他是不是真的开始尊敬你或者你的权利，只有你能够作出判断。不要让任何人的看法占据你的头脑。
- 施虐者的变化是能够看见的，这些变化是非常具体的。可以使用本章介绍的方法自己衡量一下他的努力是否真的起作用或者他只是敷衍了事。
- 施虐者不会因为"控制自己的愤怒"而发生改变，除非他还更加努力地改变了自己的权力观点。
- 把你自身的恢复、孩子的恢复当作首要问题。
- 施虐行为就像是毒藤，具有发达而牢固的根系统。你不能够通过消除表面的迹象而根除。男性对于伴侣的观点和行为都是来自于这些根源。

第15章　创造一个没有虐待的世界

　　我已经参加了一个帮助小组。能和受到过虐待的人说说，让我感觉很好。

　　我的同事告诉我，我的伴侣有虐待行为。

　　我非常感谢我的朋友和家人；他们真的非常支持我。

　　我对儿子说，如果他下次再管一个女孩叫"婊子"，就要对他实行禁足。

　　我女儿的老师问我家里是不是发生了什么事情。我撒谎说没有。实际上，发生了一些非常糟糕，足以引起人们注意的事情。

　　虐待伴侣就像是一阵飓风，所经之处必定会一片狼藉。它对女性和孩子的生活造成了极大的破坏：破碎的自信、没有自由、停滞的发展、恐惧、痛苦、糟糕的经济状况、羞辱、心碎、肢体伤害、艰苦的监护权之争、孤立无援、母亲和孩子之间的关系裂痕、兄弟姐妹之间的猜忌、秘密、谎言。

　　谁都不应该过这样子的生活。但是生活受到影响的还不止这些人，因为每一个受到虐待的女士，她们的朋友也因为看到她们的遭遇而为她们担心、痛苦。有些人会找到我，向我表达她们的苦恼，还会不遗余力地寻求如何才能帮助她们的女儿、姐妹和母亲，这些人每天都要被攻击得体无完肤。

　　最近几年，我在公众面前越来越多地提到受虐者的孩子，他们的生活会受到什么样的影响。在写这本书期间，我还在一个为警察举行的培训中发表演说。一位年轻的警官，好像有着与生俱来的威慑力，因为他又高又健壮。休息的时候，他向我走来，"你说的所有这些都像是在讲我的家庭。我爸爸和你描述的施虐者一模一样，他有着很强的控制欲，吓唬每一个人。他还把我和妈妈分开，就像你说的。但是我们长大后，都看穿了他的把戏，我和妈妈现在关系很好。"我告诉他，他能成为一个警察，这让我很高兴，因为当有家庭打电话报警寻求帮助的时候，能派去一位透过孩子的眼睛看这个家庭，并能够知道孩子也是施虐家庭受害者的警官。

我们都想结束虐待，如果不是为了我们自己，也希望为我们所爱的人，他们可能是旁观者或者发现自己已经陷入了一场充满虐待的关系中。任何选择不受虐待的人都应该在把这种灾难驱赶出我们的家庭、我们的社区和我们的国家的过程中起到重要作用。

施虐是一个可以解决的问题。我们知道它来自何方；也知道为什么施虐者不愿意改变；还知道如何才能够使虐待停下来。施虐者擅长制造迷雾，但是当我们扫清了迷雾，那些道德上的错误和直截了当的任务就列在眼前了。

受虐者能做些什么

我给你的建议是：施虐者会扭曲伴侣的生活和心智，这样她会变得只专注于施虐者。逃出虐待漩涡的主要方法就是为自己的思想找到防线，这样你才能把自己的精力集中于自己和孩子。我希望这本书能解决你对于自己伴侣到底在想些什么的困惑。现在看看你是否能停止对他的困惑，并把自己的精力转移到提高自己和选择自己的课程上来。

本书中多数的章节说的都是对于虐待观点的改变。除非你觉得自己准备好了，请不要担心这些建议是否有效。如果你从担心自己的充满虐待的关系中跳脱出来，而去关心其他受到虐待的女士，请别忘了，你才是需要关心的人。就让其他人去操心这些事情吧，你只需要成为"自己生活的英雄"就可以了。在社团中采取反对虐待妇女的行动是让你获得力量并有治疗效果的行为，但是如果你的行动过于匆忙，可能会欲速则不达。当你真正准备好的时候，你就知道了。

在前面的章节中，我穿插了一些实用的方法。在此我将提供给你一些其他的参考：

- 无论如何也要争取帮助。找到一个能够理解你所经历的事情的人，他应该能为你保守秘密，并帮助你面对现实。
- 记录下你的经历，这样当伴侣通过突然出现的"良好"行为让你为这种心理游戏感到发狂的时候，你可以看看自己的记录并记住你是谁？他真正想做的是什么？
- 如果他对你不好、他不理解你、他的言行让你陷入自责，请你绕行。
- 什么事情对你有利，你就去做，这能净化你的灵魂。即使是那些有控制欲极强伴侣的女性也经常能找到办法出去工作、上课或者有一点独自思考的时间。
- 尽量不要去想施虐的伴侣。这本书可以帮助你了解他的行为，辨识和理解就是力量。如果你能理解他的思路，就能避免接受他的想法，并阻止它们进入你的大脑。
- 当你不能立刻达到目的时，不要自责，如果你崩溃了并回到他身边。请重拾信心，再试一次。你最终会成功的，也许就在你下一次努力的时候。

如何支持身边的受虐者

问题21：怎样帮助正在遭受虐待的女儿、姐妹或者朋友？

如果你想让你关心的受虐者的生活有所不同，要仔细阅读以下原则，它们对你来说还很新鲜：你的目标和施虐者是完全相反的。

施虐者：强烈地压迫她

那么你应该：耐心。记住让受害者理清自己的困惑并明白如何应对自己的处境是需要时间的。当她应该反抗、离开自己的伴侣或者报警或者采取你认为应该采取的措施时，让她按照你的时间表行动是不会对她有什么帮助的。你应该尊重她的判断，因为只有她自己知道自己什么时候

第IV部分 改变中的施虐者

会准备好——而施虐者是不知道的。

施虐者: 贬低她

那么你应该: 平等地对待她。避免语气中出现蔑视或者高人一等的痕迹。这一警告更多地出现在专业方面。如果你在和一位受虐待妇女说话时显得你更加聪明、睿智,或者好像她经历的事情永远不会发生在你身上,那么你就在无意中恰好证明了施虐者一直对她灌输的想法:她比他低等。记住,行胜于言。

施虐者: 认为自己比她更了解什么才是对她真的好

那么你应该: 把她当作她自己生活的专家。不要假设你知道她应该做什么。我有时候会给受害者提一些自认为最好的建议,但是在特定情况下,结果却非常糟糕。要问她觉得什么会有作用,而且,不要向她施加压力、提出建议,尊重她的想法。不要告诉她应该做什么。

施虐者: 主宰谈话

那么你应该: 多听少说。说服她相信伴侣是个"混蛋"、分析他的动机、发表长篇大论。但是说得过多无形中向她传递了这样的信息:你的想法比她的重要。如果你希望她能够珍视她自己的感受和观点,那么你必须向她表明你对她的尊重。

施虐者: 认为自己有权力控制她的生活

那么你应该: 尊重她做出自我决断的权利。她有权力做出并非你认为最好的决定,包括和施虐的伴侣在一起或者分离一段时间后再回到他的身边。如果你在帮她作决定,那这就不是她的生活。即使不喜欢她作出的决定,你也要支持她。

施虐者: 认为自己比她更了解孩子及他们的需要

那么你应该: 假设她是个有能力、关心孩子的母亲。记住,你无法简单地决定什么对施虐女士的孩子们是最好的。即使她离开了施虐者,孩子们的问题也远远没有结束,有时候施虐者还会给孩子们制造出比以前更大的麻烦和困难。你不能帮助她为孩子们找到最好的途径,除非你对她所面临的一系列复杂问题能够真正理解。

施虐者: 为她着想

那么你应该：和她一起思考，不要假设自己是导师或者拯救者。而是要和她成为相互尊重、平等的团队成员。

请注意，站在施虐者的对立面并不意味着说的就和施虐者完全相反。如果他恳求她说："不要离开我，不要离开我。"你站在另一方，怂恿着："离开他，离开他。"她会觉得你和他何其相似；你也在催促她接受你关于她应该怎么做的判断。你和施虐者都没有问最核心的问题："你想要做什么？"

如何应对自己的挫败感

重获力量和恢复，对受虐待女士来说是一个很长的过程，帮助她的人在经历这个阶段时，其耐心会被渐渐消磨光。他们可能会把自己的困惑归咎于她，"好吧，如果你如此低估自己的价值，并选择被虐待，我就没法陪在你身边了"或者"如果你对他的关心多于对孩子的关心，你和他一样不正常"。我理解你为什么愤怒，但是贬低她是没有道理的。你在这样突然发怒的过程中所发出的信息是因为你觉得她让自己受到虐待，而这恰恰是施虐者对她说的。而你最不该做的就是支持他。

希望帮助受虐待女士的人所犯的最大错误就是把成功的标准设定为她是否离开有虐待倾向的伴侣。如果女性觉得不能或者没有准备好结束这段关系，或者她的确离开了一段时间，但是最终决定回到他身边，想要帮助她的人会觉得自己的努力白费了，因而把自己的挫败感归咎于受害者。对于给予帮助的人，衡量成功的更好方法是你有多尊重女士选择自己生活的权利——这是施虐者不会做的——还有你帮助她找到如何增强安全性的办法。如果你能够关注于这些，挫败感似乎就会减少一些，而你对于受虐女士来说也是更加宝贵的资源。

有一种心理练习，可以帮助你克服你的不耐烦。想想你自己的生活，然后想想那些你认为难以解决的问题。你可能很难找到自己真正喜欢的工作；你可能会有体重问题或者其他健康问题；可能你想戒烟；可能你对目前的恋人不满意，也不想单身。现在想想如果朋友们跳出来对你说，面对挑战你应当如何如何。这样的帮助有什么用？他们是不是掩饰了复杂性，让解决方法看上去要比实际情况简单得多？他们是不是在你不愿意按照他们的想法行事时变得有些不耐烦？他们的不耐烦让你感觉如何？

别人的问题在我们看来似乎总是要比我们自己的简单。像"如果我是你我会……"的话一点帮助也没有。当人们开始把他们的想法强加给我的时候，我很想这样回复："如果你真是这样一个专家，知道如何克服生活中的困难，为什么你生活中还有那么多不快乐的根源呢？为什么你自己的生活也不够完美？"生活中的情况永远不像看起来的那么简单。

当你的挫败感是因你为了最好而起时，要为自己寻求帮助。和你关心的人谈谈，说说不能立刻把她从充满荆棘的陷阱中解救出来是一件多么痛苦的事情，当然和你一样，这也是我想做的。说说你对于虐待她的那个人的愤怒，然后为自己准备好恢复对那位你想帮助的女士的耐心和爱心。受虐的女士一次又一次地告诉我，在获得安全和恢复的过程中，没有什么比亲朋好友和尊重她们的专业人士的支持和爱更重要的了。

在这里还要多说一句：我发现有很多想在受虐女士身上寻找错误的人，因为如果找不到，就要面对让人不快的现实：任何女性都可以受到虐待。但是，想要找到她的错误的紧迫感对你帮助她提高能力造成了干扰，并最终会成为施虐者的共谋。

如果她不相信自己受到了虐待呢？

受虐女士的朋友和家人有时候会问我，他们怎么才能让她意识到她的伴侣是个施虐者。他们抱怨道："她总是一心为他，她总是想着怎样让他过得更好，比如帮助他找一个压力不是那么大的工作，这样显然行不通。而她还会为此自责，说她占用了他大量的时间。她总是否认自己。"

实际上，她的羞耻感、她害怕别人会向她施加压力或者批评她，这些都可能让她装作没有看到虐待。如果她已经和伴侣相处了很长一段时间，或者他特别吓人地疯狂，她可能正在经历的是创伤联系，她相信伴侣是正确的——她的行为的确是他们困难的——而不是他的——来源。在任何情况下，你都无法"让她"比"让他"更清楚地看到伴侣的施虐行为。

以下是一些你能够采取的方法：

- 告诉她你不喜欢她被伴侣对待的方式，而你觉得她不应该得到这样的对待。
- 告诉她你爱她，你觉得她是个好人。
- 让她读这本书。你也可以给她推荐"信息资源"中提到的其他的书。
- 问她是否愿意和你计划一下如何应对他们造成的特别情况。比如，她同意在下一次伴侣冲她大吼大叫的时候给你打电话；下次他变得暴力的时候为她支付在外住宿的费用；为她找个理由在夏天的时候过来和你住上一周，这样她就会有机会理清自己的思路，你也可以为她想想其他的办法。
- 如果你曾经想过她在特定情况下可能会有的危险——比如，她在身陷暴力和威胁的时候给你打电话——给她所在地区的警察局打电话，告诉他们所发生的事情。
- 经常给她打电话，或者经常写信，即使她好像从来没有回过你的电话，除非她要求你不要再打（这可能意味着他因为她和别人进行联系而惩罚她）。
- 对她要始终如一。她会觉得你所做的和他所做的之间存在巨大的差别。
- 鼓励她给受虐女士项目打电话，"哪怕只是聊聊"。她不需要告诉他们名字或者电话号码，甚至不需要相信自己受到了虐待。她可以打电话寻求支持、确认实际情况，也可以只是描述一下她在关系中的抗争情况。第一个求助电话有时候会打破坚冰，这样她向外界寻求帮助也就变得更容易些。

你可能会好奇为什么我之前提到虐待是可以解决的问题，现在我说你有时候能做的只有看着、等着。说我们希望消灭虐待并不意味着现在就能拯救出受害者。为了帮助你的朋友或者亲戚过上远离虐待的生活，可能需要一些时间。为了一个远离虐待的社会，需要在很多层面上花费大量的努力，我们拭目以待。

最后，为自己做一件大事：看《成为暴风雨中的锚》，这是一本了不起的书，它准确地描写了那些受害者，且全书都充满了智慧。

影响施虐者

如果有人让我选择有施虐倾向的当事人最突出的一个特征，他们天性中最突出的，我会说：他们认为自己有着各种各样的理由。每一次想要对施虐者产生影响都是为了消除这样的观点：虐待是错误的；你要为自己的行为负责；任何理由都是站不住脚的；你造成的伤害不可枚举；你的问题需要自己来解决。

谁有机会能够对施虐者的想法产生影响呢？他们能做什么呢？

朋友和家庭

你身处前线。你拥有比别人更好转变施虐者观点的机会——受虐的女性、治疗师、施虐者辅导计划还有法庭——所有的所有。你是消除他的借口的最有力的人选。他轻轻一挥就把其他的选择在清单上消除了，因为他们都是"疯狂"、"骗子"、"歇斯底里"或者"反男性"。但是当他所爱的人批评他的时候，他会第一次感到疑惑。

以下是一些要遵守的指导：

1. 当你关心的人被指责施虐，不要对自己说这不可能。不幸的是，当施虐者向亲戚们愤怒地抱怨："我的伴侣指责我有虐待倾向"，亲人们通常会跳起来，盲目地站在他的一边，回答道："她怎么能这样说你？真是个坏女人！"

不要为这样下意识的反应感到不快，要开始尽自己所能找到证据。到底她发现了什么样的虐待行为？她是怎样说受到他的影响的呢？她想让他做些什么不同的事情呢？他会回应这些问题并让她看起来很可笑。他会说："她说如果我不高兴或者心情不好就是虐待。每次她的意见得不到认同，她就说我是施虐者。"要让他了解她的观点。让他给出几个他们互动的例子，不要急于投身于他的阵营。向他表明你对于作出判断是很谨慎的。

接下来，要和他的伴侣进行一次私人会面。告诉她，你想知道她担心的事情。由于对你还不够信任，她不会告诉你很多。但是如果她真的敞开了心扉，你就会发现她并不像伴侣所说的那么疯狂。当女士因为受到虐待而抱怨时，大部分都是有理由的。

2. 不要向他重复她告诉你的秘密，除非她明确允许你这样做。你可能会被说服，他并不是那种睚眦必报的人，但是她知道得更清楚。向她询问哪些问题或者事情是你能够在不威胁到她的安全的情况下可以向她的伴侣确认的，哪些不是。在这种情况下，她会让你继续，敦促他认真思考她的抱怨并按照她的愿望改变自己的行为。

3. 不要忽视你直接看到的行为。沉默意味着接受，分别和他们谈谈，对他的行为提出你的担忧。

4. 接下来，要特别针对她。利用这个你们独处的时间，问问她，问题是不是持续的，她需要什么样的帮助。

我理解家庭成员之间的忠诚，也尊重这种感情。但是，如果人们不停止为自己的兄弟或者儿子以及朋友们开脱，虐待就不会停止。当你质疑一个你爱的人对他的伴侣进行虐待的时候，他会说："你支持她；而她在反对我。"应对这样的曲解，你可以说："我不是在反对你；我是在反对你的伤害行为。我不是说你们之间的所有事情她都是对的。我想说的是，如果你不先面对自己的虐待问题，就没法发现其他的问题。只要你一直威胁她，你就是第一位的问题。"

没有什么能比失去朋友和家人的支持更快地让他停止对女性的虐待

了。相应地，同时你要认真、仔细倾听她的讲述——有时候，这是施虐者绝不会做的事情。

治疗师和其他咨询人员

当受害者多次向咨询师直截了当地描述她的抗争时，施虐者会不那么直接地僵住这件事情。他寻求帮助不是因为他觉得自己有施虐倾向，而是他厌恶了家庭中的紧张气氛或者担心自己的关系会崩溃。他不会主动说出那些他诅咒伴侣、让她们落泪、恐吓她们的事实。如果他真的进行了肢体暴力的虐待，肯定不会主动提及这样的事情。不过，他还是会涉及一些这方面的信息。常见的包括：

"我脾气不好，有时候不太冷静。"
"我女朋友说有时候我对待她的方式不正确。"
"我妻子的眼睛总是盯着别的男人。"
"我妻子攻击我，所以我必须自卫，然后她就受伤了。"

上面这些托词没有一个能够证明是虐待，但是每一个都足以严重关注，而且应该引起咨询师的重视，并据此提出很多其他关于这个人的行为和伴侣观点问题的暗示，以及他伴侣的观点。

我建议咨询师们要非常慎重地接受施虐者关于被不公平地指责有虐待行为或者他才是暴力、控制欲极强女性的受害者的言论。你可能很容易就在不知情的情况下，成为他的心理——或者肢体——攻击伴侣的支持者和借口。在没有充分了解他的观点和整体情况之前，要保持中立。

当你担心被咨询者可能会有施虐问题时，让他详细谈谈伴侣对自己生活方方面面的感受，包括她是如何看待与他发生的冲突。施虐者通常都很难站在她的角度看待这些，特别是关于她对他的委屈。他越是认为她的观点可笑、琐碎，你就越有理由相信问题出在他的身上。同时，如果你继续问她会说些什么，你一定能获得更多的重要线索。

不论是不是怀疑虐待行为的存在，向男性提供一些关于虐待的基本教育都是有必要的。跟他们谈一些虐待行为的例子，探讨这些虐待行为对女性和孩子产生的破坏性后果,并解释清楚:这完全是男性一方的责任。如果你听到他用别人的行为当作自己的借口或者他把责任归咎于酒精或者压力,就要指出他是在为对伴侣的不正确态度找借口。如果他承认这些是虐待,要鼓励他和施虐者辅导项目进行联系。

警方、公诉人、法官和假释官

获得各种法律支持的指导在第 12 章中。我在这里只强调 3 个重点:(1)施虐者应该现在就为自己的行为承担后果,而不是在将来的制裁中受到警告,否则对施虐者来说没有任何作用。(2)除了直接面对自己的虐待问题,他没有任何办法克服自己的虐待问题。在解决压力、愤怒控制、酗酒或者夫妻关系动力方面的努力对于男性的虐待问题不会有什么作用。(3)来自权威人士的批评有时候会对施虐者产生巨大的影响。反之,来自于专业人员对于虐待的轻描淡写、把部分责任推给受害者——就像假释官对男性说的:"你和你妻子真的需要努力解决你的问题,停止相互虐待了。"——只会对施虐者起到某种鼓励作用。

社团

任何社团组织或者机构都能通过明显的反对虐待的海报和各种宣传册以及其他文字资料来影响施虐者。要记住,这些包含显著形象文字比如虐待或者暴力的材料可以在获得受虐女性的注意力方面产生作用,而施虐者会想,他们说的可不是我。相反,用一些简单的问题和描述,效果会不错,比如:

"你有没有控制自己情绪的问题?"

"你的妻子或者女朋友有没有表示过不满或者害怕你?"

"你有没有诅咒或者辱骂过她?"

"你有没有把自己的行为归咎于她?"

潜在的法律后果的宣传也会产生帮助,包括他可能会因为推搡、指戳、限制行动或者威胁伴侣,哪怕并没有殴打她而被逮捕。几乎没有人意识到这种可能性，而施虐者发现这样"低级别"的暴力会被逮捕时会感到震惊。如果你所处的地区有一个高质量的施虐者辅导项目，记下他们的电话号码，但是记住，几乎没有施虐者能够把咨询坚持到底，除非有人要求他们这样做。你的招贴海报和手册的主要目的是教育施虐者和潜在的施虐者，让他们知道社会的价值取向。

施虐者开始的时候会拒绝从这些源头所听到的事情，但是当积极的社会信息大量出现的时候，又是另一回事了。有时候，我会碰上肢体施虐者，他已经被逮捕他的警官批评过，接着因证据充分而被起诉，然后又受到法官的指责——此外还要服刑——会被假释官批评，最后还要面对施虐者辅导小组。这个人可能也在电视上看到了这样的关于虐待项目或者在医生的办公室外等候的场景，在小册子上读过。他的母亲或者兄弟也告诉过不要再欺负伴侣。如果所有这些不同的声音彼此支援，告诉他要为自己的行为负责，不能让他指责受害者，对他造成的伤害打破沉默，并坚持改变的责任只能由他自己承担，施虐者的权力感就会开始动摇。我见过这种情况的发生。那个时刻就是改变的开始。

别忘了还有孩子

在尖叫和羞辱中，在层层叠叠的指责和反指责中，在不断受到心理或者肢体打击的女性令我们感到愤怒的时候，别忘了施虐者还伤害了别的人——孩子。警察接到家庭暴力的报警电话来到现场后，有时候会忘记问问家里有没有孩子。这些孩子会缩在角落，想让自己感觉安全，在他们足够大、能够跳出来保护自己的母亲之前，都不会引起注意。

几乎每一种虐待方式都是这样，我们必须开始打破沉默。私下询问母亲她有没有觉得自己的孩子受到了伴侣施虐所造成的紧张气氛的影响。他在孩子们面前虐待她吗？孩子们的反应如何？她担心的是哪些方面的问题？她觉得孩子们需要什么（别忘了和她一起思考，而不是为她思考）？

也要为孩子们打破迷惑。让他们知道你注意到发生了什么，你要关心他们的感受。你可以问：

"在家里，你们的情况怎么样？"
"当你的父母争吵时，你觉得很糟糕吗？"
"当他们对彼此非常生气的时候，会发生些什么？"
"家里有没有人伤害别人的感情，或者恐吓别人？"
"你想不想和我说说？"

就算孩子拒绝了你所有的要求，你已经证明了他/她对你来说很重要，你理解虐待是怎么回事——即使不用说出来——非常具有伤害性和让人害怕的，然后为将来的沟通留下伏笔，你可以说："你可以给我打电话，说说你在家里的生活。任何时间都可以，说什么都行。孩子在看到父母争吵的时候会很不高兴。"

希望你注意到了，我推荐使用比较柔和的用词，直到你发现孩子知道多少之前，都没有用到虐待也没有涉及责任。这样的言语可以避免引起孩子的警觉，发现他们还没有注意到的痛苦原因。如果孩子直接向你透露虐待行为，或者你知道他/她直接目睹了针对母亲的言语或者肢体虐待，这个方针应该反过来。这时，放弃中立非常重要；受虐者的孩子已经感觉到自己和母亲哪些地方出现问题，而你不想增强这样让人痛苦的误解，所以当秘密揭开，不要用公平的方式，比如这个问题是你父母之间的问题，或者他们有时候会对对方做一些不好的事情。

孩子需要听到的是这样一些信息：

- "家里任何人说了一些不好的事情或者伤害到什么人，都不是你的错。"
- "如果有人对你母亲不好，那不是她的错。"
- "谁也没有资格因为对你不好或者为了伤害你而责备你。"
- "孩子是没法保护自己或者自己母亲的，这也不是孩子的工作。"

虐待这个词对于不到10岁或者12岁的孩子来说没有任何意义，但是对十几岁的孩子来说情况就不同了。总体来说，表述的作用要比简单

第IV部分 改变中的施虐者

的词组更大。

如果施虐者是孩子的父亲或者充当父亲角色的人，要特别注意不要向孩子说他是个坏人，只要指出并批评他的行为即可。孩子不希望有人说他们的爸爸卑鄙、自私或者坏。如果施虐者很危险，和孩子讨论一下存在的风险是很有必要的，这样做既是为了保护他们自己，也是为了让他们认清现实。不过，即使是一个暴力、危险的施虐者，也是人。孩子很容易唤起他潜在的人性，不要把他们的父亲说得好像是恶魔。你可以说："你爸爸的问题可能会让他变得不安全，是不是？"这些都是让孩子明白的话语。

那些通过专业能力帮助受虐者孩子的社团成员，比如教师、警察、治疗师或者法律工作者，可以通过对虐待伴侣造成的家庭动态，或者记录下施虐者会有多么强的操纵性而提高工作效率。

对社团就虐待的反应产生影响

用一对一的方法克服虐待需要更大范围的社团成员一起努力，让受害者得到支持、施虐者受到指责才会有更好的效果。你可以让自己的社团在成为无虐待地区的过程中起到一点作用。在这里，一个受害者知道可以得到支持，施虐者知道在这里无法为自己的借口得到同情，也无法逃脱自己行为造成后果的责任。

你只需要采取以下一些步骤，就可以做到：

- 向当地受虐者小组报名充当志愿者、捐款、发表公开演说或者成为董事会成员等各种方式提供帮助。这些小组总会缺少人手、资金，因为需要帮助的受虐者很多。很多小组会为志愿者提供免费或者收费很低的培训。
- 如果你居住的地区有这样一个施虐者辅导小组，你可以加入。通过训练，你可以成为对施虐者进行辅导的咨询师，或者成为施虐者辅导项目中受虐待女士的支持者。用你的影响指导项目不断增加对受虐待女士以及她们的孩子的支持，向施虐者提供咨询服务。
- 参加或者建立一个针对虐待女性、旨在教育和活动的组织。这样的组织可以传播文化、发起抗议、促进更有效的立法、发起与家庭暴力有关的艺术项目，还可以进行很多其他形式的可以终止虐待的鼓励性、有创造性的活动。你所在的为受虐女士服务的地方性组织可以有一个"社会活动"或者相似的委员会，但是促进社会变革的努力在由不同组织同时发起而非想要同时提供各种服务的时候，效果会更好。
- 把项目带进学校系统，向孩子们传授对女性的尊重和平等意识，并让孩子们对家庭关系中的虐待有所警惕。
- 参加当地家庭虐待特别小组，如果没有的话可以创建一个。一个高效的特别小组（或者"圆桌会议"）尽量包括来自很多社区机构的代表，他们能够处理受到虐待影响的家庭。邀请治疗师、学校的工作人员、警察、地方检察官办公室的工作人员和法律工作人员，当然还有施虐者辅导小组的成员和受虐女士帮助小组的成员。这样的特别小组在过去的10年里迅速壮大，在合作服务方面还有很多值得称赞的成绩，开设了新的项目以及教育公众等项目。
- 参加针对中学阶段少年约会中发生的虐待行为的教育项目，目的是为了在开始交往之前，阻止虐待的发生。
- 提倡扩大福利和其他能够对受虐女士有帮助的公共经济支持。过去的10年中，公共支持的不断减少使受虐女士离开自己的伴侣变得更加困难，特别是当她们有孩子时。女性如果在经济上受困，是无法离开有施虐倾向的伴侣的。
- 对电视节目和平面媒体宣扬的虐待和性攻击或者指责受害者的行为，包括新闻报道提出抗议。
- 如果曾经受到过虐待，但是已经离开了伴侣，可以考虑把自己的故事告诉给大家。人们迫切需要那些曾经受到过虐待的女性参加社会服务、去学校、警察局和其他组织，以帮助大家更加深刻地了解虐待是什么样子、虐待对我们的生活产生什么样的影响。我经常看到专业人员和其他社团的成员在听了一位活生生的女士所经历过的心理和肢体攻击后，发生巨大的转变。
- 支持从虐待中挺过来的女士在你的社团中担任领导，并确定她能代表特别小组和政策制定小组甄别家庭暴力。

改变文化氛围

虐待是为威胁和压榨寻找借口和宽恕的产物，这种行为促进了优越感和不尊敬，还把责任推给受到压制的一方。所有想要组织对虐待女性的努力都是：我们应该如何改变社会观点，女性才能有权利生活在一个没有羞辱、干扰，个人影响力不被剥夺、威胁的环境中。

一种方法就是大声向人们宣布，女性应该毫无条件地享受这些权利。但是现在社会对这些还是不很明了。我还会听到："好吧，他不应该叫她'荡妇'，但是她的确整晚在和别的男人跳舞。"我听到："即使她告诉他让他离自己远点，他还是在工作时候对她进行骚扰，但是他因为分手而心碎了。"我听到："他的确强迫她和他发生性行为，但是她真的让他相信两人可以整晚这样。"你可以通过鼓励她们反抗，并且说"虐待女性是错误的——是时代的错误"来影响你的朋友还有亲戚们。

反对羞辱或者贬低女性的笑话。如果你是一个男性，拒绝与这些有破坏性的评论为伍。当有人告诉你："这只是个笑话。"你可以这样回答："你觉得施虐者听到这个笑话时会有什么反应？你觉得这会对意识到自己造成的伤害有帮助吗？"

鼓励你生活中的女性——你的朋友、姐妹、母亲、女儿——坚持维护自己的尊严，对自己有信心，为自己感到骄傲。希望男孩和男人们能够表示尊敬、友善和责任心。男性在改变文化氛围的过程中应起到重要作用。当父亲告诉自己的儿子："我不希望你说关于女孩们不好的事情"、"不，我不想让你举行'仅限男孩'的生日聚会，这是偏见行为"，男孩会引起注意并记在心里的。

愤怒和冲突并不能成为大问题；这是生活的常态。虐待并非来自人们无法解决冲突，而是来自于人们想要获得比别人更高等级的决定。所以尽管这种等级很珍贵，向小学生们教授非暴力的冲突解决方法——现在是一种很受欢迎的独创——这样的努力对于终止虐待帮助不大。而教会平等待人、教会对所有人都保持敬意——这些是更复杂的工作，而且意义非常。

有些人觉得一个完全没有虐待的世界是不切实际的。但是"不切实际"、"天真"和"不现实"这样的词多半来自运用权力贬低别人，并让大家停止为自己思考的上层人士。虐待的确会对我们产生影响。如果你没有和施虐伴侣交往过，甚至你所爱的所有女性都没有遭受过这种长期的虐待，你的生活质量依然为此而下降，你的世界因为虐待和产生虐待的文化受到了限制。虐待的声音会以很多种形式出现。每次当孩子的梦想被一个自以为什么都知道的成年人击碎的时候，你就会听到虐待的声音。每一个因为哭鼻子而受到嘲笑的人，他们的耳边都在回响着虐待的声音。它回响在每一个无法说清自己所受到的虐待的人耳边，或者指向某人的无情，然后又被诸如胆小鬼、妈妈的好孩子或者歇斯底里等数千种词汇嘲弄。

如果你选择相信你的生活能够不存在虐待，或者这个世界会消除虐待，你也会受到类似声音的嘲弄，有些是来自于你自己的头脑。有的人想到虐待是一个可以解决的问题时，会感到威胁。因为如果真的是这样，就没有理由不解决它。施虐者和他们的盟友不愿意面对自己造成的伤害、进行补救、在将来过着不同的生活，所以他们会选择羞辱那些提出虐待问题的人。但是这样的嘲弄和无效并不能阻止你，也不会阻止我们，因为世界一直是向前发展的，不会向后倒退。全球有上百万人已经开始反对伴侣的虐待，他们不会选择撤退，就像那些尝试了没有施虐伴侣的生活的女士一样，她们不愿意再生活在他的控制之下，因为自由和平等的味道太甜美了。

须要牢记的关键点

- 当我们把借口、曲解和操纵从施虐者的表面撕开后，他们就会虐待难以继续下去了。
- 如果反对醉酒驾车的受害人能够开始关注与酒精相关的车祸伤亡，就能改变对于虐待伴侣的看法。
- 每个人都可以为阻止虐待的发生出一份力。
- 如果你想帮助一位受害者，先要了解清楚相关的信息。
- 长期虐待的所有形式都是交叉在一起的，当我们把它们区分开后，真相就大白了。